U0529081

高校辅导员角色研究

李智 著

中国社会科学出版社

图书在版编目（CIP）数据

高校辅导员角色研究 / 李智著. -- 北京：中国社会科学出版社，2024.9. -- ISBN 978-7-5227-4046-1

Ⅰ.G645.1

中国国家版本馆CIP数据核字第2024KV1607号

出 版 人	赵剑英
责任编辑	黄 晗
责任校对	朱妍洁
责任印制	张雪娇

出　　版	中国社会科学出版社
社　　址	北京鼓楼西大街甲158号
邮　　编	100720
网　　址	http://www.csspw.cn
发 行 部	010-84083685
门 市 部	010-84029450
经　　销	新华书店及其他书店
印　　刷	北京明恒达印务有限公司
装　　订	廊坊市广阳区广增装订厂
版　　次	2024年9月第1版
印　　次	2024年9月第1次印刷
开　　本	710×1000　1/16
印　　张	15.5
插　　页	2
字　　数	203千字
定　　价	79.00元

凡购买中国社会科学出版社图书，如有质量问题请与本社营销中心联系调换
电话：010-84083683
版权所有　侵权必究

前　　言

"教育是提高人民综合素质、促进人的全面发展的重要途径，是民族振兴、社会进步的重要基石，是对中华民族伟大复兴具有决定性意义的事业"[①]，党和国家高度重视发展教育事业，始终将教育摆在优先发展的重要战略位置。"我们要坚持教育优先发展、科技自立自强、人才引领驱动。加快建设教育强国、科技强国、人才强国，坚持为党育人、为国育才，全面提高人才自主培养质量，着力造就拔尖创新人才"[②]。高等教育是一个国家发展水平和发展潜力的重要标志，肩负着为实现中华民族伟大复兴的中国梦提供人才保障和智力支持的重要任务。

进入 21 世纪，中国高等教育规模不断扩大，逐步从精英教育阶段迈向大众化教育阶段。高等教育发展趋势的转变，使高等教育长期面临规模快速增长与资源总量不足的矛盾。一方面，随着我国高等教育扩招政策的实施，为社会大众提供了更多接受高等教育的机会，高校

---

① 习近平：《做党和人民满意的好老师——同北京师范大学师生代表座谈时的讲话》（2014 年 9 月 9 日），人民出版社 2014 年版，第 2 页。
② 习近平：《高举中国特色社会主义伟大旗帜　为全面建设社会主义现代化国家而团结奋斗——在中国共产党第二十次全国代表大会上的报告》（2022 年 10 月 16 日），人民出版社 2022 年版，第 33—34 页。

学生人数不断增加，教师、职员人数也大幅度增长，为我国高等教育的规模发展奠定了基础。另一方面，由于高等教育规模发展过快，教育资源无法实现同步增长，出现教育资源紧张、教学条件不足、教育发展不均衡、人才培养有效供给不足和同质化现象严重等问题。

习近平总书记在2016年全国高校思想政治工作会议上强调，高校思想政治工作根本在于做人的工作，中心环节在于立德树人，核心在于提高人才培养能力。[①] 要完成这一任务，最关键、最核心的是高校思想政治工作队伍的素质能力建设和"三全育人"体制机制的建立健全。在加强和改进大学生思想政治教育的过程中，高校辅导员队伍发挥着主力军作用，是高校思想政治工作队伍的重要组成部分，肩负着立德树人的重要责任。党的二十大报告强调广大青年要"立志做有理想、敢担当、能吃苦、肯奋斗的新时代好青年"[②]，这为高校辅导员在新时代紧紧围绕"培养什么样的人、如何培养人以及为谁培养人"这一根本问题开展育人实践、明确角色定位指明了工作方向。着力于培养"新时代好青年"，是高校辅导员角色定位的核心要务。

高校辅导员要成为塑造"新时代好青年"的"大先生"，必须进行准确的角色定位。在角色规范的要求下，运用历史思维、系统思维、辩证思维方式，以更广博的视野，观察和审视关涉大学生成长成才的各类因素，并根据社会的期待不断优化自身角色素质，进而在角色实践中提升"新时代好青年"培育的实效性。

高校辅导员角色随着我国高校辅导员制度的产生而出现。新中国

[①] 《习近平在全国高校思想政治工作会议上强调把思想政治工作贯穿教育教学全过程开创我国高等教育事业发展新局面》，《人民日报》2016年12月9日第1版。

[②] 习近平：《高举中国特色社会主义伟大旗帜　为全面建设社会主义现代化国家而团结奋斗——在中国共产党第二十次全国代表大会上的报告》（2022年10月16日），人民出版社2022年版，第71页。

成立至今的七十余年，高校辅导员制度经历了初步探索与曲折发展阶段、恢复建设与发展阶段、科学化发展阶段、专业化职业化发展阶段、内涵式建设发展阶段。在此过程中，我国高校辅导员经历了兼职—以兼职为主的专、兼结合—以专职为主的专、兼结合的演变过程。专业化与职业化是社会分工精细化的必然结果。专业化主要是指职业群体通过一定时期内的学习和培训，掌握相应的专业知识和技能，能从事某方面的工作，逐步符合专业标准、提升专业技能并获取相应专业地位的过程。"职业化主要是指从业者在知识、技能、观念、思维、态度、心理等方面符合一定的职业规范和标准，并且能够全身心地投入某一类工作，依靠其维持生计。"[①] 辅导员专业化主要是指辅导员经过专门培训，具备从事工作的相关专业知识和能力，使辅导员队伍成长为高素质、高效率的职业群体。辅导员职业化主要是指国家鼓励一部分专业人才长期从事这项工作，使之成为队伍中相对稳定的部分和中坚力量，保证辅导员队伍持续发展。[②] 高校辅导员专业化、职业化建设，事关高校人才培养大局。

高校辅导员角色研究，是基于大学生成长成才的现实需要和高校辅导员专业化、职业化发展的客观要求开展的，不仅关系着辅导员自身的成长与发展，还和大学生人才培养质量密切相关，具有重要的理论意义和实践意义。其中，"角色"是高校辅导员角色研究中的核心问题。角色的本质在于人们的社会性，社会结构中每一个独立的个体都是自我不同角色的扮演者和社会责任的承担者，必然需要回应相应的角色期待。新时代"三全育人"理念的提出，对高校思想政治工作作

---

① 冯刚主编：《改革开放以来高校思想政治教育发展史》，人民出版社2018年版，第426页。

② 周良书、朱平、俞小和等：《中国高校辅导员工作史论》，人民出版社2016年版，第210—211页。

出了新的规定，也为新时代高校辅导员的工作转型提供了指引。高校辅导员作为"三全育人"理念的重要实施者，在践行新理念的过程中，其角色定位发生了重要嬗变，面临角色转型的问题，迎来了大学生思想政治教育工作的转型升级。在推动高等教育高质量发展的进程中，高校辅导员理应强化新时代的使命担当，准确把握教育规律、思想政治工作规律与学生成长成才规律，更加明确新时代所赋予的历史重任，作出应有的贡献。在推进教育现代化的进程中，高校辅导员的角色定位理应回应时代要求、满足社会需求、服务学生成长。

对高校辅导员的角色进行研究，能够帮助其正确认识自己的身份，恰当理解自己的职业价值和人生价值，合理规范自己的角色行为，从而更好地扮演角色。高校辅导员是高校思想政治教育活动的主体，对其角色展开深入研究，还有助于探索和理解高校辅导员的成长和发展规律，为高校思想政治教育工作实践提供理论支持。更重要的是，高校辅导员能否落实好立德树人的根本任务和其是否正确认识自身角色有着密切的关系。

在角色实践中，受特定社会环境、政治经济文化因素的影响，高校辅导员具有受制于角色规范的被动性。但同时高校辅导员具有强烈的主观能动性，能创造性地进行角色实践，展现其主体性和独特性的角色魅力。因此，我们既要从静态的社会关系角度去考察高校辅导员的角色定位问题，也要从动态的互动过程分析高校辅导员的角色特征；既要充分关注高校辅导员外显的角色行为，也要关注其内在的角色心理，从而立体地对高校辅导员进行角色定位的提炼、角色属性问题的探讨。

高校辅导员的角色规定了高校辅导员基本的伦理价值体系和行为规范，并对高校辅导员提出了普遍的行为模式要求。高校辅导员只有在充分理解其角色的基础上，才能够弄清楚自身职业发展的限制性和可能性，从而制定正确的角色实践目标和科学的职业生涯规划。从这个角度讲，高校辅导员的角色模式如下。一方面，要反映高校辅导员在国家、社会群体，尤其是在高校思想政治教育活动场域中的身份和地位，要满足新时代高等教育转向高质量发展的演变趋势、高校辅导员角色的内涵式建设与发展以及新时代大学生德智体美劳全面发展等社会现实对高校辅导员的角色素质、角色义务和角色行为等方面的期待。另一方面，需要回应和面对高校辅导员对自身应有职业角色行为、行为规范和角色价值旨归的认识。

同其他社会角色一样，高校辅导员职业所承担的社会角色也是动态变化的，会随着社会经济、政治、文化的发展而变化。高校辅导员角色的重新定位，从根本趋势上来看，是为了回应时代发展之需。面对时代发展带来的新变化、新动态、新挑战，高校辅导员要在继承和发展的基础上，以马克思主义关于人的全面发展理论为指导，立足当下，从人的全面发展需要出发，结合时代发展的新特点、新变化，持续优化高校辅导员的角色结构。

基于此，在角色定位过程中，高校辅导员要扮演好大学生思想政治教育和价值引领者角色、文化塑造者角色、事务管理者角色、心理健康教育与咨询者角色、职业生涯规划与就业指导者角色、哲学社会科学研究者角色。在角色实践过程中，高校辅导员既要基于作为受教育者的大学生的全面发展需要，也要基于作为教育者的高校辅导员个体的全面发展需要，强调高校辅导员自身本然的内在价值。

本书共分为五个部分。导论部分提出了本书研究的主要问题，在考察高校辅导员角色研究的过程中做到以下几点。首先，对高校辅导员角色研究进行现状综述。通过对高校辅导员角色相关的著作和研究论文作简要概述和评析，充分挖掘借鉴其中具有指导意义的思想，是开展高校辅导员角色研究的必要前提。其次，将高校辅导员角色研究的价值意蕴置于当下的时代语境和现实环境中考察，并对关涉高校辅导员角色的研究方法进行论述。高校辅导员角色研究，是基于大学生成长成才的现实需要和高校辅导员专业化、职业化发展的客观要求开展的研究，不仅关系辅导员自身的成长与发展，还和大学生人才培养质量密切相关，具有重要的理论意义和实践意义。从理论层面来看，高校辅导员角色研究是基于社会学、教育学、心理学、管理学等学科的交叉融合研究，有利于促进学科的发展，在一定程度上丰富了高校思想政治教育理论的相关研究。从实践层面来看，加强高校辅导员角色研究，有利于提升高校辅导员的职业能力和职业素养，促进高校辅导员队伍专业化、职业化发展，提升大学生思想政治工作的精细科学化水平等。最后，交代了本书所使用到的相关研究方法，主要包括文献研究方法、理论分析法、历史与逻辑相统一的方法、系统分析法。

第一章对高校辅导员角色的理论基础进行了探讨，主要包括对高校辅导员角色核心概念的界定和高校辅导员角色理论依据的阐释。所谓高校辅导员角色，是指高校辅导员在大学生日常思想政治教育、事务管理和各类专业辅导等工作过程中，根据其在高校思想政治工作中的位置表现出来的、与社会期望相一致的一套行为模式。通过归纳总结马克思主义关于人的全面发展理论和社会学角色理论的基本观点、形成过程以及应用发展，充分借鉴其中具有指导意义的思想，为研究高校辅导员角色奠定理论基础。

第二章系统梳理了高校辅导员角色的嬗变历程。回溯了我国高校辅导员角色70多年的变迁历程，从历史视角对其发展沿革进行考察，厘清整体发展脉络，有利于立足实际，做好新时代高校思想政治工作。高校辅导员角色大致经历了初步探索与曲折发展阶段（1949—1977年）、恢复建设与发展阶段（1978—1983年）、科学化发展阶段（1984—2003年）、专业化、职业化发展阶段（2004—2012年）、内涵式建设发展阶段（2013年至今）。

在此过程中，我国高校辅导员经历了兼职—以兼职为主的专、兼结合—以专职为主的专、兼结合的演变过程。高校辅导员角色随之不断转变、发展，呈现一定的发展趋势，主要表现在角色定位、角色规范、角色实践、角色评价四个方面。在角色定位方面，呈现由角色内涵单一性到角色内涵多样性转变的发展趋势；在角色规范方面，呈现从突出强调政治性到以政治思想引领为主、兼顾全面的发展趋势；在角色实践方面，呈现从个体角色行动到团队角色行动转变的发展趋势；在角色评价方面，呈现由单向考评向多元化考评转变的发展趋势。

在高校辅导角色嬗变的过程中，高校辅导员角色定位既有理论的探索，也有实践的尝试，积累了丰富的经验。一是始终坚持把政治引导作为高校辅导员角色定位的首要标准；二是始终坚持将以马克思主义为指导作为角色定位的根本原则；三是始终坚持把以学生为本作为角色定位的价值取向。总结这些宝贵的经验，可以科学、合理、清晰地为定位新时代高校辅导员角色提供有益启示。

通过研判高校辅导员角色嬗变的基本趋势、总结高校辅导员角色嬗变的基本经验，对促进新时代高校辅导员角色准确定位、推动高校辅导员队伍专业化职业化建设以及新时代高校思想政治工作守正创新发展具有重要的指导意义。

第三章对高校辅导员的角色定位及角色属性进行探讨。在角色定位过程中，高校辅导员要扮演好大学生思想政治教育和价值引领者角色、文化塑造者角色、事务管理者角色、心理健康教育与咨询者角色、职业生涯规划与就业指导者角色、哲学社会科学研究者角色。"角色"是高校辅导员角色研究中的核心问题。对高校辅导员的角色进行研究，能够帮助其正确认识自身的身份，恰当理解自己的职业价值和人生价值，合理规范自己的角色行为，从而更好地扮演角色。此外，本章从理论层面对高校辅导员角色属性进行了探讨，以便更好地理解高校辅导员角色内涵、工作职责与使命任务，获得更多的社会认同，为大学生的全面发展和个性化成长作出更大贡献。高校辅导员根据其自身角色定位，呈现区别于教师等其他社会角色不同的角色属性，主要包括意识形态属性、政治属性、教育属性和人文属性，其中意识形态属性是高校辅导员角色的根本属性。在高等教育迈向高质量发展阶段，高校辅导员要全面把握其角色属性，以进一步明晰其角色内涵，推进高校辅导员队伍内涵式建设与发展，提升高校人才培养质量。

第四章讨论了高校辅导员角色建设的现实路径。高校辅导员角色建设是一项系统工程，不仅需要高校辅导员激发和唤醒自身的内驱力，树立正确的职业发展理念，找准角色定位，强化角色认同，明晰职业价值感和获得感，进而确立高校辅导员角色职业理想，做好高校辅导员职业生涯规划，不断提升高校辅导员核心素养；还需要党和国家不断完善顶层设计，坚持问题导向，制定相关鼓励与支持的政策。具体而言，高校辅导员角色建设的长效机制包括以下三个方面。第一，对高校辅导员入口机制进行严格把控，畅通高校辅导员职业发展与晋升渠道、加强高校辅导员理念意识和能力素质的培养、保障奖励激励与惩处紧密结合的机制。第二，以高校辅导员工作室、党员工作站、"一站式"社区等平台为载体，打造专业化、职业化发展平台，制定立体多维全覆盖的培训计划。第三，优化和完善高校辅导员角色评价标准及评价内容。

党的二十大报告指出："全面贯彻党的教育方针，落实立德树人根本任务，培养德智体美劳全面发展的社会主义建设者和接班人"。[①] 这

[①] 习近平：《高举中国特色社会主义伟大旗帜　为全面建设社会主义现代化国家而团结奋斗——在中国共产党第二十次全国代表大会上的报告》（2022年10月16日），人民出版社2022年版，第34页。

充分体现了党和国家对党的事业后继有人和国家兴旺发达的战略思考。党的二十大报告为进一步加强和改进大学生思想政治教育指明了方向，也对高校辅导员角色建设提出了更高的要求。

高校辅导员是大学生思想政治教育的重要参与者和践行者，承担着立德树人的重要任务，在大学生成长过程中发挥着关键作用。高校辅导员角色建设水平不仅直接影响着大学生思想政治教育成效，还关系着高校和社会的稳定，影响高等教育事业持续健康发展。党的十八大以来，党和国家充分肯定了高校辅导员在立德树人过程中发挥的重要作用，要求教育部和全国各高校深入总结经验，不断加强和完善高校辅导员队伍建设，进一步建立健全高校辅导员配备与选聘、发展与培训、管理与考核等方面的制度。切实提高高校辅导员队伍角色建设水平，全面提升高校辅导员核心素养，对高校辅导员在大学生思想政治教育过程中精准定位自身角色、更好地发挥育人功能、圆满完成角色使命具有重要意义。

目　录

导　论 ·· 1

第一章　高校辅导员角色的理论基础 ·· 20
　第一节　高校辅导员角色的核心概念 ·· 20
　第二节　高校辅导员角色的理论依据 ·· 42

第二章　高校辅导员角色的历史嬗变 ·· 63
　第一节　高校辅导员角色的嬗变历程 ·· 64
　第二节　高校辅导员角色嬗变的基本趋势 ······································ 83
　第三节　高校辅导员角色嬗变的基本经验 ······································ 96

第三章　高校辅导员的角色定位及角色属性 ···································· 104
　第一节　高校辅导员角色定位 ·· 105
　第二节　高校辅导员角色属性 ·· 145

第四章　高校辅导员角色建设的现实路径 ······································ 166
　第一节　强化高校辅导员角色认同 ·· 167

第二节　提升高校辅导员核心素养 …………………… 176

第三节　建立健全高校辅导员角色建设的长效机制 ………… 191

第四节　建立健全高校辅导员角色专业化、职业化建设与
　　　　发展机制 …………………………………………… 203

第五节　优化完善高校辅导员角色评价标准及评价内容 ……… 210

结　语 ………………………………………………………… 220

参考文献 ……………………………………………………… 225

导　　论

百年大计，教育为本。党的二十大报告指出："教育、科技、人才是全面建设社会主义现代化国家的基础性、战略性支撑。必须坚持科技是第一生产力、人才是第一资源、创新是第一动力"，"要坚持教育优先发展、科技自立自强、人才引领驱动，加快建设教育强国、科技强国、人才强国"。[①] 高校肩负着"为党育人，为国育才"的重要职责使命，要立足党的事业后继有人这一根本大计，牢牢把握落实"立德树人"根本任务，为实现社会主义现代化提供人才支撑。

党的十八大以来，以习近平同志为核心的党中央把高校思想政治教育放在更加突出的位置，指出"高校思想政治工作关系高校培养什么样的人、如何培养人以及为谁培养人这个根本问题"；[②] 并提出"加强和改进高校思想政治工作，事关办什么样的大学、怎样办大学的根本问题，事关党对高校的领导，事关中国特色社会主义事业后继有人，

[①] 习近平：《高举中国特色社会主义伟大旗帜　为全面建设社会主义现代化国家而团结奋斗——在中国共产党第二十次全国代表大会上的报告》（2022年10月16日），人民出版社2022年版，第33页。

[②] 《习近平在全国高校思想政治工作会议上强调　把思想政治工作贯穿教育教学全过程　开创我国高等教育事业发展新局面》，《人民日报》2016年12月9日第1版。

是一项重大的政治任务和战略工程。"①《关于新时代加强和改进思想政治工作的意见》指出："思想政治工作是党的优良传统、鲜明特色和突出政治优势，是一切工作的生命线。"② 这突出强调了高校思想政治工作在高校人才培养中的重要作用。

一　问题的提出

当前，"党和国家事业发展对高等教育的需要，对科学知识和优秀人才的需要，比以往任何时候都更为迫切"。③ 目前，我国已经形成了世界上规模最大的高等教育体系，各种形式的高等教育在学总规模达到4655万人。④ "今天的学生就是未来实现中华民族伟大复兴中国梦的主力军，广大教师就是打造这支中华民族'梦之队'的筑梦人。"⑤ 这支"筑梦人"队肩负着坚持发展中国特色社会主义，实现中华民族伟大复兴的历史使命。习近平总书记在党的二十大报告中寄语广大青年，"要坚定不移听党话、跟党走，怀抱梦想又脚踏实地，敢想敢为又善作善成，立志做有理想、敢担当、能吃苦、肯奋斗的新时代好青年，让青春在全面建设社会主义现代化国家的火热实践中绽放绚丽之花"⑥；

---

①《中共中央　国务院关于加强和改进新形势下高校思想政治工作的意见》，《人民日报》2017年2月28日第1版。
②《中共中央　国务院印发〈关于新时代加强和改进思想政治工作的意见〉》，《人民日报》2021年7月13日第1版。
③ 习近平：《在北京大学师生座谈会上的讲话》(2018年5月2日)，人民出版社2018年版，第4页。
④《2022年全国教育事业发展统计公报》，http://www.moe.gov.cn/jyb_sjzl/sjzl_fztjgb/202307/t20230705_1067278.html。
⑤ 习近平：《做党和人民满意的好老师——同北京师范大学师生代表座谈时的讲话》(2014年9月9日)，人民出版社2014年版，第4页。
⑥ 习近平：《高举中国特色社会主义伟大旗帜　为全面建设社会主义现代化国家而团结奋斗——在中国共产党第二十次全国代表大会上的报告》(2022年10月16日)，人民出版社2022年版，第71页。

并对全党提出要求,"要把青年工作作为战略性工作来抓"。①

在实现中华民族伟大复兴的关键时期,"要坚持把立德树人作为中心环节,把思想政治工作贯穿教育教学全过程,实现全程育人、全方位育人,努力开创我国高等教育事业发展新局面"。②党的十八大以来,以习近平同志为核心的党中央坚持优先发展教育事业,从确保中国特色社会主义事业后继有人和兴旺发达的高度出发,对高校思想政治工作作出了新的更高的战略定位,也对高校辅导员队伍建设提出了更加明确的方向和要求。立足青年成长成才的内在要求和社会全面进步的迫切需要,高校辅导员应进一步明晰自己的角色定位,不断增强时代使命感和社会责任感,站在实现中华民族伟大复兴的战略全局高度,以饱满的精神状态和敬业奉献的满腔热情,为国家培养出德智体美劳全面发展的社会主义建设者和接班人。

立德树人是中国特色社会主义教育事业的根本任务。高校辅导员作为思想政治教育最前沿、距离大学生最近的人,在立德树人过程中扮演着重要角色,肩负着落实立德树人根本任务的主要职责。《普通高等学校辅导员队伍建设规定》中指出,"辅导员是开展大学生思想政治教育的骨干力量,是高等学校学生日常思想政治教育和管理工作的组织者、实施者、指导者。辅导员应当努力成为学生成长成才的人生导师和健康生活的知心朋友"。③培养一支忠于党和人民的教育事业的、乐于服务和奉献社会主义事业的、具有高尚道德情操和爱国情怀的高校辅导员队伍,关乎党和国家的事业后继有人,关乎科教

---

① 习近平:《高举中国特色社会主义伟大旗帜 为全面建设社会主义现代化国家而团结奋斗——在中国共产党第二十次全国代表大会上的报告》(2022年10月16日),人民出版社2022年版,第71页。
② 《习近平谈治国理政》第二卷,外文出版社2017年版,第379页。
③ 《普通高等学校辅导员队伍建设规定》,http://www.moe.gov.cn/srcsite/A02/s5911/moe_621/201709/t20170929_315781.html。

兴国战略、人才强国战略、创新驱动发展战略的有效实施。

自1953年清华大学建立学生政治辅导员制度至今，高校辅导员的角色应时代需求而变。角色名称从"政治辅导员"到"辅导员"，角色功能从"一元角色"走向"多元角色"。随着高等教育的快速发展，招生规模的不断扩大，辅导员的角色日益受到社会的广泛关注。各级教育主管部门和高校把辅导员队伍专业化、职业化建设，作为推动和改进高校思想政治教育工作的重要抓手，出台了一系列重要举措，赋予了高校辅导员角色新的内涵，也为新时代加强高校辅导员队伍建设提供了根本遵循和方向指引。

通过努力，辅导员队伍建设取得了一系列成果，全国高校辅导员规模大幅增长，职业能力和素养明显提升。截至2022年，全国高校专兼职辅导员已有24.08万人，师生比为1∶171。[1] 并涌现出一大批热爱学生，具有较强责任心和奉献精神的优秀辅导员。在肯定辅导员队伍建设取得成绩的同时，也要清醒地认识到，当前辅导员队伍建设还存在一些问题和需要改进的地方。在实际工作中，"辅导员群体的职责定位显得笼统而含糊""少数辅导员的职业认同感、荣誉感还不强，不能全身心地投入大学生日常思想政治教育和管理工作，不愿长期从事辅导员工作"[2] "很多辅导员自身对辅导员角色还存在种种偏见，这些偏见导致辅导员工作中角色定位模糊、角色认同度低，甚至产生角色偏移等问题，使得辅导员在工作中受到束缚，影响了工作的积极性和主动性，也影响了辅导员工作的实际效果。"[3] 因此，以"角色"作为研究高校辅导员队伍的切入点，以此展开相关研究，是提高高校

---

[1] 《教育部：全国高校专兼职辅导员达24.08万人　师生比1∶171》，http://www.moe.gov.cn/fbh/live/2022/54301/mtbd/202203/t20220317_608428.html。
[2] 冯刚：《探索思想政治教育发展的内生动力》，人民出版社2017年版，第201页。
[3] 腾云编著：《高校辅导员职业化研究》，上海交通出版社2013年版，第8页。

辅导员关于角色定位的思想认识，增强行动自觉的必要前提。

二 高校辅导员角色研究现状综述

近年来，随着人们对高校辅导员角色研究的不断深入和拓展，无论是在理论层面还是实践层面都取得了一系列富有创造性的研究成果。现将与高校辅导员角色相关的著作和研究论文作简要概述和评析，这些论著对研究高校辅导员角色具有重要借鉴和启示作用，有助于进一步探寻增强辅导员队伍专业化、职业化建设的方法与途径。

（一）国内研究现状

高校辅导员已经成为社会上一个独立的职业类别，在大学生成长成才的过程中扮演着重要的社会角色。在我国，高校辅导员的概念随着时代的发展而不断变化更新，从最初的"政治指导员""政治辅导员""辅导员"发展演变为现在的"高校辅导员"。1953年，清华大学校长蒋南翔最早提出"政治辅导员"的概念，使政治辅导员完成了从兼职到专职的过渡。2004年，《中共中央 国务院关于进一步加强和改进大学生思想政治工作的意见》中首次明确，"辅导员、班主任是大学生思想政治教育的骨干力量"。[①] 该文件首次将"政治辅导员"更名为"辅导员"。2008年以后，教育部制定并印发《高等学校辅导员职业能力标准（暂行）》《普通高等学校辅导员队伍建设规定》等各类文件，又将辅导员划分为专职辅导员、兼职辅导员和一线辅导员三类。其中，专职辅导员是指在院（系）专职从事大学生日常思想政治教育工作的人员，包括院（系）党委（党总支）副书记、学工组长、团委（团总支）书记等专职工作人员，具有教师和管理人员

[①] 《中共中央 国务院发出〈关于进一步加强和改进大学生思想政治教育的意见〉》，http://www.moe.gov.cn/jyb_xwfb/gzdt_gzdt/moe_1485/tnull_3939.html。

双重身份。①

  目前，高校思想政治工作在国家各项事业中的重要性愈加凸显，党和国家对高校思想政治教育进行全面统筹，作出了一系列重要指示和战略安排，赋予了高校辅导员角色更加丰富的内涵和价值。不论是高校辅导员工作，还是高校辅导员的自身成长，扮演好职业角色都成为一种客观需要。2004年，在《中共中央 国务院关于进一步加强和改进大学生思想政治教育的意见》出台后，关于高校辅导员的研究成为学术界的热点，产生了一系列的理论成果，但高校辅导员角色的研究散见于有关思想政治教育和辅导员职业发展为主题的论著中，系统研究高校辅导员角色的论著较少。但学者们有一个共识，认为明晰和厘清高校辅导员角色对高校辅导员专业化、职业化队伍建设具有重要意义。基于此，现将与"高校辅导员角色"密切相关的研究进行梳理，具体体现在以下几个方面。

  1. 关于角色的相关研究

  "角色"，最初是指戏剧中依据不同年龄、性别、身份、性格而划分的人物类型，是指表演者所扮演的角色或戏剧中的人物，这是角色最常用的含义。随着美国社会学家乔治·赫伯特·米德将"角色"概念引入社会学领域后，"角色"被广泛运用于社会学、社会心理学等各个领域。

  郑杭生对社会角色及其类型、社会角色扮演过程、角色冲突与协调进行了详细的论述，指出："社会角色是指人们的某种社会地位、身份相一致的一整套权利、义务的规范与行为模式，它是人们对具有特定身份的人的行为期望，它构成社会群体或组织的基础。"又指出：

---

① 《普通高等学校辅导员队伍建设规定》，http://www.moe.gov.cn/srcsite/A02/s5911/moe_621/201709/t20170929_315781.html。

"任何一个人都不可能仅仅承担某一种社会角色,而总是承担着多种社会角色,他所承担的多种社会角色又总是与更多的社会角色相联系,所有这些就构成了角色集。"① 社会实践活动中每个人都扮演着不同的角色,并受此约束,遵循相应规定,作出规范行为,以满足人民群众对该角色的期望,强调了人的"社会性"。

奚从清认为,"角色是一定社会关系决定的个体的特定地位、社会对个体的期待以及个体所扮演的行为模式的综合表现。"② 他从三个方面总结归纳了角色的内涵,角色是由个体的特定地位、社会对个体的期待、个体扮演的行为模式组合而成,三者缺一不可。其中,个体的特定地位指的是个体属于某个具体的社会组织或某个职业。社会对个体的期待,指个体从属的社会组织或职业能够发挥效能反哺社会发展,满足社会对个体的要求和期待。个体扮演的行为模式指的是个体根据自身所属的社会组织、所承担的特定职业,并按照特定的规范和要求,做出一系列以满足社会期待为价值旨归的行为和实践活动。

关于"角色"的定义,我国许多心理学家和社会学家从不同的角度进行了探索与研究。具体可以分为两大类。第一类,是从社会学观点对角色进行定义;第二类,是从社会心理学观点对角色进行定义。社会学观点主要侧重于从社会关系、社会规范、社会地位、社会身份等维度对角色下定义。比如,郑杭生认为,当一个社会成员承担了某种社会角色,就会按照这一角色所要求的行为规范去行动,进行社会角色的扮演。③ 社会心理学观点主要侧重于从个体行为、行为模式的角度下定义。比如,费穗宇指出:"角色指与一定社会位置相联系的行为

---

① 郑杭生主编:《社会学概论新修》第五版,中国人民大学出版社 2019 年版,第 112 页。
② 奚从清:《角色论——个人与社会的互动》,浙江大学出版社 2010 版,第 10 页。
③ 郑杭生主编:《社会学概论新修》第五版,中国人民大学出版社 2019 年版,第 163 页。

模式，是占有某一社会位置的人应有的行为表现。"① 虽然不同学者从不同角度对"角色"下了不同定义，但总的来说，可以把"角色"归纳为个人在社会关系中处于特定的社会地位，并符合社会期待的一套行为模式。②

2. 关于高校辅导员角色的相关研究

国内学者们从不同的视角，对高校辅导员的角色定位、职业素养、岗位职责、价值意蕴、职业发展等方面进行了研究。

（1）关于角色定位的研究

冯刚认为，随着辅导员职责和功能的变化，辅导员的角色定位要随之进行调整，"其工作不再仅仅局限在思想政治教育和日常事务管理上，而是发展到了心理健康教育与疏导、生涯设计与规划、学业发展与指导、就业指导与咨询等专业领域。高校辅导员不仅是大学生健康成长的指导者、引路人和知心朋友，而且应该成为大学生的'人生导师'。"③

冯刚指出，由于当前国际国内形势的巨大变化以及高校扩招、高等教育改革、互联网普及、全球化发展等一系列环境变化和大学生思想观念、价值取向、行为方式的嬗变，高校辅导员工作面临前所未有的压力和挑战。④ 其职责范围随着教育形势的发展变化而不断深化拓展，工作覆盖面和工作难度不断提升，进而造成高校辅导员角色紧张的现象越来越普遍。

在高校辅导员队伍专业化、职业化建设方面，冯刚等指出，辅

---

① 费穗宇、张潘仕主编：《社会心理学辞典》，河北人民出版社1988年版，第147页。
② 奚从清：《角色论——个人与社会的互动》，浙江大学出版社2010版，第6页。
③ 冯刚：《辅导员队伍专业化建设理论与实务》，中国人民大学出版社2010年版，第19页。
④ 冯刚主编：《大学生思想政治教育工作概论》，北京师范大学出版社2020版，第250页。

导员队伍职业化建设是辅导员队伍专业化建设的前提条件。我国辅导员制度发展的历史进程表明，辅导员队伍职业化的稳步发展推动着辅导员队伍专业化建设不断向前迈进。同时，建设专业化的高校思想政治工作队伍也是开展大学生思想政治工作的重要组织保证。①

面对新时代的新要求，满足辅导员自我角色期待，寻找辅导员队伍成长发展的内生动力，有助于实现辅导员队伍的良性发展和整体素质提升。冯刚提出要加强辅导员专业化、职业化建设的整体设计，针对辅导员角色愿景、职业能力提升、评价激励、干部发展、成果展示等各环节制定配套政策文件，保证各政策支持平台间的相互衔接，形成闭环。② 这有利于强化辅导员的角色认同，增强职业信心，激发提升职业能力的内生动力，转化为立德树人的育人效能。

腾云指出："很多辅导员自身对辅导员角色还存在种种偏见，这些偏见导致工作中角色定位模糊、角色认同度低，甚至产生角色偏移等问题，使得辅导员在工作中受到束缚，影响了工作的积极性和主动性，也影响了辅导员工作的实际效果。"③ 对高校辅导员角色定位和辅导员工作效果之间的辩证关系进行了论述，认为辅导员明晰角色定位，有利于增强角色认同，进而有助于辅导员工作质量的提升。

学者们从不同研究视角出发，对高校辅导员的角色定位进行了深入研究。唐东升从社会主义核心价值观教育的视角，对高校辅导员角色定位进行阐释，认为高校辅导员的特殊地位、作用以及领导角色的特征，决定了他们在社会主义核心价值观建构中，承担着践行的传播

---

① 冯刚、张晓平、苏洁主编：《中国共产党高校思想政治教育发展史》，人民出版社2021版，第430—431页。
② 冯刚：《探索思想政治教育发展的内生动力》，人民出版社2017年版，第206页。
③ 腾云编著：《高校辅导员职业化研究》，上海交通出版社2013年版，第8页。

者、推进的示范者、探索的引领者和倡导的弘扬者等角色。①

　　李红冠从大学生就业指导角色的视角，对辅导员就业指导角色的优势进行详细论述，认为辅导员既是教育者，又是管理者；既熟悉国家就业政策、市场需求，又接近学生群体，承担着"多面手"角色。这种特殊性使得辅导员在大学生就业指导中具有不可替代的作用。②

　　陈勇、朱平从辅导员扮演教师和干部"双重身份"的角度，分析高校辅导员的现实与未来发展问题。确立辅导员的双重身份，有利于提高大学生思想政治教育的成效，但是辅导员要从双重身份逐步向职级分化和专业分化两个方向发展，即双重身份定位合理性，同时又进一步推动辅导员的职业化专业化发展，使双重身份成为高校辅导员蕴含既是"工作岗位"，又是"职业"的双重特征。③

　　白显良对高校辅导员的角色定位进行深入研究指出，作为学生的人生导师，高校辅导员的角色定位与学业导师是对应和区分的。它意味着辅导员要指导、引领大学生的人生发展，就人生成长发展问题对大学生传道授业解惑，这对高校辅导员开展各项工作提出了更高要求。④

　　李建伟在"大思政"背景下探讨了辅导员的角色问题，归纳了高校辅导员承担的八种重要角色，如政治引路者、思想引领者、文化塑造者、道德示范者等。其中道德示范者、心理咨询者、教学创新者、文化塑造者被认为是八种角色中相对比较重要的角色。辅导员角色的核心职责是"思想政治教育"，然而现实是辅导员忙于日常事务管理、

---

　　① 唐东升：《论高校辅导员在社会主义核心价值观教育中的角色定位》，《学术论坛》2016年第39期。
　　② 李红冠：《高校辅导员大学生就业指导角色研究》，《黑龙江高教研究》2016年第9期。
　　③ 陈勇、朱平：《高校辅导员"双重身份"的现实与未来》，《思想理论教育导刊》2016年第10期。
　　④ 白显良：《论高校辅导员人生导师的角色定位》，《高校辅导员》2016年第1期。

心理健康教育与咨询等规定的职责任务，同时要对与学生有关的其他事务进行处理，而对其应真正着力、用心的核心职责"思想政治教育"反而出现投入过少的态势。[1]

肖涵、戴静雅从辅导员的角色认知和履职理念视角出发，指出辅导员准确把握角色定位，明确理解岗位职责，正确树立履职理念，事关制度功能的有效发挥，事关学生健康成长成才，事关辅导员立身立业和职业生涯的顺利发展。[2]

王鑫、陶思亮、朱惠蓉从"三全育人"背景探讨高校辅导员的新使命和角色定位，指出辅导员要转变观念，做"三全育人"科学理念的践行者；立足本职，做"三全育人"的主导者；完善机制，做"三全育人"的推动者；遵循规律，做"三全育人"的参与者，不断提升辅导员立德树人能力。[3]

楼艳从高校德育共同体的三重特性出发，重新审视高校辅导员的角色定位和任务要求，指出新时代高校辅导员应聚焦德育共同体培育时代新人的价值目标，做学生德智体美劳全面发展的引领者；应努力践行"三全育人"理念，做德育共同体多元主体协同育人的驱动者；应在与其他主体的集体实践中强化主体性，做自身潜能的重新发现者。[4]

（2）关于高校辅导员角色与高校辅导员队伍专业化、职业化发展的研究

赵玉鹏、杨连生尝试从高校辅导员的专业社会化历程切入，运用

---

[1] 李建伟：《"大思政"视域下的高校辅导员角色探析》，《国家教育行政学院学报》2017年第5期。

[2] 肖涵、戴静雅：《新时代高校辅导员角色认知及履职理念》，《学校党建与思想教育》2018年第23期。

[3] 王鑫、陶思亮、朱惠蓉：《"三全育人"视域下高校辅导员的育人角色与实现路径》，《思想理论教育》2020年第5期。

[4] 楼艳：《高校辅导员职业角色定位的再认知》，《学校党建与思想教育》2021年第13期。

"专业社会化"新视角，探索推进辅导员队伍建设专业化职业化的长效途径。实现高校辅导员专业社会化发展的路径主要有以下几点。一是，通过明确角色定位、规范职业内涵、理顺学科归属，不断完善宏观环境；二是，通过提升职业技能、强化角色实践、丰富角色体验，不断建好联系网络；三是，通过促进角色融入、提高职业素养、激发内在动力，不断激发个人禀赋。[①]

冯刚、钟一彪从高校辅导员角色紧张的舒缓与职业理想的建构视角，指出高校辅导员角色紧张是辅导员责任心与多重角色之间的矛盾和张力，主要表现为情绪焦虑、本领不强、疲于应付和动作变形等四种形态。就高校辅导员工作而言，角色紧张的形成原因和应对措施可以从认知和心理层面、技术和能力层面、制度和机制层面入手进行探究。高校辅导员应注重从专门化、专业化、专家化三个维度建构职业理想，引领职业生涯发展，由此对角色紧张问题进行源头治理。[②]

万胜、申林灵探讨角色理论在高校辅导员工作中的价值与应用，指出从整体上对高校辅导员角色认知的深化、角色定位的全面把握、自我角色期待的回应，关乎其如何高效地开展大学生思想政治教育工作。高校辅导员应在工作中明晰自身角色定位，强化角色意识，在教学育人、管理育人和服务育人等多重角色间融合、转换，始终将立德树人作为培养人的根本任务，做好思想政治教育环节的践行者、主导者与推动者，学生日常事务性管理工作的服务者，以及全方位沟通学校、家庭、社会的衔接者；在实践中不断提高辅导员角色技能，激发角色认同，根据新时代的新要求强化育人根本任务，推动辅导员队伍

[①] 赵玉鹏、杨连生：《专业社会化：高校辅导员职业发展的新视角》，《湖北社会科学》2022年第6期。

[②] 冯刚、钟一彪：《高校辅导员角色紧张的舒缓与职业理想建构》，《学校党建与思想教育》2022年第1期。

专业化、职业化建设，共同构建高校思想政治工作体系。①

通过文献梳理发现，我国开展高校辅导员角色研究较早，随着社会对高校辅导员队伍建设关注度的提高，学术界关于高校辅导员的研究也不断深入，取得了一定研究成果。这些已有的成果对新时代深入开展高校辅导员角色研究有重要的借鉴和启示意义。学者们从不同视角对高校辅导员角色开展研究，从微观层面进行切入并展开具体讨论，具有很强的问题意识和针对性，但是对高校辅导员角色的优化研究较少。

（二）国外研究现状

在国外，虽然没有"辅导员"的提法，但在高校都有一个固定的群体，承担着与学生成长成才、心理、管理、服务有关的工作，在学生学习、生活、心理、就业等成长成才的各个方面都扮演着重要的角色。虽然国内外高校开展学生事务工作的形式不尽相同，但其学生工作模式在工作人员配备结构和工作范围等方面，都坚持以学生为中心，立足于提升学生德智体美劳综合素质。

1. 关于角色的相关研究

"角色"一直被广泛应用于社会心理学、社会学领域。美国社会学家乔治·赫伯特·米德是角色研究的始祖，他率先在社会学领域中引入"角色"概念，并借用到社会心理学中，用以分析社会情境中的个人行为方式。乔治·赫伯特·米德认为"角色"是强调自我与"一般他人"的角色之间的相互关系，代表着对占有一定社会地位的人所期望的行为。② 此后，"角色"被进一步用来分析社会情境下个人与组织、个人与社会之间的关系，成为理解社会行为和社会结构的基础。

---

① 万胜、申林灵：《角色理论在高校辅导员工作中的价值与应用》，《学校党建与思想教育》2022 年第 1 期。
② [美] 乔治·赫伯特·米德：《心灵、自我与社会》，霍桂恒译，华夏出版社 1999 年版，第 9 页。

基于乔治·赫伯特·米德的思想，R.林顿在《人的研究》中引申出"社会角色"的概念，角色定义开始具有社会的性质。R.林顿认为社会地位决定了社会参与者在实现其权利和义务时，角色扮演就已经开始进行了。"社会角色是指与人们的某种社会地位、身份相一致的一整套权利、义务的规范与行为模式，它是人们对具有特定身份的人的行为期望，它构成社会群体或组织的基础。"① 生活中，我们每个人都集不同社会角色于一身，不同的社会角色对应着不同的社会行为规范。当同一个人身上的多个角色规范互相冲突或者不同主体对角色规范理解有偏差时，就会产生角色冲突。②

社会学家凯利从"角色期望"的角度出发，认为角色是他人对相互作用中处于一定地位的个体行为的期望系统，同时，也是拥有一定社会地位或身份的个体对自身行为的一种期望系统。角色的本质在于人们的社会性，社会结构中每一个独立的个人都是自我不同角色的扮演者和社会责任承担者，必然需要回应相应的角色期待。马克思指出："人的本质不是单个人所固有的抽象物，在其现实性上，它是一切社会关系的总和。"③ 于是，立足实践的观点，马克思揭示了人的本质，表明人是在社会实践活动中，产生了以生产关系为基础的各种社会关系，强调了人的社会性。

"角色"概念经历了从最初被用来分析人际交往和人际关系，到发展演变为被普遍地用来分析社会关系和社会结构的历程。但是关于"角色"的概念一直没有一个统一的定义，每个学者都从自己研究的视角出发对"角色"作出了不同的解释。例如，乔治·赫伯特·米德关于这个问题曾这样说过"他把它当作无定形的和很不确切的概

---

① 郑杭生主编：《社会学概论新修》第五版，中国人民大学出版社2019年版，第112页。
② 丁水木、张绪山：《社会角色论》，上海社会科学院出版社1992年版，第56页。
③ 《马克思恩格斯文集》第一卷，人民出版社2009年版，第505页。

念来使用"①。乔纳森·H. 特纳对此持否定态度，在其《社会学理论的结构》著作中强调，我们必须弄清楚"角色"的定义。

2. 高校辅导员角色的相关情况

国外有一种职业叫作"counselor"（"咨询者"或"指导者"），其职业属性和职业内容与我国高校辅导员相似。从事该项工作的人员被称作"Student Affairs Administrator"，可译为学生事务工作者，其扮演着和我国高校辅导员类似的角色。他们都是高校固定的群体，虽然具体形式不尽相同，但都承担着与学生成长成才、心理、管理、服务有关的工作。现将高校学生事务管理具有特色和代表性的国家，如美国、英国、德国作一简要归纳。

美国的高校学生事务被界定为高等学校内学生课堂以外的所有学习与生活事务的总称。不管美国高校学生工作如何发展、演变，促进学生全面发展，帮助学校实现其学术使命，是美国高校学生工作始终不变的宗旨。以学生为中心，尊重学生的自主权，也始终体现在美国高校各项工作的每一个环节中。思想、心理、职业、社会活动指导也是美国高校学生事务工作者的重要角色使命。在职级晋升方面，既有对口学历学位的门槛要求，也有学生事务工作实践经验的要求。工作中，坚持对学生事务工作者进行专门的培训，严把入口关和培训关，以确保辅导工作的专业化、精细化。

英国坚持延续传统高等教育的做法，在本科大学生群体中推行"导师制"，给学生配备专任角色作为导师，给予学生学业和生活等各方面的指导，帮助学生顺利完成学业。这就赋予了导师具有专任教师和学生事务管理者的双重身份，在学生的专业学习、思想、生活的引

---

① ［苏］Г. М. 安德列耶娃：《西方现代社会心理学》，李翼鹏译，人民教育出版社1987年版，第167页。

导等方面发挥着重要的作用。同时,英国也设有专门的学生工作部门,如心理咨询和就业指导岗位,要求工作人员必须持有相关职业资格证书。在人才培养过程中,将导师分管的学生事务管理工作和心理咨询、就业指导岗工作进行有机结合。在处理学业困难、心理咨询、就业问题等工作时,把导师对学生的建议作为重要参考。这些工作方法和形式,对我国高校学生工作具有一定的借鉴意义,有助于增强学生工作的实效性。

德国高校的学生事务管理是一个社会性系统工程,采取社会化学生事务管理模式,除了招生和学籍管理两项学生事务工作,其他全部依托校外的独立机构来承担。其中,涉及学生日常事务方面的管理,诸如食堂、宿舍、文体等,以及心理、法律、教育发展等专业领域的服务,也都交由独立机构负责。

国外学者专门针对高校辅导员角色的研究成果很少,梳理国外在高校学生事务管理方面具有特色和代表性的国家的具体情况,对我国高校辅导员角色研究有一定的借鉴意义。

三 研究意义和研究方法

(一) 研究意义

把高校辅导员角色研究作为一项重要工作来抓,围绕高校辅导员角色展开全面系统的研究,旨在探索高校辅导员角色建设的有效实施路径,为高校辅导员队伍发展提供重要参考。这不仅关系辅导员自身的成长与发展,还和大学生人才培养质量密切相关,具有重要的理论意义和实践意义。

1. 理论意义

第一,集社会学、管理学等多重学科交叉融合研究于一体,是开展高校辅导员角色研究的一个创新视角。高校辅导员角色研究既是社会学、社会心理学、教育学的研究范畴，也是高校思想政治教育学科研究的内容，交叉学科研究有利于促进学科的发展。多维度、多层次、多视角探究高校辅导员角色的内涵、特征等，在一定程度上丰富了高校思想政治教育研究。

第二，高校辅导员角色研究注重学理研究。社会学、教育学、马克思主义关于人的全面发展理论、角色理论是研究的理论依据。通过学理化、学科化的研究阐释，深化高校辅导员角色理论本质的认识，从整体上进行理论提升，进一步推进高校辅导员角色研究，丰富高校辅导员相关研究成果。高校辅导员角色是一个随着时代发展而不断被赋予新的内涵的概念，在不同的时期呈现不同的特点。把高校辅导员角色放在新时代背景下进行研究，有利于推动理论研究与时俱进，促进理论创新。

2. 实践意义

理论的价值在于指导实践，高校辅导员角色建设立足于提升这支队伍的职业能力和核心素养，在推动高校思想政治工作科学化水平进程中驰而不息，具有鲜明的实践指向。

第一，有利于高校辅导员职业素养和职业能力的提升。如何提升职业素养、职业能力，是高校辅导员队伍建设的重点，也是亟待解决的难点。本研究不仅有助于帮助高校辅导员队伍增强对自身角色的认同，全面提升自身专业素养和职业能力，推动高校辅导员队伍整体功能的发挥，还有助于帮助高校辅导员明晰和找准自身角色定位，并能从学生实际出发创新工作方式，做到因事而化、因时而进、因势而新，有效贯彻落实"立德树人"这一根本任务。

第二，有利于为高校辅导员队伍的专业化、职业化发展难题提供纾困之道。高等教育的发展趋势，决定了专业化、职业化发展是高校辅导员队伍建设的努力方向,是其突破职业发展瓶颈,实现长远发展的必由之路。目前,高校辅导员角色定位模糊,是高校辅导员队伍专业化、职业化水平较低的重要原因之一。因此,通过研究高校辅导员角色,不仅有助于高校辅导员强化自身的角色意识,提升育人能力,还有助于增强高校辅导员承担立德树人重要职责的主动性,妥善处理集多元角色于一体的矛盾和冲突。

第三,有利于提升高校思想政治工作的科学化水平。高校思想政治工作关系高校培养什么样的人、如何培养人以及为谁培养人这个根本问题。[①] 随着国际国内形势的变化、高等教育改革发展任务的变化、大学生思想的变化,高校大学生思想政治教育出现了一些亟须解决的问题。其中,如何在深刻变化的环境中提升大学生思想政治工作的科学化水平,成为重点和难点。2017年2月,《关于加强和改进新形势下高校思想政治工作的意见》明确提出,要遵循教育规律、思想政治工作规律和学生成长规律,不断提高工作的科学化水平。于是,基于实践需要,以期通过高校辅导员角色研究,坚持继承和创新、理论和实践的统一,探究大学生思想政治教育的本质和规律,形成正确的教育理念和方法。

(二)研究方法

"在探索认识中,方法也就是工具,是在主体方面的某个手段,主体方面通过这个手段和客体相联系"[②]。在学术研究中,所采用的研究方法关乎研究结论是否科学有效。本研究所采用的研究方法主要有文献研究法、理论分析法、历史与逻辑相统一的方法、系统分析法。

---

① 《习近平在全国高校思想政治工作会议上强调 把思想政治工作贯穿教育教学全过程 开创我国高等教育事业发展新局面》,《人民日报》2016年12月9日第1版。
② 《列宁全集》第五十五卷,人民出版社1990年版,第189页。

一是文献研究方法。即通过多种途径搜集相关文献资料，然后对文献资料进行阅读、整理和分析的研究方法。通过对相关政策文献的梳理，有利于掌握我国高校辅导员角色演进路径和发展脉络，探索高校辅导员队伍专业化、职业化发展的规律。

二是理论分析法。在探赜高校辅导员角色的内涵与特征方面，本研究主要基于马克思主义关于人的全面发展理论、角色相关理论等视角，充分发挥理论分析法的工具性作用，对其角色的内在机理，对各组成要素之间的内在联系和相互作用机制进行研究。通过学理分析和理论阐释，提高高校辅导员角色研究的学术性和科学性。

三是历史与逻辑相统一的方法。高校辅导员角色是一个历史性的问题，要将高校辅导员角色的研究置于历史的环境中考察。通过对高校辅导员角色在不同发展阶段制度建设和实践尝试情况进行梳理，有助于掌握我国高校辅导员角色的发展演变规律，探索高校辅导员角色的内生动力和培育路径。

四是系统分析法。系统分析法，即从要素、结构、功能等方面分析事物，以达到认识事物本质和规律的目的的研究方法。首先，高校辅导员角色问题关涉社会政治、经济、文化各个方面，需要将其置于政治经济文化的社会大背景中，置于高等教育发展的大环境中去考察。其次，高校辅导员角色研究是一个系统工程，在系统的内部涉及教育、评价、考核等各个方面。宣传教育、示范引领、实践养成各环节环环相扣，政策保障、制度规范、法律约束各方面相互衔接，形成一个有机整体和动态平衡的结构。因此，高校辅导员角色研究必须遵循系统研究方法中的层次性原则、结构性原则、联系性原则、环境原则，把握各要素之间的内在联系与动态平衡关系。

第一章　高校辅导员角色的理论基础

高校辅导员在高校思想政治教育工作中具有重要作用和地位，准确认识和把握高校辅导员的角色作用，对做好高校学生思想政治教育工作，提高高校人才培养质量具有重要现实意义。从理论的高度审视高校辅导员角色，厘清和界定相关概念及特征，对深刻把握高校辅导员角色的本质，理解高校辅导员角色的科学内涵，具有一定的理论价值。只有以科学的理论为指引，才能更好地探究高校辅导员角色的本质特征，掌握其内在联系，探索其发展规律，从而增强高校辅导员的角色认同，提升高校辅导员角色定位和角色期待的科学性，实现高校辅导员角色扮演和职业化专业化发展，增强大学生思想政治教育的实效性。

第一节　高校辅导员角色的核心概念

概念是反映客观事物本质属性的思维形式，是客观事物的本质属性在人脑中的反映，是思维的历史起点和逻辑起点。人们认识世界和改造世界的过程离不开对概念的探究。因此，深入研究高校辅导员角色问题，首先要厘清高校辅导员角色的相关概念，对相关概念进行科

第一章 高校辅导员角色的理论基础

学界定,准确把握其本质特征和内涵。高校辅导员角色研究主要关涉"角色""高校辅导员角色"等核心概念。

一 角色的概念界定

"角色"是人们耳熟能详的一个词语,无论是生活还是工作需要,人们经常会使用"角色"一词,但对"角色"的具体内涵又存在着模糊的认识,难以用准确又具体的语言进行表达。因此,要对高校辅导员角色进行深入研究,首先在于对"角色"这一基础概念的正确理解。

(一)角色的内涵

角色"role"这一名词最初是由拉丁语"rotula"派生而出现的。20世纪20年代前,"角色"一词一直被作为戏剧舞台用语,专指戏剧演员按照剧本的规定,在戏剧舞台上扮演某个特定的人物。后来,人们逐渐发现作为人类最古老的艺术门类之一的戏剧,和现实生活有着紧密的联系,戏剧就像是现实社会的一个个缩影。人类社会宛如一幕丰富多彩的现实生活剧。人生如戏、戏如人生,就像莎士比亚在《皆大欢喜》中写的那样,"全世界是一个舞台,所有的男男女女不过是一些演员;他们都有下场的时候,也都有上场的时候,一个人一生中扮演着好几个角色"。[①]

乔治·赫伯特·米德,是美国著名的哲学家、社会学家、社会心理学家,也是"符号互动论"的奠基人。在20世纪30年代,他和美国人类学家、心理学派的主要代表人之一林顿一起,率先将"角色"这一概念引入社会学、社会心理学等领域,为角色理论作出了重要的贡献。米德主要从自我与他者角色之间的相互关系为视角来研究角色

[①] 《莎士比亚全集》(三),人民文学出版社1978年版,第139页。

概念，在他看来，自我是自我反思和学习扮演他者角色而获得成长与发展的，"扮演他人的角色"是从交往的伙伴的角度观察自身的能力，是实现人们之间相互作用的必要条件。林顿从地位与角色的关系视角来研究角色概念，他认为个体被安排到社会的某一位置，就相当于被赋予了某种具体地位和角色。在这个过程中，当个体把自己所拥有的地位和权利付诸实践时，该个体就是在扮演着某种角色，林顿在1936年的著作《人类研究》中进行了详细的论述。但通过研究可以发现，他们在阐明自己观点的时候，都未曾给予角色一个明确的定义，仅将角色用来比喻个体在某种特定场域中，表现出特定行为的现象，主要用以说明个体的身份。

究竟什么是"角色"？不同的社会学家、社会心理学家基于不同的视角，对角色概念进行了研究，并对角色概念作出了多种定义。美国学者莱威在将角色定义为"由特定社会结构分化来的社会地位"[1]，把角色等同为社会地位。但具体分析来看，角色并不等同为社会地位。在社会学或人类学上，地位如果被解释为个体在社会关系中所处的位置，那么角色则是指个体身处某个特定地位、特定位置时所表现出来的所有行为的总和。把这些行为的总和当成一个整体，有机组合在一起，就相当于是个体区别于他人的一种行为模式。社会期望、主观能动性等都会对个体的行为模式产生影响。角色理论研究者彼·德尔将角色视为行为或行为的特点，强调角色是一定背景中一个或多个人的行为特点。[2] 美国学者帝博特和凯蒂利则从以下三个方面对角色进行定义。第一，角色是社会中存在的对个体行为的期待系统，该个体在与其他个体的相互作用中占有一定的地位；第二，角色是占有一定地位

---

[1] 金盛华主编：《社会心理学》，高等教育出版社2005年版，第32页。
[2] 全国13所高等院校《社会心理学》编写组编：《社会心理学》第五版，南开大学出版社2008年版，第68页。

第一章 高校辅导员角色的理论基础

的个体对自身的特殊期待系统，也就是说，角色是个体与其他个体相互作用的一种特殊的行为方式；第三，角色是占有一定地位的个体的外显行为。①

奚从清、余国良认为角色是"个人在社会关系体系中处于特定社会地位，并符合社会要素的一套个人行为模式，包含角色扮演者、社会关系体系、社会地位、社会期望和行为模式五种要素"。②奚从清通过梳理和分析社会心理学家、社会学家关于角色所做的不同定义和表述，在其著作《角色论——人与社会的互动》中指出，尽管这些定义和表述不尽相同，但他们都一致认为角色概念含有两个内在假设。第一，在社会内部，关于处于某一位置的人应该怎样行事，存在着相当程度的一致看法；第二，这个社会中的大多数人有意仿效这种一致性。任何学者都不可能离开社会的客观期望和个体的主观表演来谈论抽象的角色，也不可能离开社会结构和个体心理来谈论抽象的角色。③"而这正是建立和形成统一的社会角色理论的基石，也是角色概念的本质所在。因此，如果要从根本上了解角色概念的内涵，就必须从角色的客观和主观统一性上去把握"。④

"角色"的功能，随着社会的发展经历了一个不断演变的过程，从最初的戏剧特定用语功能，到人际交往分析功能，继而演变为以社会关系和社会结构的分析功能为主，是一个动态变化的过程。包含"角色是社会结构中的一套行为模式""角色是由个体的社会地位和职责身份所决定的""角色是符合社会期待的"三种社会心理学要素，是科学

---

① 周晓虹：《现代社会心理学——多维视野中的社会行为研究》，上海人民出版社1997年版，第360页。
② 奚从清、余国良：《角色理论研究》，杭州大学出版社1991年版，第6页。
③ 奚从清：《角色论——人与社会的互动》，浙江大学出版社2010版，第6页。
④ 周晓虹主编：《现代西方社会心理学流派》，南京大学出版社1990年版，第222页。

定义角色的前提。于是，通过归纳和整理，可将角色定义为个体在社会关系结构中处于特定的社会地位，并按照一定的社会规定，表现一系列符合社会期待的行为模式。例如，企事业单位中的领导者和被领导者、学校里的教师和学生、家庭中的母亲和女儿等。换言之，角色是理解社会成员的社会活动的一个重要单位，每个社会成员或者群体在社会活动中都要扮演某种社会角色。角色代表着一套有关个体行为的社会准则，这些社会准则规定了个体在充当某一特定角色时，所应有的行为和活动方式。

（二）角色的基本要素

通过前面对角色内涵的深入研究，从角色含义及其构成的角度，可以总结出角色所包含的五个基本要素，分别是角色扮演者、社会地位和身份、权利和义务、社会期待和行为模式。

1. 角色扮演者

角色扮演者是指角色的主体是个人。社会实践活动中，是人在社会结构中扮演着某种特定的角色，社会角色的主体是实践活动中的人，这是客观的，不由人的主观意志所转移的。角色对角色扮演个体的人格品质有着相应的规定和要求，要求个体在不同职业、团体的长期社会实践中形成相对稳定的人格品质。比如，教师应该做到为人师表、教书育人，医生应恪守救死扶伤的神圣职责等，这与职业对角色的要求相一致。2019年3月18日，习近平总书记在学校思想政治理论课教师座谈会上发表了重要讲话，"用新时代中国特色社会主义思想铸魂育人，贯彻党的教育方针落实立德树人根本任务"重要讲话，深刻阐释了办好思想政治理论课的重要意义，并对加强学校思想政治理论课建设作出一系列重要部署，为推动思想政治理论课改革创新和思想政治理论课建设指明了前进方向。习近平总书记强调，"思想政治理论课是落实立德树人根本任务的关键课程""办好思想政治理论课关键在教师"①，对广大思政课教师提出"政治要强、情怀要深、思维要新、视野要广、自律要严、人格要正"的殷殷希望，并对思政课改革创新提出要坚持八个"相统一"的谆谆嘱托。

习近平总书记对思政课教师提出的六点要求，对高校辅导员角色的研究有着重要的借鉴意义。随着时代发展和社会的进步，构建大思政协同育人机制成为高等教育在现代社会发展下的必然趋势。大学生思想政治教育主要有两种育人载体。一是，日常思想政治教育；二是，思想政治理论课程教育。其中，日常思想政治教育的践履者主要是高校辅导员，思想政治理论课程教育则以高校思想政治理论课教师为践履者。作为这两大育人形式的组织者和实施者，二者相互依存、互为补充。高校辅导员和思想政治理论课教师应当通过优势互补，整合各自教育资源和教育力量，形成强大的育人合力，构建大思政协同育人机制，实现全员、全过程、全方位育人。因此，高校辅导员要时刻牢记习近平总书记对思政课教师提出的六点要求，严于律己，把这六点要求作为提升自我角色素养的行动指南。

第一，政治要强。思想政治教育具有鲜明的意识形态属性，高校辅导员必须坚定马克思主义信仰，把政治性放在第一位，做学习和践行马克思主义的典范，着力提高大学生的政治素养，解决好大学生理想信念问题。

第二，情怀要深。教育的本质是爱，聚焦大学生成长成才，高校辅导员要做到家国情怀要浓、育人情怀要强、仁爱情怀要深。如此，才能真正走进学生、倾听学生，成为学生的知心人，助力学生成长成才。

第三，思维要新。高校辅导员要随着时代的变化，坚持以学生为

---

① 《习近平谈治国理政》第三卷，外文出版社2020年版，第329—330页。

本，运用战略思维和辩证思维，创新思想政治教育方式方法，做到因事而化、因时而进、因势而新。

第四，视野要广。面对百年未有之大变局，高校辅导员作为新时代思想政治工作的"赶考人"，必须具备宽广的视野和宽口径知识储备。在培育时代新人的过程中，要坚持运用历史唯物主义，引导学生正确认识中国特色和国际比较，全面客观认识当代中国，看待外部世界，从而明辨是非、明确方向达到凝聚共识。

第五，自律要严。高校辅导员首先要做到严于律己、宽以待人，做到言行与身教相统一，"做到课上课下一致、网上网下一致，自觉弘扬主旋律，积极传递正能量"。[①] 学高为师，身正为范，高校辅导员要有坚定的立场，严于自律，做学生身边的榜样。在工作中，把政治纪律放在第一位，严守政治红线，自觉抵制各种诱惑。在生活中，涵养高尚的情操和大公无私的品质，做到言传身教，用实际行动将真善美的种子播撒在学生的心灵。

第六，人格要正。习近平总书记在全国高校思想政治工作会议上强调："教师是人类灵魂的工程师，承担着神圣使命。传道者自己首先要明道、信道。"[②] 高校辅导员在大学生扣好"人生第一粒扣子"的重要阶段，扮演着至关重要的角色。为更好适应当下教育教学发展的需要，更好地担起大学生健康成长指导者和引路人的责任，高校辅导员必须坚持教育者先受教育，把终身学习当作提升思想政治教育能力的重要功课。

[①] 《习近平在全国高校思想政治工作会议上强调　把思想政治工作贯穿教育教学全过程　开创我国高等教育事业发展新局面》，《人民日报》2016年12月9日第1版。
[②] 《习近平在全国高校思想政治工作会议上强调　把思想政治工作贯穿教育教学全过程　开创我国高等教育事业发展新局面》，《人民日报》2016年12月9日第1版。

2. 社会地位和身份

社会地位是指个体在社会关系中所处的位置。社会关系多样性决定了社会地位的复杂性。个体在社会系统中扮演的特定角色，也就决定了自己在社会系统中所处的位置，这种位置赋予了与之相应的权利和义务。某种意义上说，社会地位是权利和义务的高度统一。人是社会关系中的人，因而角色的本质也是在于人的社会性。社会生活是个体扮演角色的重要载体，也是角色拥有一定社会地位、身份的内在根据。由于自然分工和社会分工的需要，个体被分配到社会关系体系的不同位置，这就是个人的社会地位。在个体所处的社会地位中，个体不仅需要完成相应的职责与义务，也享有相关的权利。当个体把组成社会地位的权利和义务付诸实践时，就说明其进入了某种特定的角色。

人的社会地位不是单一的，也不是一成不变的。在庞大冗杂的社会关系体系中，个人通过互动交往而结成多种社会关系，获得多种社会地位。这些社会地位根据不同的标准被划分为不同的序列，如政治地位、经济地位、职业地位等。这些被划分为不同序列的社会地位，具有相互关联、彼此交错的关系。与此同时，多种社会地位间的相互关系并不总是和谐的，也存在着一定的矛盾。比如，地位相悖的问题，社会经济地位与社会声望地位不一致的问题，以及首要地位问题等。

身份是指在社会或法律地位上的某一具体位置。从哲学层面来看，人的自然存在身份、社会存在身份、活动存在身份科学定位了人的身份存在。马克思将"现实的人"从抽象的世界中解放出来，以"现实的人"取代"抽象的人"，肯定了"人直接地是自然存在物"[①] 的本质

[①] 《马克思恩格斯文集》第一卷，人民出版社2009年版，第209页。

和人作为能动的自然存在物的意义。人同自然界其他动物一样，也需要进行吃、喝、性等活动，以维持生命的延续，这是人的自然机能和生理属性。区别在于，人具有强大的思维能力，人的自然存在身份始终处于一种动态的、开放的发展状态，不断赋予身份丰富的内涵。从马克思主义哲学的角度看，人既是自然的一部分，也是改造和利用自然的主体；既有客观实在性，也有主观能动性，是客观实在性和主观能动性的统一体。人类自身所蕴含的自然力和生命力，在进入物质文明社会以后，会受到各种因素的刺激，在经济、政治、文化、社会等各个领域发挥能动性作用，推动生产力的发展。

人的社会存在身份从本质上来说，可以理解为人的社会化过程，是指"个体在与社会的互动过程中，逐渐养成独特的个性和人格，从生物人转变成社会人，并通过社会文化的内化和角色知识的学习，逐渐适应社会生活的过程"。[1] 人从出生的那一刻起，就与他人、自然界等有着天然的联系，并在社会化物质生产过程中，逐渐建构起与社会的关系，确立不同的社会身份。人的活动存在身份，意味着人是具有能动意识和自主意识的活动主体。在尊重客观规律的前提下，如何自主掌握自身的命运，在社会互动关系中获得主导地位，关键还需要人发挥主观能动性开展自主性和创造性的活动。社会地位和身份是构成角色的基础和前提，人的社会地位和身份一旦发生了变化，其所扮演的角色也将随之变化。当个体按照自己社会身份所规定的责任或行为规范去行动时，就说明角色扮演已经开始了。

3. 权利和义务

权利和义务是生产关系发展到一定阶段的产物，属于社会关系范畴，其中，利益分配关系是彼此得以产生的基础。权利和义务所对应

---

[1] 郑杭生主编：《社会学概论新修》第五版，中国人民大学出版社2019年版，第119页。

第一章 高校辅导员角色的理论基础

的要求是由不同的社会条件所决定的。因此，从本质上来说，权利和义务是人与人社会关系问题的反映，是经济政治利益关系在伦理道德上和政治法律上的表现。

在社会关系的互动过程中，每种角色都有一系列隶属于某个社会组织或团体所规定的角色权利和角色义务。"权利"对应英语中"right"一词，"right"的词源是 rectum，rectum 和拉丁文 jus 是近义词，意指"真实""正当""正确"。通过对"权利"的溯源可知，权利的首要内涵和价值评价与"正当""正义"等相关，是对人主体性价值的肯定。"权利永远不能超出社会的经济结构以及由经济结构所制约的社会的文化发展。"① 人的权利是由特定社会的物质和文化结构决定的，是历史的、具体的，而并非天赋的、抽象的。权利既是人在特定社会历史条件下所反映出来的一种基本价值追求，也是推动社会物质文明发展的主要力量和必要条件。所谓权利，是社会主体在特定社会条件下，向他人、向社会要求某种行为或不发生行为，具有重大的社会效用，是应该受到政治和法律保障的利益、索取或要求。

"义务"对应英语中"duty"一词，源于拉丁语的"债务"或法语的"责任"，是和权利相对应的概念。义务相对于权利而言，是指社会主体在特定社会条件下，应该向他人、向社会提供某种行为或不发生行为，表现为义务承担者依法承担某种责任，并依法实施的一定的作为或不作为。义务和权利一样，也具有重大社会效用，是应该受到权力或法律保障的、必须且应该的。马克思主义经典作家在注重个体合理权利要求的同时，更重视个体对社会的义务。可以说，马克思主义经典作家对义务的重视，标志着马克思主义关于人类存在方式和个体自由实现途径的认识达到了新的高度。

---

① 《马克思恩格斯选集》第三卷，人民出版社 1972 年版，第 12 页。

在社会关系中，权利和义务之间的关系是最基本的关系之一。它们之间的关系体现为权利是义务的前提，义务是实现权利的基础，二者是辩证统一、不可分离的关系。"没有无义务的权利，也没有无权利的义务。"① 权利的实现，必须以义务的履行为保证和前提。义务承担者如果不履行相应的义务，权利的享有者就不可能享受相应的权利。教师的权利可以划分为两个部分，包括基本权利和特殊权利。所谓基本权利，是指教师作为一般公民个人享有的权利，这是宪法和法律所规定的，所有公民都享有的权利。所谓特殊权利，是指教师依据《中华人民共和国教育法》《中华人民共和国教师法》等法律规定的只有教师才享有的权利。相应地，我国宪法关于权利和义务的关系也作了相关规定，强调任何公民享有宪法和法律规定的权利，同时必须履行宪法和法律规定的义务。教师作为一般公民，应当承担法律规定的基本义务，同时也要承担《中华人民共和国教育法》《中华人民共和国教师法》等法律法规规定的教师义务。

高校辅导员是保证高等教育事业持续健康发展的一支重要力量，是大学生思想政治教育的骨干力量。高校辅导员队伍的整体能力和素质如何，关涉着高校办学治校的水平与育人质量，关涉高校落实"立德树人"根本任务，关涉中国特色社会主义现代化建设事业的兴旺发达。明确高校辅导员角色的权利和义务，是高等教育体制改革民主化、法治化发展的需要，是保障高校辅导员法定社会地位和权益的需要，也是提高高校辅导员综合素质的需要。

不同的角色，有着不同的角色权利和角色义务。同时，不同的权利和义务，也对应着不同的角色，权利和义务往往是成对而存在的。个体扮演某种特定角色的过程，就是将这一角色所包含的权利义务付

---

① 《马克思恩格斯选集》第二卷，人民出版社1972年版，第137页。

诸实践的过程。高校辅导员角色的权利是指高校辅导员依法应当享有的各种权益。《中华人民共和国教师法》第二章权利和义务内容规定，教师享有教育教学活动、开展教育教学改革和实验的权利，从事科学研究、学术交流，参加展业的学术团体，在学术活动中充分发表意见、按时获取工资报酬，享受国家规定的福利待遇以及寒暑假期的带薪休假等。兼具教师和干部双重身份的高校辅导员，也理应和必须享受《中华人民共和国教师法》的各项权利。高校辅导员角色的义务是指高校辅导员依法应当承担的各种职责。《普通高等学校辅导员队伍建设规定》要求，辅导员必须做到恪守爱国守法、敬业爱生、育人为本、终身学习、为人师表的职业守则等。[①] 辅导员还需要具备《高等学校辅导员职业能力标准（暂行）》文件所规定的职业能力特征，即政治强、业务精、纪律严、作风正，具备思想政治教育工作相关学科的宽口径知识储备、较强的组织管理能力和语言、文字表达能力、教育引导能力、调查研究能力等。[②] 高校辅导员所享有的法定权益和应当履行的法定职责体现了高校辅导员角色的社会地位。

4. 社会期待

社会角色期待是指社会生活中人们对个体、群体、组织等社会角色对其应当承担的权利义务和行为模式的期望，这种期望是个人、群体或组织得以存在和发展的基础。美国社会学家乔治·赫伯特·米德教授在其创立的角色理论中，将"自我"划分为"主我"和"客我"两大部分。其中，"自我"具有自发性和能动性，是个人发展和人格塑造的动力源。"客我"是在社会互动的过程中形成和发展起来的，是内

[①] 《普通高等学校辅导员队伍建设规定》，http://www.moe.gov.cn/srcsite/A02/s5911/moe_621/201709/t20170929_315781.html。

[②] 《教育部关于印发〈高等学校辅导员职业能力标准（暂行）〉的通知》，http://www.moe.gov.cn/srcsite/A12/s7060/201403/t20140327_167113.html。

化了的社会要求和社会期待。任何社会角色都是在"主我"与"客我"的有机统一中逐步完善的。简单来说，国家的长治久安、兴旺发达有赖于构建一个合理有序的社会结构，而社会结构的合理有序，又得益于不同社会领域和不同社会阶层劳动者的和谐共生。

从横向上来说，我们可以将整个社会划分为政治、经济、文化等基本领域，这些基本的社会领域又可以被进一步细化为若干分支区域。譬如，经济领域可被再次细化为生产、分配、交换、消费等分支区域。这些不同的社会领域需要吸纳与之相匹配的人才资源，通过纳才引才，盘活各类对口的人才资源，为社会发展增添新动能、新活力。换言之，社会成员期待党和国家培养的人才必须满足不同社会领域的人才需求，以保证社会结构的平衡，推动社会发展。对于党和国家而言，人才问题关系到国家和民族的长远发展大计。习近平总书记在党的二十大报告中，将"实施科教兴国战略，强化现代化建设人才支撑"作为专章加以深刻阐述，这在党的历次全国代表大会报告中尚属首次，足以凸显人才资源的重要战略地位。习近平总书记在报告中强调人才是第一资源，指出了强党兴国的人才密码。党和国家期待教育者们所培育出来的人才，在价值取向上要以全面建设社会主义现代化国家为旨归，又要在职业素养与综合能力上符合社会各领域的特定需求，与社会发展深入融合。

从纵向上来说，社会结构可以划分为不同的社会阶层。以职业分类为基础，以组织资源、经济资源和文化资源的占有状况为标准，可将当代中国社会阶层结构划分为十个社会阶层。这种纵向的社会结构对人才资源有着质和量的要求，党和国家期待教育者们按照这样的要求，开展积极有效的教育活动并制定适配的人才培养方案，培养出各个阶层所需要的专门人才。这些专门人才在不同的社会领域各司其职，以避免人才资源的同质化，导致社会结构的失衡。

因此，不同的社会领域对应着不同的社会期待，不同的社会成员对教育者的社会期待也不尽相同，没有一个统一的标准和模式。无论是基于社会成员多样化的需求，还是党和国家维护社会结构稳定的角度，教育者所承担的社会角色都不是单一的。高校辅导员承担着开展大学生思想政治教育的社会责任，但这并不意味着社会成员对高校辅导员角色的期待仅止于此。社会成员会站在各自立场，从个人利益和角度出发，对高校辅导员提出不同的社会要求和社会期待。于是，社会成员多样化的角色期待，使高校辅导员角色呈现多元化发展特征。

习近平总书记在全国高校思想政治工作会议上提出，"我国高等教育要为人民服务，为中国共产党治国理政服务，为巩固和发展中国特色社会主义制度服务，为改革开放和社会主义现代化建设服务"。[①]"四为"服务方针是党的教育方针在高等教育领域的具体化，更是党和国家对高等教育提出的育人要求和期待。高校辅导员是高等教育事业完成立德树人根本任务不可或缺的一支重要力量，要坚持把政治性放在首位。拥护中国共产党的领导，贯彻党的教育方针，培养德才兼备、全面发展的中国特色社会主义合格建设者和可靠接班人，并以此作为社会期待的最好回应。因此，必须将高校辅导员作为拥有独立人格的社会性主体，从自我实现和"四为"服务方针的角度出发，去探讨高校辅导员角色的社会期待命题。

5. 行为模式

行为是"受思想支配而表现出来的活动"[②]，也就是说，人的行为

[①] 《习近平在全国高校思想政治工作会议上强调　把思想政治工作贯穿教育教学全过程　开创我国高等教育事业发展新局面》，《人民日报》2016年12月9日第1版。

[②] 中国社会科学院语言研究所词典编辑室编：《现代汉语词典》第7版，商务印书馆2016年版，第1466页。

具有主观意向性,是有目的、有意识的活动。在角色内涵的讨论范畴下,可将行为模式理解为在长期的社会生活中,不同的社会角色往往会形成各自特有的行为模式。我们也可将这种行为模式称为角色行为。角色行为是个体在角色概念和角色期望的基础上,实现自己所扮演的角色的行为,既受到自我意识的影响,也会受到某个特定职业角色的社会期待影响。从本质上来说,角色行为是指一个群体或社会对具有某种特定身份的人所期待的行为,[①] 是人在特定社会关系中所表现的身份及与之相符的言行和形象的总和,[②] 具有个体与社会的完整性、统一性特征。

教师职业行为是《中华人民共和国教师法(修订草案)(征求意见稿)》的新增概念,其目的是规范教师的职业行为。高校辅导员作为教育的重要基石,是落实立德树人根本任务的关系纽带,其角色行为和育人效果有着密切联系。关于教师行为与教学效果之间的关系,也是学术界研究的一个热点、重点。1987年美国成立专业教学标准委员会,颁布了《美国专业教学标准委员会优秀教师评价体系》,这是世界上第一个优秀教师专业标准。随之,教师专业标准逐渐在世界各国发展起来。学者们围绕教师教学行为的有效性标准、教师不当行为研究、师生互动行为研究等主题展开讨论,形成一大批丰富的研究成果。

教师的行为模式是时代发展的一个缩影,是时代的反映。社会生产力的发展和时代的进步,赋予了教师行为模式崭新的内涵,使其在教育信念、职业认知、知识理解、育人方法等方面呈现着时代特色。社会、群体和人群总是期望处于一定地位的个人在扮演角色时,按照

---

① [美]戴维·波普诺:《社会学》(上),刘云德、王戈译,辽宁人民出版社1987年版,第185页。

② 袁丹、靳玉乐:《教师角色嬗变与教学个性展现》,《中国教育学刊》2016年第6期。

一定的规范、权利、义务行事。例如，教师要实现立德树人的根本任务；律师应忠于宪法、法律，恪守律师职业道德和执业规律等。各类角色处于同一情境当中时，在处理同类问题时，使用的解决方法要与他们的角色身份及行为模式相符。

高校辅导员的行为模式是指高校辅导员根据社会期望和自我角色意识，依靠自身的努力，所表现出来的特定的行为方式，是教育、管理、组织、道德等行为的总和。一方面，教育是关于灵魂的事业，而非理性知识和认识的堆积，[1] 是一个灵魂唤醒另外一个灵魂的工程。高校辅导员用美好的情感唤起学生对美好的向往，是根植于心灵深处的感性与理性冲动，蕴含着浓烈的生命力量，传达了高校辅导员对教育事业的热爱与信念。另一方面，高校辅导员行为由其职业特点和属性所决定，其行为模式受到学生期望、自我期许、社会期待等多方面的制约。进入新时代，高校辅导员应坚持教育本质，突出"育人"功能，为实现人的全面发展贡献自己的力量。

由此可见，角色的五个基本要素是相互联系、相互制约、相互促进的有机统一体，体现着角色的主体性、社会性和规范性特征。这五个基本要素共同作用于角色扮演者，在其身上综合表现为一套完整的行为模式，并使不同的角色呈现不同的形象和特征。深刻理解角色五个基本要素的内容，有助于我们更好地把握角色的定义。

二 高校辅导员角色的概念界定

进入新时代，党和国家对高校思想政治工作作出了新的规定、提出了新的要求，开创了思想政治工作守正创新的新局面。作为大学生

---

[1] 雅斯贝尔斯：《什么是教育》，邹进译，生活·读书·新知三联书店出版社1991年版，第4页。

思想政治教育骨干力量的高校辅导员，也随之迎来了思想政治工作的转型升级。在践行新理念的过程中，高校辅导员角色的内涵和外延不断地拓展，同时也面临角色定位、角色转型、角色平衡和角色冲突等多元问题，处于一个动态的变化过程。席勒在其著作《人本主义研究》中指出，在误解和错误不可避免的情况下，"最好使用发生学的定义，解释被定义事物怎样进入科学范围和怎样在那里采取了它们具有的形态"。① 因此，只有明确高校辅导员角色的准确定位，才能切实加强高校辅导员队伍的建设，提高高校辅导员队伍的育人能力。

所谓高校辅导员角色，是指高校辅导员在大学生日常思想政治教育、事务管理和各类专业辅导等工作过程中，根据其在高校思想政治工作中的位置表现出来的，与党和国家、社会、高校、家庭、学生等期望相一致的一套行为模式。高校辅导员角色的内涵在继承和发展中不断拓展，体现了与时俱进的鲜明时代品质。

(一) 高校辅导员角色的扮演者

世界上没有抽象的人，只有承担着各种社会角色的现实的人，个人是角色的主体、承担者和扮演者。换言之，角色是以个人为对象的，指个人根据所处的地位或者身份而扮演的角色。角色扮演是社会实践的过程，无论哪种角色，都是由当时的社会需求所决定的，并随着社会经济的发展而不断变化，不是一成不变的。

高校辅导员作为高校辅导员角色的扮演者，是高校辅导员角色的本体，要全面准确地理解高校辅导员角色的内涵，需要将高校辅导员放到高校这一实践场域进行考察。《普通高等学校辅导员队伍建设规定》对高校辅导员的概念作出了明确的界定，强调专职辅导员是

---

① [英] F.C.S. 席勒：《人本主义研究》，麻乔志等译，上海人民出版社 1966 年版，第 2 页。

第一章 高校辅导员角色的理论基础

指在院（系）专职从事大学生日常思想政治教育工作的人员，包括院（系）党委（党总支）副书记、学工组长、团委（团总支）书记等专职工作人员，具有教师和管理人员双重身份。同时，还明确了辅导员是开展大学生思想政治教育的骨干力量，是高等学校学生日常思想政治教育和管理工作的组织者、实施者、指导者。辅导员应当努力成为学生成长成才的人生导师和健康生活的知心朋友。

作为组织者，高校辅导员必须扮演好整合各种教育资源、教育力量，组织好各种教育活动的角色。譬如，高校辅导员在开展大学生日常思想政治教育与管理工作时，要基于对高校辅导员工作的深刻认识和理解，以及与学生之间关系的准确把握，从他们的成长需求出发；在诸如雷锋纪念日、植树节、劳动节等每个重要和关键的时间节点，设计出符合学生思维特点和认识特点的、有教育意义的主题教育活动方案，潜移默化地影响学生的价值观；要扮演好为大学生办实事、做好事、解难事的角色，做好教育引导、发展指导、事务管理等各项具体工作。作为指导者，高校辅导员不仅要引导大学生树立正确的人生观、价值观和世界观，坚定理想信念，自觉走"同人民紧密结合，为祖国奉献青春"的道路；要从宏观层面，分阶段地对大学生进行学业规划、党团和班级建设、职业生涯规划和就业创业指导等，使思想政治教育工作贴近大学生、贴近实际。

师者，人之模范也。作为兼具大学生成长成才的人生导师和健康生活的知心朋友双重身份的高校辅导员，要做到育人者先育己，明白教育是一个潜移默化的过程，要用自己高尚的品德、渊博的学识、专业的技能扮演好"人生导师"的角色，指导大学生树立远大理想信念、领悟人生真谛、勇敢面对困难、实现人生价值。同时，高校辅导员还要用心、用情地扮演好大学生"知心朋友"的角色，想学生所想、急学生所急，深入了解学生的家庭情况、学习和生活情况，把思想政治工作做深做细，全面掌握大学生的思想动态，通过不同形式的谈心谈话，了解大学生的思想状况，切实帮助大学生解决好思想认识、价值取向、学习生活、择业交友等方面的具体问题，将"后方援助"和"前方指路"相结合，和大学生一起成长。高校辅导员作为高等教育体系中一个重要的育人主体，肩负着为党育人、为国育才的神圣使命。中国共产党治国理政的需要，人民对美好生活的向往和追求的需要，培养社会主义建设者和接班人的需要，三者共同构成了高校辅导员角色的成长坐标。

（二）高校辅导员角色的社会地位和身份

角色概念所表达的是一定的社会地位，由于社会地位和身份是构成角色的基础和前提，如果想要从整体上把握高校辅导员角色的内涵、弄清楚高校辅导员角色在社会结构中的地位，并在此位置被赋予了什么样的身份、扮演着什么样的角色，如何按照自己社会身份所规定的责任或行为规范行动的等一系列问题，就需要将高校辅导员角色置于现代社会结构之中进行审视。

中国共产党历来高度重视思想政治工作，强调"思想政治工作是党的优良传统、鲜明特色和突出政治优势，是一切工作的生命线。加强和改进思想政治工作，事关党的前途命运，事关国家长治久安，事关民族凝聚力和向心力"[①]。2004 年，《关于进一步加强和改进大学生思想政治教育的意见》指出，"加强和改进大学生思想政治教育，提高他们的思想政治素质，把他们培养成为中国特色社会主义事业的建设者和接班人，对于全面实施科教兴国和人才强国战略，确保我国在激烈的国际竞争中始终立于不败之地，确保中国特色社会主义事业兴旺

---

① 《中共中央 国务院印发〈关于新时代加强和改进思想政治工作的意见〉》，《人民日报》2021 年 7 月 13 日第 1 版。

第一章　高校辅导员角色的理论基础

发达、后继有人，具有重大而深远的战略意义"。"各级党委和政府要从战略全局的高度，充分认识加强和改进高等学校思想政治理论课的重大意义，把'培养什么人''如何培养人'这一重大课题始终摆在重要位置，切实加强领导"。① 由此可见，思想政治教育在整个社会结构中占据着重要的位置，有着特殊的地位，在治国理政方面发挥着不可替代的重要作用。

2016年，《关于加强和改进新形势下高校思想政治工作的意见》指出："加强和改进高校思想政治工作，事关办什么样的大学、怎样办大学的根本问题，事关党对高校的领导，事关中国特色社会主义事业后继有人，是一项重大的政治任务和战略工程。"② 2017年，《高校思想政治工作质量提升工程实施纲要》提出，要"充分发挥课程、科研、实践、文化、网络、心理、管理、服务、资助、组织等方面工作的育人功能，挖掘育人要素，完善育人机制，优化评价激励，强化实施保障，切实构建'十大'育人体系"。③ 不断推进全员全过程全方位育人格局，开创新时代高校思想政治工作新局面。2021年，《关于新时代加强和改进思想政治工作的意见》指出："要深入开展思想政治教育，坚持用习近平新时代中国特色社会主义思想武装全党、教育人民，健全用党的创新理论武装全党、教育人民工作体系，增进对习近平新时代中国特色社会主义思想的政治认同、思想认同、理论认同、情感认同。""加强学校思想政治工作，加快构建学校思想政治体系，实施时代新人培育工程，完善青少年理想信念教育齐抓共管机制，培育德智

---

① 《中共中央　国务院发出〈关于进一步加强和改进大学生思想政治教育的意见〉》，http：//www.moe.gov.cn/jyb_xwfb/gzdt_gzdt/moe_1485/tnull_3939.html。
② 《中共中央　国务院关于加强和改进新形势下高校思想政治工作的意见》，《人民日报》2017年2月28日第1版。
③ 《中共教育部党组关于印发〈高校思想政治工作质量提升工程实施纲要〉的通知》，http：//www.moe.gov.cn/srcsite/A12/s7060/201712/t20171206_320698.html。

体美劳全面发展的社会主义建设者和接班人"。①

可以看出，思想政治教育工作已经深入时代发展的大环境，与社会、经济、政治、文化等各个方面密切相关。在培根铸魂、坚持和巩固马克思主义在意识形态领域的指导地位等方面具有重要的理论价值和现实意义，成为治党治国的重要方式。思想政治教育作为一种具体的社会现象出现，是由多种要素有机组合而成的，高校辅导员角色是其主要构成要素。这就意味着，在高校场域，高校辅导员必须将"为党育人、为国育才"这一政治角色扮演好，牢记立德树人的育人初心，才能更好地与其他要素和力量相结合，激发强大的育人力量，完成社会期待。

（三）高校辅导员角色权利与角色义务

大学生思想政治教育是一项协同育人的工作，是一个系统的育人工程。高等学校可以从优秀专任教师、管理人员、研究生中选聘一定数量兼职辅导员，其育人主体包括学校党政干部和共青团干部、思想政治理论课教师和哲学社会科学课教师、辅导员和班主任。②但是应看到，在协同育人的主体群中，只有辅导员是专职从事大学生日常思想政治教育与管理工作的队伍，他们是工作在大学生日常思想政治教育第一线的一批有事业心、有爱心、有耐心的骨干力量。

党和国家关于高校辅导员制度顶层设计的考虑，使得高校辅导员的工作职责在不同的历史时期呈现不同的内容和特征。与之对应的高校辅导员角色的权利和义务也在不同的历史时期呈现不同的要求。角

---

① 《中共中央 国务院印发〈关于新时代加强和改进思想政治工作的意见〉》，《人民日报》2021年7月13日第1版。
② 教育部思想政治工作司组编：《加强和改进大学生思想政治教育重要文献选编（1978—2008）》，中国人民大学出版社2008年版，第381页。

第一章　高校辅导员角色的理论基础

色所承担的权利和义务是相对应而存在的。对高校辅导员而言，行使自身权利和承担好自身义务，就是自身角色扮演的过程。为切实加强高校辅导员队伍专业化职业化建设，保障高校辅导员的权利，落实高校辅导员的角色义务，教育部出台了《普通高等学校辅导员队伍建设规定》。

对于高校辅导员角色需要承担的义务来说，高校辅导员的主要工作职责被划分为思想理论教育和价值引领、党团和班级建设、学风建设等九大板块。在思想政治教育过程中，这九大职责不是孤立存在的，而是相互关联在一起的，多种角色集于高校辅导员一人身上，这就意味着高校辅导员角色是各类角色的总和，是作为角色集而出现的一种社会现象，具有多重性和多元性。高校辅导员要履行好角色义务，就必须树立开放全面的系统观念，统筹九大职责，在"三全育人"理念下，不断创新思想政治教育方式方法、提升学生工作管理质量，既要关心学生的身心健康和技能教育，更要注重培养学生爱党、爱国、爱人民的高尚品质。

对于高校辅导员角色的权利而言，党和国家统筹考虑高校辅导员队伍的发展问题，为高校辅导员队伍专业化职业化建设提供人才保障。比如，要求高等学校应当制定专门办法和激励保障机制，落实专职辅导员职务职级"双线"晋升要求；专职辅导员可按教师职务（职称）要求评聘思想政治教育学科或其他相关学科的专业技术职务（职称），在评聘时应更加注重考察工作业绩和育人实效，单列计划、单设标准、单独评审；辅导员培训要纳入高等学校师资队伍和干部队伍培训整体规划，建立国家、省级和高等学校三级辅导员培训体系；高等学校要鼓励辅导员在做好工作的基础上攻读相关专业学位，承担思想政治理论课等相关课程的教学工作，为辅导员提升专业水平和科研能力提供条件保障等。

第二节　高校辅导员角色的理论依据

理论是研究的基础，科学的研究是在一定的理论基础上进行的，只有充分了解和掌握理论的基本观点、形成逻辑，才能更好地指导实践。实现"立德树人"根本任务，是新时代赋予高校辅导员的历史使命。研究高校辅导员角色，可将马克思主义关于人的全面发展理论、角色理论作为深入研究的理论基础。归纳总结相关理论的基本观点、形成过程以及应用发展，充分借鉴其中具有指导意义的思想，为研究高校辅导员角色奠定坚实的理论基础。

一　马克思主义关于人的全面发展理论

促进人自由而全面的发展是马克思主义人学理论的核心内容和本质要求。马克思始终把实现人的全面发展，作为其追求的最高价值目标，并把人的全面发展作为共产主义社会的本质特征。

（一）马克思主义经典作家关于人的全面发展理论

马克思主义关于人的全面发展理论，兼具了对现实的人和社会发展状况的评价与批判，并提出了对未来理想状态的展望，具有丰富而深刻的内涵。

1. 马克思关于人的全面发展理论

马克思曾将人的全面发展解释为"人以一种全面的方式，就是说，作为一个完整的人，占有自己的全面的本质"。[①]"全面发展的人"不是抽象的哲学主体，而是具体的"现实的人"。马克思把人的发展分为

[①]《马克思恩格斯文集》第一卷，人民出版社 2009 年版，第 189 页。

第一章 高校辅导员角色的理论基础

三个阶段，分别是"人的依赖关系阶段""以物的依赖性为基础的人的独立性阶段""建立在个人全面发展和他们共同的、社会的生产能力成为从属于他们的社会财富这一基础上的自由个性阶段"。[①] 并在此基础上，揭示了人的全面发展理论的基本内涵。马克思主义关于人的全面发展理论主要囊括四个层面的含义，分别是人的需要的全面满足、人的社会关系全面丰富的发展、个人能力和智力的全面发展、人的个性的全面发展。

第一，人的需要的全面满足。人的需要的全面满足，是衡量人的全面发展的重要标尺。"社会关系实际上决定着一个人能够发展到什么程度"。[②] 在马克思看来，人的需要构成了人的全面发展的内在动力，是人的本能之一，对人的行为具有支配作用。但人的需要不是凭空产生的，总是和一定社会的生产力和生产关系联系在一起，并呈现多样性、多层次性和发展性特征。首先，人的需要具有多样性。物质生产实践生活的丰富性，决定了人的需要的多样性，并将人的需要划分为低层次的自然性需要和高层次的精神性需要。其次，人的需要具有多层次性。"在人人都必须劳动的条件下，人人也都将同等地、愈益丰富地得到生活资料、享受资料、发展和表现一切体力和智力所需的资料。"[③] 恩格斯将人的需要分为生存需要、享受需要和发展需要，他认为人的发展是按照层次递进的，依次实现自身生活需要、享受需要和发展需要的过程。

第二，人的社会关系全面丰富的发展。而社会关系是人存在和发展的前提条件，人是存在于社会中的人，"人的本质不是单个人所固有

[①] 《马克思恩格斯文集》第八卷，人民出版社 2009 年版，第 52 页。
[②] 《马克思恩格斯全集》第三卷，人民出版社 1960 年版，第 286 页。
[③] 《马克思恩格斯文集》第一卷，人民出版社 2009 年版，第 710 页。

的抽象物，在其现实性上，它是一切社会关系的总和"①，"社会关系实际上决定着一个人能够发展到什么程度"②。依此界说，人的全面发展程度和社会关系的丰富性是紧密相连的。人作为社会中的人，是在与他人的社会交往中，通过情感、信息、心理等方面的交流而获得成长与发展的。因此，个人必须积极参与经济、政治、文化、法律等社会生活各领域，同他人乃至整个世界的物质生产和精神生产进行普遍交往，才能获得信息、丰富阅历、更新观念、开阔眼界、增长知识，从而发展完善自己的知识与素质。也只有在丰富的社会关系中，人才能够不断提高自身的认识能力、全面地看待问题，真正实现人的全面发展。

第三，个人能力和智力的全面发展。人的能力和素质主要是指人的才能的全面发展，包括了人的体力、智力、自然力和社会力等最大限度的发挥，其中人的体力和智力构成了人的劳动能力的发展。人的劳动能力的全面发展是实现人自由而全面发展的重要内容和重要基础。人的劳动能力的全面发展与社会的发展进步是辩证统一的关系。在人的劳动能力全面提升中促进社会的发展进步，也在社会发展进步中逐步促进人的劳动能力全面发展。资本主义旧制度和旧式分工的发展，造成人的脑力劳动和体力劳动的分割、对立。针对这样的状况，马克思在《1844年经济学哲学手稿》中提出异化劳动理论，认为在私有制条件下劳动发生异化，造成了人的畸形发展、片面发展。劳动是人类产生的本源，劳动的异化必然导致人的异化。马克思从历史发展的总趋势出发，指出人只有在劳动实践活动中，才能不断提升适应社会和与人交往的能力，劳动在改变客观世界的同时，也在塑造着人本身。

---

① 《马克思恩格斯文集》第一卷，人民出版社2009年版，第501页。
② 《马克思恩格斯全集》第三卷，人民出版社1960年版，第295页。

因此，要真正实现人的全面发展，必须立足于人的劳动能力的解放和发展。这有利于推动人民群众创造更多的物质和精神财富，进而更好地推动社会的发展与进步。

第四，人的个性的全面发展。人的个性的全面发展，不是无中生有的，是在一定社会历史条件下，在个人的生理素质基础上，通过劳动实践逐渐形成和发展起来的自由的个性。人的个性是区别于他人的本质体现，人的个性的全面发展是人的全面发展的最高体现，也是实现人的全面发展的最高要求。马克思认为，人的个性是指人们在社会生产实践中所产生的一种区别于他人的独特的心理与行为特征，是个人的私有财产，具有能动性、创造性和自主性。但是在资本主义私有制条件下，资产阶级最大限度榨取工人创造的剩余价值，使工人阶级无法自由支配个人自由时间、无法获得自由而全面的发展。

在《资本论》中，马克思揭示了资产阶级剥削工人的本质，把人的全面发展和人的自由时间紧密相连，认为只有消灭旧式的社会分工，消灭资本主义私有制，才能确保人实现全面发展所需要的必要时间。在科学评价资产阶级的历史作用前提下，马克思揭示了资本主义的内在矛盾，论述了无产阶级作为资本主义"掘墓人"的伟大历史使命，揭示了"两个必然"的历史规律，即资本主义必须灭亡、共产主义必然胜利，并开始以唯物史观作为理论基础，提出实现人的全面发展的根本条件和实践方式，指出"代替那存在着阶级和阶级对立的资产阶级旧社会的，将是这样一个联合体，在那里，每个人的自由发展是一切人的自由发展的条件"。[①] 马克思认为，共产主义只有废除了资产阶级的所有制，同传统的所有制关系和观念实行最彻底的决裂，才能最终实现每个人的自由全面发展。

---

① 《马克思恩格斯选集》第一卷，人民出版社2012年版，第422页。

2. 恩格斯关于人的全面发展理论

恩格斯从人的起源出发，围绕人的本质、人的发展等概念，对人的全面发展理论进行研究，以辩证的思维把握人与社会、人与自然的发展共性，丰富了马克思关于人的全面发展理论。恩格斯认为劳动创造了人本身，劳动是人类自身发展和人类社会发展的实践起点。首先，恩格斯深化了关于人的全面发展理论的基本内涵。比如，在人的起源问题上，恩格斯结合马克思关于人的劳动思想和进化论成果，对人的起源问题进行了科学的阐释。在他看来，人类发展的起点是劳动，并将劳动概念解释为"一切人类生活的第一个基本条件"。[1] 并指出，"以致我们在某种意义上不得不说：'劳动创造了人本身'"，[2] 强调要从社会出现的角度来阐明劳动之于人的重要意义。同时指出："意识以及抽象能力和推理能力的发展，又反过来对劳动和语言起作用……随着完全形成的人的出现产生了新的因素——社会"。[3] 恩格斯对人类社会的起点作出回答，指出人类意识的出现与人类社会的产生都发生在劳动过程之中。

在关于人的本质问题上，恩格斯将人的本质与社会联系起来，认为人类具有自然与社会双重属性。其中，社会属性是人类区别于动物的特殊标志，深化了马克思关于人的本质问题的研究。正如恩格斯在《德意志意识形态》中所言，"一旦人们开始生产自己的生活资料的时候，人本身就开始把自己和动物区别开来"，[4] 这凸显了人的社会性，揭示了人类本质的现实起点。恩格斯曾对人的价值问题做过深入的阐释。恩格斯把人的价值放在具体的社会历史发展中进行考察，认为人

---

[1] 《马克思恩格斯选集》第四卷，人民出版社2012年版，第373页。
[2] 《马克思恩格斯选集》第四卷，人民出版社2012年版，第374页。
[3] 《马克思恩格斯选集》第三卷，人民出版社2012年版，第515页。
[4] 《马克思恩格斯全集》第二卷，人民出版社2005年版，第368页。

的价值是自我价值与社会价值的统一。在马克思恩格斯看来，人的自由全面发展是在一定的社会关系中，在人与环境的相互影响中实现的。人通过实践改变社会环境、促进社会的发展进步，使人的社会价值得以彰显；社会环境也改变了人，人在社会环境中得到改造和提升，使人的个体价值得以体现。"人应当通过全面的实践活动获得全面的发展"①；而在人类的发展问题上，应"使每一个社会成员都能够完全自由地发展和发挥他的全部力量和才能"。②

3. 列宁关于人的全面发展理论

列宁关于人的全面发展理论，是马克思主义在实践中的继承与发展。通过对现实性的深刻反思，列宁将人的全面发展理论放置于俄国特殊的社会环境中，与俄国具体国情相结合，这个开创性的实践推动了人的全面发展理论的具体化，具有重要的镜鉴意义。列宁赞同"教育会生产劳动能力"。③强调实现人的全面发展必须将教育与生产劳动相结合，这是实现人的全面发展的重要途径，这和马克思重视教育的观点一脉相承。在此基础上，列宁经过深入思考，提出了一个重要思想，即在建设社会主义的过程中，要让学校的全体儿童参与到必要的生产劳动当中去。列宁说："为了使普遍生产劳动同普遍教育相结合，显然必须使所有的人都担负参加生产劳动的义务。"④ 只有这样，才能够使人在增长知识的同时，身心也得到健康发展，进而更好地培育适合社会发展需要的社会主义新人，实现人的全面发展这一终极价值目标。于是，列宁在全国范围内建立统一的既讲授书本知识，又进行生产劳动的义务学校，实现了知识讲授与实践养成的统一。

---

① 《马克思恩格斯选集》第三卷，人民出版社2012年版，第680页。
② 《马克思恩格斯选集》第一卷，人民出版社2012年版，第302页。
③ 《马克思恩格斯全集》第二十六卷第一册，人民出版社1972年版，第209页。
④ 《列宁全集》第二卷，人民出版社2013年版，第464页。

除此以外，列宁认为社会变革与人的发展存在着一致性，在实践基础上，人与社会是辩证统一的，人的全面发展过程与人类社会的形成发展过程具有高度统一性，人的社会性规定了人的发展不能脱离社会范畴。一方面，社会化大生产，使得工业的发展在客观上需要人的全面发展给予人才资源的支撑；另一方面，人的全面发展水平和个人能力，尤其是劳动力的提升，有利于推动社会生产力的发展，二者呈正相关的关系。因此，列宁非常重视发展社会生产力，反复强调只有消灭剥削，创造适应社会主义建设需要的社会生产方式，才能创造巨大的社会物质财富和精神财富，进而为人的全面发展和社会主义建设创造条件。

（二）中国化马克思主义关于人的全面发展理论

"马克思主义揭示了人类社会历史发展的规律，是我们认识世界、改造世界的强大理论武器。"[①] 人的全面发展理论，贯穿于马克思主义理论始终，对其内涵有着准确把握与深刻认识，是中国共产党坚持马克思主义为指导的前提。

1. 毛泽东同志关于人的全面发展的论述

毛泽东同志把马克思主义关于人的全面发展理论与中国传统文化、国情、社会主义革命与建设的具体实践相结合，探索了一条从社会革命到改革教育实现人的全面发展的现实路径，形成了自己独特的关于人的全面发展思想。毛泽东同志提出必须进行社会革命，以谋求自主发展的生存状态，使个体的发展与社会的发展相一致，这是实现人的全面发展的根本前提。为摆脱封建殖民地残留的思想意识、社会心理和行为方式对人民思想的束缚，毛泽东同志提出了动天下之心、思想

---

① 《十六大以来重要文献选编》（上），中央文献出版社2005年版，第686页。

改造的理论，以期建立社会主义精神文明，锻造社会主义新人。

毛泽东同志提出改造旧教育，发展社会主义教育，为人的全面发展奠定扎实的教育基础。毛泽东同志非常重视教育的积极作用，把教育当作培育社会主义新人和实现人的全面发展的重要途径。毛泽东同志提出，要以建立社会主义制度为前提，重视发展个性，主张德智体全面发展，并特别强调德育的重要性。但是，旧教育本身是为剥削阶级服务的。因此，必须进行教育大革命，使教育转变为工人阶级手中的工具，为人民大众服务。同时，教育的改革必须从我国具体国情出发，结合我国社会主义改造和社会主义建设的实践，注重以德智体为核心，制定教育方针、教育政策和教育方法，从而更好地为无产阶级统治服务。

2. 邓小平同志关于人的全面发展的论述

邓小平同志对马克思主义关于人的全面发展理论的继承和发展主要体现在以下几个方面。主要体现在对社会主义本质的认识方面。"社会主义的本质，是解放生产力，发展生产力，消灭剥削，消除两极分化，最终达到共同富裕。"[①] 邓小平同志将思考的重点和落脚点，聚焦在了如何在社会主义初级阶段给中国人的发展提供现实条件。邓小平同志没有拘泥于马克思主义经典作家的设想，而是一切从实际出发，把满足人的需要放在首位，强调满足人的需要是促进人的全面发展的内在动力。在他看来，针对当时中国的国情来说，集中力量发展生产力，满足人民的生存需要，改善人民的生存条件，为人的全面发展提供物质基础才是最紧要的。同时，邓小平同志针对两极分化、贫富差距问题，提出"社会主义的目的就是要全国人民共同富裕，不是两极分化。如果我们的政策导致两极分化，我们就失败了；如果产生了什

[①] 《邓小平文选》第三卷，人民出版社1993年版，第373页。

么新的资产阶级，那我们就真是走了邪路了"。"社会主义财富属于人民，社会主义的致富是全民共同致富。"① 邓小平同志将实现共同富裕作为社会主义初级阶段人的全面发展的客观物质条件，凸显了社会主义的价值目标。

培育有理想、有道德、有文化、有纪律的"四有"新人，是邓小平同志立足于基本国情提出的具体目标，这个具体目标兼顾了对改革开放政策以及社会主义现代化建设需要的考虑。鉴于社会发展的主体是人，这决定了社会生产力的发展有赖于人的素质和能力的提升。因此，从这个角度来看，在谈到社会主义发展问题时，人的全面发展是其主要内容，社会主义的本质是人的全面发展的社会，这是毋庸置疑的。"四有"新人标准的规范，立体地展现了社会主义新人应当具有的内在素质和精神风貌，为培养一代又一代适应改革开放和社会主义现代化建设的"时代新人"指明了方向。

3. 江泽民同志关于人的全面发展的论述

江泽民同志认为，人的全面发展与社会发展是统一的。他说："我们建设有中国特色社会主义的各项事业，我们进行的一切工作，既要着眼于人民现实的物质文化生活需要，同时又要着眼于促进人民素质的提高，也就是要努力促进人的全面发展。这是马克思主义关于建设社会主义新社会的本质要求。"② 江泽民同志把促进人的全面发展作为建设社会主义新社会的本质要求，充分表明社会主义社会与促进人的全面发展具有高度的同一性。

在《在庆祝中国共产党成立八十周年大会上的讲话》中，江泽民

---

① 《邓小平文选》第三卷，人民出版社1993年版，第172页。
② 江泽民：《在庆祝中国共产党成立八十周年大会上的讲话》，人民出版社2001年版，第42—43页。

同志强调："共产主义社会，将是物质财富极大丰富，人民精神境界极大提高，每个人自由而全面发展的社会。"① 江泽民同志还认为，政治文明同物质文明、精神文明都是实现人的全面发展的重要前提和基础。人的全面发展建立在科学认识和处理人与自然、人与社会、人与人的关系基础之上。因此，必须在协同推进"三个文明"的过程中，不断提高全民族的思想道德素质、科学文化素质和健康素质，促进人的全面发展。

4. 胡锦涛同志关于人的全面发展的论述

胡锦涛同志指出："世界范围的综合国力竞争，归根到底是人才特别是创新型人才的竞争。谁能够培养、吸引、凝聚、用好人才特别是创新型人才，谁就抓住了在激烈的国际竞争中掌握战略主动、实现发展目标的第一资源"。② 因此，必须树立强烈的人才意识。

胡锦涛同志基于对创新性人才在综合国力竞争中重要性的认识和我国教育诸多不适应性问题的反思，结合时代主题，提出了尊重与发展人的个性的思想，比如要尊重与发展人的多样化个性，为人的个性发展营造良好的教育环境等。其中，针对尊重与发展人的多样化个性问题，胡锦涛提出实施素质教育，认为"坚持以人为本、全面实施素质教育是教育改革和发展的战略主题"，③ 旨在全面提高人的综合素质，改变应试教育的不足，完善人的个性。针对人的个性营造良好教育环境问题，胡锦涛提倡"教育工作要以学生为主体，以教师为主导，充分发挥学生的主动性，尊重教育规律和学生身心发展规律，为多样化、

---

① 江泽民：《在庆祝中国共产党成立八十周年大会上的讲话》，人民出版社2001年版，第41页。

② 胡锦涛：《在中国科学院第十三次中国工程院第八次院士大会上的讲话》，人民出版社2006年版，第5页。

③ 胡锦涛：《在全国教育工作会议上的讲话》，人民出版社2010年版，第12页。

个性化、创新型人才成长提供良好环境和机制"。① 以人为本就是要以促进人的全面发展为目标，胡锦涛同志强调要按照"五个统筹"的要求推进改革和发展，从而把人的全面发展纳入中国特色社会主义建设的体系，这是实现人的全面发展的科学指南和实践路径。

5. 习近平总书记关于人的全面发展的论述

党的十八大以来，习近平总书记在总结我国改革开放和社会主义现代化建设实践经验的基础上，提出要坚持以人民为中心的发展思想，不断促进人的全面发展。

首先，对人的全面发展理论的主体作出新的阐释。习近平总书记是坚定的马克思主义者，他在马克思主义群众史观的基础上，创造性地提出以人民为中心的发展思想，对人的全面发展理论的主体作出新的阐释，重点强调这里的"人"是指最广大的人民群众，"人民不是抽象的符号，而是一个一个具体的人"。② 这体现了以习近平同志为核心的党中央，对人民主体地位和人民至上理念的坚守。中国共产党始终坚持以人民为中心，坚持人民立场，始终把人民放在心中最高的位置。

其次，指出实现共同富裕是人的全面发展理论在新时代的价值旨归。习近平总书记强调，"促进共同富裕与促进人的全面发展是高度统一的"。③ 共同富裕作为一个与人的全面发展密切关联的价值范畴，是一个历史的范畴，其本质上是一种关于人的需要和发展的实践活动，每个环节都始终围绕"人的需要"和"人的全面发展"这一内在逻辑展开。实现人的全面发展，成为推进共同富裕进程中不可回避的重要论域和必然向度。中国特色社会主义进入新时代，以习近平同志为核

---

① 胡锦涛：《在全国教育工作会议上的讲话》，人民出版社2010年版，第13页。
② 《习近平谈治国理政》第二卷，外文出版社2017年版，第317页。
③ 《扎实推动共同富裕》，《人民日报》2021年10月16日第1版。

第一章　高校辅导员角色的理论基础

心的党中央始终把人民利益摆在至高无上的地位，坚持在发展中保障和改善民生，努力解决好人民急难愁盼的问题，让改革发展成果更多更公平地惠及全体人民，在践行以人民为中心的发展思想中，推动人的全面发展理论的创新与发展。

习近平总书记在党的二十大报告中指出，"中国式现代化的本质要求是，坚持中国共产党领导，坚持中国特色社会主义，实现高质量发展，发展全过程人民民主，丰富人民精神世界，实现全体人民共同富裕，促进人与自然和谐共生，推动构建人类命运共同体，创造人类文明新形态"。[①]深刻阐明了党和国家在关心什么、强调什么、党和国家最重要的利益是什么、最需要坚定维护的立场是什么。核心是"人民"，是对中国式现代化的价值取向的深刻把握。自新中国成立以来，党领导广大人民群众建立起了社会主义制度，经济、政治、文化等各个领域取得了举世瞩目的成就，摆脱了阶级社会中尖锐对立的阶级矛盾，奠定了实现现代化的物质基础、制度基础和社会基础。中国特色社会主义进入新时代，党继续坚持人民的主体地位，强调了中国式现代化是社会主义性质的现代化，是以人民为中心的现代化，是站在全人类立场上推进的现代化；从价值取向上明确了中国式现代化与共产主义理想是一脉相承的，即追求人的全面发展，致力于实现全人类的解放。

马克思主义关于人的全面发展理论为高校辅导员角色的研究提供了坚实的理论基础，为重新审视和研究高校辅导员角色提供了一个更清晰的理论视角。高校辅导员角色建设应高度重视"人"的重要因素，坚持"以人为本"的思想，突出人文关怀和"人性化"。我国高等教

[①] 习近平：《高举中国特色社会主义伟大旗帜　为全面建设社会主义现代化国家而团结奋斗——在中国共产党第二十次全国代表大会上的报告》（2022年10月16日），人民出版社2022年版，第23—24页。

育事业，必须把培养社会主义建设者和接班人作为根本任务，把人才培养放在第一位。高校思想政治教育是实现大学生全面发展的重要保障，它为大学生的全面发展提供了指导原则、根本方法、发展方向和价值取向。人的全面发展是高校辅导员角色研究的必要维度和必然向度，高校辅导员在开展大学生思想政治教育过程的各个环节要恪守以人为本的教育理念，认真贯彻落实习近平总书记关于教育的重要论述，聚焦立德树人根本任务，以德树人、以智启人、以体育人、以美化人、以劳塑人，促进学生全面发展，努力把大学生培养成德智体美劳全面发展的时代新人。

二 角色理论

对高校辅导员角色的研究，离不开对角色相关概念和理论的讨论。只有充分理解角色理论的相关知识和内涵，才能为高校辅导员角色的研究提供更加清晰的思路。通过运用角色理论分析高校辅导员角色，有助于全面把握高校辅导员角色定位，深化高校辅导员角色认知，回应和满足高校辅导员自我角色期待，推动大学生思想政治教育高质量发展。

（一）角色理论的基本内涵

角色理论研究的范围广泛而复杂，除了前面阐述的角色概念、角色集、角色本质、角色特征等内容，还包括角色期望、角色规范、角色冲突和角色建设等多方面的内容。关于角色理论的内涵，学术界一直存在着不同的声音。有的学者认为，角色理论"是一个以角色概念为核心的解释人类行为的研究取向"。[1] 也有学者认为，角色理论主要

---

[1] 郑杭生主编：《社会学概论新修》第五版，中国人民大学出版社2019年版，第124页。

第一章　高校辅导员角色的理论基础

从社会意识和社会行为方面，研究个体角色的社会适应问题，以及角色组合的功能、结构、沟通、冲突、发展等问题，这是研究和揭示个体社会职能本质及其活动规律的理论。

国内学者奚从清综合各位学者的观点，将角色理论界定为研究个体在互动过程中扮演角色及其活动规律的理论。① 之所以这样界定角色理论，奚从清教授认为主要有三个方面的原因。第一，角色扮演和互动过程是密不可分的；第二，角色扮演是角色理论的中心概念；第三，角色扮演显示了个体与社会之间的联结点。高校辅导员角色的研究，主要借鉴奚从清教授关于角色理论的相关论述，从人与社会互动的视角，探讨高校辅导员角色的科学定位、发展规律和实践意义。

（二）角色关系

角色是表示关系的术语。② 角色关系不仅要从宏观层面思考角色交往建立的社会关系，还要从微观层面分析角色交往形成的人际关系，以便对角色关系及其本质有更深入的理解。

从宏观层面来看，社会关系是研究角色理论的一个重要范畴，是人们在共同的社会活动过程中所结成的物质关系和思想关系的总和。③ 在对社会进行总体分析的过程中，马克思、恩格斯等对社会关系作了全面的论述，有助于我们正确理解社会关系。他们认为，从广义的层面看，社会关系是指人们在社会相处中的一切社会关系，包括生产关系、经济关系、政治关系、法律关系、道德关系和人际关系等。从狭义的层面看，社会关系是指人们在一定社会生产中相互联系，进而形成的一种社会生产关系。"各个人借以进行生产的社会关系，即社会生

---

① 奚从清：《角色论——个人与社会的互动》，浙江大学出版社2010年版，第19—20页。
② 邓伟志主编：《社会学辞典》，上海辞书出版社2009年版，第13页。
③ 王康主编：《社会学词典》，山东人民出版社1988年版，第237页。

产关系，是随着物质生产资料、生产力的变化和发展而变化和改变的。生产关系总和起来就构成为所谓社会关系，构成所谓社会。"① 社会存在决定社会意识，社会关系是角色存在的前提，没有社会关系，人类社会和社会角色都无法存在。角色是社会关系的产物，角色的产生、角色的社会地位、角色的变化、角色的本质都是由社会关系决定的。角色概念是对社会存在的反映，是对社会关系的反映，是对个体、群体和社会交互作用的反映。而这些反映又必然受到社会的生产关系、经济关系、政治关系、文化关系以及其他关系的制约。

从微观层面来看，奚从清首先把人际关系定义为群体内各成员在相互交往过程中所形成和发展起来的、人与人之间的心理关系。② 心理因素是构成人际关系的重要内容，其中，心理因素主要包括认知、情感和行为等内容。人际关系反映了人与人在相互交往过程中心理关系的亲密性、融洽性和协调性。其中情感因素对人际关系的形成与发展起着主导作用，它制约着人际关系亲疏、深浅及稳定的程度。这里的人是指具体的、现实的人，他们在现实社会生活中，以角色的形式出现。比如，随着社会场景的变化，个体或是以母亲的角色出现，或是以女儿的角色出现，或是以律师、教师、司机、工作人员、观众等角色出现，并在角色与角色的交往互动中，形成了现实的人际关系。认识现实中人际关系的主体是角色，是处理好人际关系的前提，可以有效避免角色混淆，从而有助于人际关系的健康发展。

从总体上来说，人际关系产生于各种社会关系之中，是在社会关系的基础上形成的，因此，人际关系和其他社会关系会在相互联系与互动中相互影响。对人际关系的分析和研究，是认识其他社会关系的

---

① 《马克思恩格斯选集》第一卷，人民出版社2012年版，第340页。
② 奚从清：《角色论——个人与社会的互动》，浙江大学出版社2010版，第63页。

必要条件。正确分析和把握人际关系，必须将其放在社会关系的总体中去考量。角色关系是人际关系的具体化和实质化表现，在角色的交往互动过程中，人际关系及其他各种社会关系常常交错在一起。因此，个体在扮演某种角色的过程中，一定要善于分清和处理各种关系，努力地扮演好自己的角色，这对做好本职工作、建立和发展良好的人际关系十分重要。

（三）角色扮演

在社会实践活动中，每个人都扮演着不同的角色，并产生不同的行为，这很大程度上是由人们文化背景和社会位置的不同而决定的，而不是人们随意产生的。角色扮演是角色理论中一个重要内容，占据着非常重要的位置，被乔治·赫伯特·米德看作是推动社会互动的基本条件。所谓角色扮演是指个体根据自己所处的特定位置，并按照角色期待和规范要求所进行的一系列角色行为。[①] 个体在扮演社会角色时，需要在人际交往的过程中具备一定的技巧和策略，作出恰当的行为，做到"在其位，谋其政"，如此才能成为一名合格的社会成员，从而被社会所接纳，并为社会发展作出贡献。

社会角色的扮演是一个过程，并非一蹴而就的。郑杭生在《社会学概论新修》第五版一书中，社会角色的扮演过程可概括为三个阶段，分别是角色确定、角色表现和角色建构。[②] 受此思路的启迪，奚从清教授在研究角色时，将角色扮演划分为角色定位、角色领悟、角色学习、角色实践和角色评价五个具体的历史阶段。

角色定位是指个体根据自身的条件和社会需要，选择自己适合扮

[①] 奚从清：《角色论——个人与社会的互动》，浙江大学出版社2010版，第80页。
[②] 郑杭生主编：《社会学概论新修》第五版，中国人民大学出版社2019年版，第163—164页。

演的角色，它是角色扮演过程中需要解决的首要问题。作为社会关系中的个体，尤其是承担某种职业角色的个体，必须首先找准自己的角色定位。在角色定位时，一定要从自身实际情况出发，既不能定位过高，也不能定位过低，更不要角色错位。

角色领悟是角色互动的关键机制，主要包括三个方面的内容，他们都取决于对角色的领悟程度。一是认清社会、群体、他人以及个体自身对其担当一定角色的不同类型期望，进而学习扮演与其地位有关的角色的意义、效能、情境、清晰度等。二是通过观察不同类型的角色期望，由自我解释与自我评价，并根据自己的能力强弱，选择恰当的角色扮演方式，以实现角色期望。三是在角色扮演的过程中，分析哪种类型期望、规范及情境成为影响个体角色扮演方式的最重要因素。[1] 由于每个人的思想基础、道德水平、价值观念、个性人格、扮演技能以及所处环境的不同，因而对角色的领悟程度也不尽相同。但大量研究结果表明，角色领悟、社会期望还有角色扮演三者之间是有密切关系的，且彼此之间是环环相扣，比如角色领悟的程度越深，就越接近社会期望值，并且角色扮演的效果就越好。

"角色学习指个人学习社会理想角色的行为准则、技能，提高认知角色的水平，缩短与理想角色的差距的过程。"[2] 是在社会互动中实现并随着角色的变化而变化的，是一个动态的过程。学习角色的权利、义务和规范，学习角色的直觉、情感和态度是角色学习的两个主要内容。角色学习效果如何，直接影响到个体角色扮演和角色行为，影响到个体在其他人心目中的角色形象。个体只有通过角色学习，了解所扮演的社会角色的义务、权利、态度、情感和行为要求，才能正确有

---

[1] 奚从清：《角色论——个人与社会的互动》，浙江大学出版社2010版，第83页。
[2] 王康主编：《社会学词典》，山东人民出版社1988年版，第207页。

效地进行角色扮演。① 由此可见,角色学习既是角色扮演的基础,又是社会化的重要条件,是角色行为的前提和基础。美国心理学家班杜拉认为,人们所获得的角色观念和角色行为都是在学习过程中实现的,社会通过强化、模范、观摩等学习机制,使个体熟悉和了解某个角色的行为规范和行为准则。

角色实践是个体按照自己的角色定位和角色期望创造角色的过程,是角色领悟和角色学习的进一步发展,也是角色扮演的关键阶段。② 角色实践,尤其是创造角色,并不是一件简单的事情,它受到主观、客观等多方面条件的限制。但是个体在角色实践过程可充分发挥主观能动性,不断提高认识能力,强化学习,提高角色的领悟能力,来充当好自己扮演和创造的角色,以适应经济和社会发展的要求。

角色评价是对角色扮演整个过程的反馈评价,以便通过角色评价促进角色扮演的质量和效果螺旋式上升。角色评价包括内部标准和外部标准两个板块,其中的变量不是一成不变的,会随着社会实践的发展而不断丰富、完善。③ 角色评价的外部标准主要包括以下几个方面的内容。其一,社会、群体或他人对角色及其价值的需要和预测程度;其二,社会对角色期望的生成与认定程度;其三,社会对角色规范的要求和联系程度;其四,环境对角色行为的影响和适宜程度;其五,社会对角色行为的重视和评价程度等。④

(四) 角色期望

角色期望是普遍存在于社会生活中的一个社会现象,它来自社会、

---

① 奚从清:《角色论——个人与社会的互动》,浙江大学出版社2010版,第83页。
② 奚从清:《角色论——个人与社会的互动》,浙江大学出版社2010版,第83页。
③ 奚从清:《角色论——个人与社会的互动》,浙江大学出版社2010版,第85页。
④ 奚从清:《角色论——个人与社会的互动》,浙江大学出版社2010版,第85页。

群体或组织、他人和角色本身的需要。个体唯有对角色和角色行为的社会准则和社会要求全面把握,才能在特定的位置扮演好特定的角色,成为一名合格的社会成员。由此,角色期望可概括理解为一个人扮演角色的行为符合于社会、组织团体、他人的期待与要求,包括角色的素质期望、角色的形象期望、角色的义务期望和角色的行为期望等内容。①

其中,角色的素质期望是指对个体角色的思想品德、个性特点、文化素养、身体条件、经历和能力等方面的期望和要求。② 高校辅导员必须爱国守法、敬业爱生、热爱党的教育事业,牢记为党育人、为国育才的初心使命,树立将毕生精力献身教育事业的职业理想;认真学习思想政治教育理论、方法及相关学科知识,积极开展理论研究和实践探索,不断拓宽工作视野,努力提高职业素养和职业能力③;遵循教书育人规律,把握思想政治教育规律和大学生成长规律;为人师表,严于律己,做学生的良师益友,以高尚品行和人格魅力教育感染学生;具备较强的组织管理能力,语言、文字表达能力,教育引导能力等。

(五)角色紧张

角色紧张是社会互动中很常见的一种状态和问题,人们在社会实践角色任务中,会遇到不同程度的角色紧张。角色紧张问题如果没有处理好,会对角色心理和角色行为造成负面的影响,会导致角色心理和角色行为的失调。所谓角色紧张,是指个体在角色扮演过程中因受到时间、地点、精力和义务分配上的冲突而产生的心理不适应的状

---

① 奚从清:《角色论——个人与社会的互动》,浙江大学出版社2010版,第100页。
② 奚从清:《角色论——个人与社会的互动》,浙江大学出版社2010版,第101页。
③ 《教育部关于印发〈高等学校辅导员职业能力标准(暂行)〉的通知》,http://www.moe.gov.cn/srcsite/A12/s7060/201403/t20140327_167113.html。

态。① 人们在不同的职业领域，扮演不同的角色，受到各种因素的影响，会不可避免地产生角色紧张的状态。虽然角色紧张不可避免，但是人们可以积极应对，采取措施降低由此带来的负面情绪与状态。

（六）角色冲突

角色冲突是指在社会交往过程中，人们扮演一个角色或者同时扮演多种角色时，角色内部或角色之间会发生矛盾、对立、抵触和冲突的情况，这是一种不可避免的社会现象。② 其中，角色内冲突、角色间冲突和角色外冲突都属于角色冲突的表现形式。角色内冲突是指个体扮演一个角色时，人们对此角色的期望和要求不一致而产生的角色形式。角色间冲突是指当个体身处两个及以上的社会位置时，会承担多种特定的身份，扮演多种角色，而不同的社会位置、不同的身份对应着不同的标准和规定，这就对个体提出了不同的期望和要求；当个体因为时间不足、精力不足、能力有限等原因，不能很好地满足和回应社会期待和社会要求时，就会出现角色间的冲突。角色外冲突是指当个体因为社会位置的变动、社会身份的变化而面临角色转换时，会产生一系列不适应的心理状态，新旧角色之间的矛盾和冲突。

事实证明，无论哪种角色冲突都会对人们正常生活秩序造成影响。所以，在社会互动过程中，必须尽量防止、减少和消除角色冲突。而要有效应对角色冲突，就必须熟悉和了解影响角色冲突的因素。具体来说，影响角色冲突的因素主要包括角色承担的程度、期望之间相对的不一致程度、角色期望限定的严格程度、其他角色的影响程度和角色心理变化的控制程度。这些影响因素是相互联系、相互影响、密不可分的，其中角色心理变化的控制程度对角色冲突的影响具有决定性

---

① 奚从清：《角色论——个人与社会的互动》，浙江大学出版社2010版，第130页。
② 奚从清：《角色论——个人与社会的互动》，浙江大学出版社2010版，第130页。

的意义。

厘清角色冲突的影响因素，对角色冲突进行具体、综合的分析，才能进行有效调适。由于角色心理变化的控制程度是影响角色冲突的决定性因素，因此角色调适首先要解决角色心理紧张的问题。角色心理紧张存在于角色冲突中，只有有效缓解和消除角色紧张，才能使个体更好地扮演好自身角色。当个体在社会互动中面临角色紧张时，可采取合作、转移、顺应、自居等方法进行调适。

对角色理论丰富的内涵、独特的解释问题的方法以及广泛的适用性的科学认知和准确把握，是开展高校辅导员角色研究的理论前提。在具体研究过程中，不仅可以借助角色理论来分析解释高校辅导员角色的社会行为，而且在分析高校辅导员角色的社会关系及其人格的研究方面，角色理论也有其独到之处。角色理论对研究解决当前高校辅导员角色存在的一些具体问题，更有效地开展高校思想政治教育工作具有十分重要的应用价值。

第二章 高校辅导员角色的历史嬗变

高校辅导员是高等学校教师队伍和管理队伍的重要组成部分，是开展大学生思想政治教育的骨干力量。[①] 高校辅导员角色是指在大学生日常思想政治教育、事务管理和各类专业辅导等工作过程中，根据其在高校思想政治工作中的位置表现出来的，与党和国家、社会、高校、家庭、学生等期望相一致的一套行为模式。中华人民共和国成立70多年来，高校辅导员角色的定位与发展始终与党和国家的发展需要、高等教育的发展需要和学生成长成才的需要相联系，具有鲜明的中国特色。随时代的变化，高校辅导员角色在继承中创新，在创新中发展，其角色的内涵和外延不断拓展，角色定位的科学化、专业化、精准化水平不断提升，体现了与时俱进的鲜明时代品质。

站在"两个一百年"奋斗目标的历史交汇点上，系统梳理高校辅导员角色的嬗变历程，研判高校辅导员角色嬗变的基本趋势，总结高校辅导员角色嬗变的基本经验，有利于促进新时代高校辅导员角色的准确定位，推动高校辅导员队伍专业化、职业化建设，使高校思想政治工作更加符合中国实际，更有实效性。

---

① 《教育部关于印发〈高等学校辅导员职业能力标准（暂行）〉的通知》，http://www.moe.gov.cn/srcsite/A12/s7060/201403/t20140327_167113.html。

第一节　高校辅导员角色的嬗变历程

高校辅导员角色定位与党和国家事业、高等教育事业相联系，与特定阶段社会要求，特别是人才培养的要求相一致，反映着不同阶段国家和社会对高校辅导员的角色期待。"考察每个问题都要看某种现象在历史上怎样产生、在发展中经过了哪些主要阶段，并根据它的这种发展去考察这一事物现在是怎样的。"① 高校辅导员角色的嬗变历程是一个系统工程，随着高校辅导员制度的变迁，几经发展和演变，在不同历史阶段呈现不同特点。回溯高校辅导员角色70多年的变迁历程，从历史性视角对其发展沿革进行考察，厘清整体发展的脉络，有利于立足实际，做好新时代高校思想政治工作。

一　高校辅导员角色的初步探索与曲折发展阶段（1949—1977年）

1949年新中国的成立，开启了中国历史的新纪元，为我国高等教育，尤其是思想政治教育的快速发展提供了重大机遇。新中国成立初期，百废待兴，党和国家秉承建党时的优良传统，高度重视思想政治教育工作，强调"思想政治工作是经济工作和其他一切工作的生命线"，② 巩固新政权就必须积极发挥思想政治教育的教育引导作用，统一思想，在复杂环境中坚定理想信念。人才队伍的充实是做好思想政治工作的基础性工作，从一定意义上说，保障足额的辅导员队伍是思想政治教育工作进行人力资源方面的补充，是顺应现实形势发展最好

---

① 《列宁选集》第四卷，人民出版社2012年版，第26页。
② 《三中全会以来重要文献选编》（下），中央文献出版社2011年版，第161页。

第二章 高校辅导员角色的历史嬗变

的办法，也是对满足德育工作需要最好的回应。由此，在革命时期发挥过重要效用的"政治指导员"制度便被保留沿用下来，成为我国高校辅导员制度的缘起。"政治指导员"制度，可以追溯到抗日战争时期，是中国共产党为加强思想政治工作在党政干部院校普遍实行的一种管理制度。在该制度的规定下，院校学员的思想动态、学习安排、生活起居、健康管理等事务都由政治指导员全面负责，是党政干部院校管理学员、教育学员的有力补充。这一时期的"政治指导员"制度，是我国高校辅导员制度的萌芽阶段，为新中国成立后高校"政治辅导员"制度的设立奠定了良好基础。

1951年11月30日，在政务院批准的《关于全国工学院调整方案的报告》中，第一次明确提出要有准备地在各院校试行"政治辅导员"制度，设立专人担任各级政治辅导员，主持政治学习和思想改造工作。① 1952年10月28日，教育部发布《关于在高等学校有重点地试行政治工作制度的指示》，要求在全国高等学校重点试行政治工作制度，并设立"政治辅导处"，配备若干政治辅导员。政治辅导处具有政治宣传教育的功能，其主要职责是在主任的领导下，辅导一个系或者几个系学生的政治学习和社会活动，掌握学生的整体思想情况，同时组织推动教职员工的政治理论学习和各项社会活动。②

1953年，党中央决定实行发展国民经济的第一个五年计划，如火如荼地进行社会主义建设，对人才的需求量越来越大。清华大学为满足国家建设人才的需求，进行扩招。学生人数的激增，给清华大学思想政治工作带来了巨大的压力，尤其是在师资比例上的失衡。在这一背景下，清华大学率先提出"双肩挑"模式，开始试行"双肩挑"政

---

① 《中央人民政府教育部关于全国工学院调整方案的报告》，《人民日报》1952年4月16日第1版。
② 《中华人民共和国教育大事记（1949—1982）》，教育科学出版社1984年版，第67页。

治辅导员制度。"双肩挑"政治辅导员制度,是指在校内挑选一批政治立场坚定、学习成绩优良、综合素质高、业务能力强的高年级党团员学生担任学生政治辅导员。他们既要从事大学生思想政治教育工作,又要承担学习或完成教学科研的任务。在我国高校辅导员制度发展史上,试行"双肩挑"政治辅导员制度具有开创性意义,之于高校辅导员个体、之于社会都具有基础性意义。

1961年,中共中央正式批准试行《教育部直属高等学校暂行工作条例(草案)》,指出为加强思想政治工作,要逐步培养和配备一批专职的政治辅导员,在学生中宣传马克思列宁主义、毛泽东思想,宣传党的总路线和各项方针政策,不断提高学生的思想政治觉悟和道德品质。[①] 明确规定在高校一、二年级设政治辅导员或班主任,逐步培养和配备一批专职的政治辅导员。[②] 1964年,中共中央批转高等教育部党组《关于加强高等学校政治工作和建立政治工作机构试点问题的报告》,建议二三年内配齐班级的专职政治工作干部。[③] 1965年,教育部制定出台《高等学校学生班级政治辅导员工作条例》,该文件以法律形式明确政治辅导员的地位、工作性质、任务、要求和工作方法等,使政治辅导员作为面向学生的思想政治工作者的性质和角色得到进一步确认。这些报告、条例的制定以及相关机构、人员的落实,使我国高校辅导员制度初步实现制度化、规范化。至此,政治辅导员制度如雨后春笋一般,在全国各大高校中陆陆续续建立起来,不断发展。

这个时期,高校辅导员角色主要是以服务国家政治需要,推进我国高等教育由新民主主义教育到社会主义教育的转变为主要内容。然而,正当政治辅导员制度基本成型,并朝着继续深化发展之时,1966

---

① 《建国以来重要文献选编》第十四册,中央文献出版社2011年版,第517页。
② 《建国以来重要文献选编》第十四册,中央文献出版社2011年版,第519页。
③ 《中华人民共和国教育大事记(1949—1982)》,教育科学出版社1984年版,第362页。

第二章 高校辅导员角色的历史嬗变

年至1976年,爆发了"文化大革命"。受社会大环境的影响,高等教育及高校思想政治工作的发展受到严重冲击,政治辅导员工作也步入低谷,政治辅导员队伍建设遭受挫折。纵观1949至1977年这一阶段,政治辅导员在高校主要扮演政治引导者的职业角色,在角色定位的初步探索中,既有实践的尝试,也有制度的完善。

二 高校辅导员角色的恢复建设与发展阶段 (1978—1983年)

1978年,党的十一届三中全会召开,中国共产党以巨大的政治勇气,实现了指导思想上的拨乱反正。在一系列诸如"解放思想,开动脑筋,实事求是,团结一致向前看""研究新情况,解决新问题"等正确思想路线方针的指引下,党和国家决定实行改革开放这一历史性决策,将工作重心转移到经济建设上来,全面开启社会主义现代化建设。由此,中国共产党"解放思想、实事求是"的思想路线得以重新确立,也为思想政治工作层面的拨乱反正奠定了基础。

马克思主义认为:"物质生活的生产方式制约着整个社会生活、政治生活和精神生活的过程。不是人们的意识决定人们的存在,相反,是人们的社会存在决定人们的意识"。[①] 随着改革开放政策的实施,大学生思想政治教育迎来改革与发展的机遇,但同时也面临着各种风险与挑战的考验。一方面,从经济基础层面来看,改革开放提高了社会生产力,推动了我国经济社会发展,提升了人民的物质文化生活水平;从上层建筑层面来看,改革开放为社会转型提供了契机,使中国社会开始从改革旧体制、建立新体制,到在新体制下实现不断完善和发展的转化。大学生思想政治教育也抓住转型发展机遇,得以迅速恢复与重建。另一方面,由于社会阶层分化程度逐步扩大,人们的思想观念

---

① 《马克思恩格斯选集》第二卷,人民出版社2012年版,第2页。

日益活跃，多样化趋势明显。西方的自由主义、存在主义等社会思潮的强势渗透，给大学生思想带来极其不利的影响。尤其是东欧剧变和苏联解体事件，不仅给整个社会主义阵营带来灾难性打击，也给我国思想政治教育工作带来巨大挑战。

为了适应改革开放后经济社会及外部环境的巨大变化，中国共产党在邓小平同志的正确领导下，牢牢把握正确的教育方向，积极应对国内外形势的深刻变化，切实加强和改进大学生思想政治教育。面对这一时期部分学生思想问题比较突出，高校思想政治工作经验不足，工作基础较为薄弱的情况，高校亟须培养和打造一支又红又专的政治辅导员队伍来承担高校思想政治工作，这是高等教育面临的一项重大课题。

为回应现实需要，党和国家也采取了一系列措施加强高校政治辅导员队伍建设。1978年4月，随着全国教育工作会议召开，原有的政治辅导员得以重新回归岗位，继续留任开展相关研究工作，这标志着政治辅导员制度的研究得以恢复，并逐渐进入新的发展阶段。1978年10月，教育部发布《全国重点高等学校暂行工作条例（试行草案）》，其中第四十九条规定，"为了加强思想政治工作，在一二年级设政治辅导员或者班主任，从专职的党政干部、政治理论课教师和其他青年教师中挑选有一定政治工作经验的人担任"。[①]"在学生中宣传马克思列宁主义、毛泽东思想，宣传党在新时期的总任务和各项方针、政策，坚持无产阶级的政治方向，不断提高学生的思想政治觉悟，不断改造学生的世界观。"[②]1979年3月，邓小平同志立足于新的历史阶段，根

---

① 教育部思想政治工作司组编：《加强和改进大学生思想政治教育重要文献选编（1978—2014）》，知识产权出版社2015年版，第3页。
② 教育部思想政治工作司组编：《加强和改进大学生思想政治教育重要文献选编（1978—2014）》，知识产权出版社2015年版，第2页。

据党的历史使命与奋斗目标,发表了题为《坚持四项基本原则》的重要讲话。这不仅为社会主义现代化建设指明了方向,也为新时期做好思想政治工作、加强高校政治辅导员队伍建设提供了前进的方向和路径,增强了信心。

1980年4月,教育部、共青团中央印发《关于加强高等学校学生思想政治工作的意见》,指出必须建立一支有战斗力的政治工作队伍,① 并突出强调要建立政治辅导员制度,规定了政治辅导员不仅要做学生思想政治工作,也要坚持业务学习,有的还要担负一部分教学任务。② 这对加强大学生思想政治教育工作具有重要作用。"政治辅导员要坚持对学生进行系统的马克思列宁主义、毛泽东思想基本原理的教育、革命理想教育、共产主义道德品质教育,培养学生运用马克思列宁主义的立场、观点、方法分析问题和解决问题的能力,逐步树立辩证唯物主义和历史唯物主义的世界观。"③ 明确要求政治辅导员要把坚持正确的政治方向放在第一位,这是做好政治辅导员工作的根本前提。

1981年6月,党的十一届六中全会决议明确指出:"思想政治工作是经济工作和其他一切工作的生命线。"④ 这突出了思想政治工作在治党治国中的重要地位和独特的政治优势。1981年7月,《高等学校思想政治工作暂行规定》指出,做好学生思想政治工作,需要一支又红又专、专兼结合的队伍。⑤ 1980年年底至1981年年初,中共中央书记处

---

① 教育部思想政治工作司组编:《加强和改进大学生思想政治教育重要文献选编(1978—2008)》,中国人民大学出版社2008年版,第9页。
② 教育部思想政治工作司组编:《加强和改进大学生思想政治教育重要文献选编(1978—2014)》,知识产权出版社2015年版,第6页。
③ 教育部思想政治工作司组编:《加强和改进大学生思想政治教育重要文献选编(1978—2014)》,知识产权出版社2015年版,第5页。
④ 《三中全会以来重要文献选编》(下),中央文献出版社2011年版,第161页。
⑤ 冯刚:《辅导员队伍专业化建设理论与实务》,中国人民大学出版社2010年版。

听取教育部党组的四次情况汇报,专题讨论了高校的思想政治工作,明确指示要重建思想政治工作队伍。1981年,全国学校思想政治教育工作会议在北京召开,会议强调高校党政领导干部、政治工作干部、教师要立场坚定、旗帜鲜明、理直气壮地抓思想政治工作。[①] 1983年,针对部分同志重视经济工作而忽视思想政治工作的社会现象,邓小平同志审时度势,科学研判,强调"一定要把思想政治工作放在非常重要的地位,切实认真做好,不能放松"。[②] 这一点为思想政治工作创造了一个良好的政治环境,也为政治辅导员开展思想政治教育工作营造了良好的氛围,政治辅导员制度得以恢复与发展。

这个阶段,党和国家采取了一系列措施,恢复并发展政治辅导员制度,重塑其职业形象,并重新确定政治辅导员的职责要求、角色定位、选拔条件和薪酬待遇,更加注重在工作实践中提升政治辅导员的职业能力。这些实践尝试,为我国高等教育事业造就了一支坚强的、有战斗力的政治辅导员队伍。他们在教育过程中扮演着政治引导者的职业角色,把坚持四项基本原则教育,作为开展大学生思想政治教育的根本,引导学生始终沿着正确的政治方向健康成长。

三 高校辅导员角色科学化发展阶段(1984—2003年)

随着改革开放的推进,中国经济社会发生着巨大的变化。这一变化给大学生思想带来了强烈的冲击,对高校辅导员队伍建设提出了新的挑战,也推动着高校辅导员角色的定位出现新的变化与发展。改革开放之初,高校辅导员主要扮演着政治引导者的职业角色,是大学生踏入社会"最后一公里"的引路人,对大学生人生观、价值观和世界

---

① 李德芳、李辽宁、杨素稳主编:《中国共产党思想政治教育史料选编》,武汉大学出版社2009年版,第368页。

② 《邓小平文选》第二卷,人民出版社1994年版,第342页。

观的引导发挥着重要作用。党和国家逐步意识到科学化开展政治辅导员队伍建设工作，是推进高校思想政治教育工作走深走实的必要保证。

这一阶段，党和国家从"培养什么人、怎样培养人、为谁培养人"的战略高度，制定一系列方针政策，逐步完善高校政治辅导员的职能定位、工作内涵等内容。20世纪80年代初，随着"思想政治工作科学化"命题的提出，推进了思想政治教育专业的创立和思想政治教育学科的建设，也为高校辅导员科学把握角色定位提供了理论支撑。

1984年，教育部对高校学科的设置进行调整，决定在12所高等院校设置思想政治教育专业，采取正规化的方法培养大专生、本科生、第二学士生等各种规格的思想政治工作专门人才。[1]并从学科专业教育的角度，为创建思想政治教育学科作了比较充分的学科论证、组建队伍、学术研究、储备知识等准备工作。同年11月，教育部出台《关于加强高等学校思想政治工作队伍建设的意见》指出，"高等学校对学生进行思想教育的时候，要实现专职与兼职的有机结合""把思想政治作为一个专业，既要有本科班也要有第二学位班，条件丰厚的时候还要设置研究生班，招收思想政治专业的研究生"。[2]该意见强调高等学校的思想政治工作队伍，必须实行专职和兼职相结合；同时对该队伍的政治素质、知识水平、培训方式以及薪资待遇等内容也作了明确规定，要求在学科培养过程中，必须制定科学合理的人才培养计划，保证培训的正规化和制度化。该意见虽然没有专门论述政治辅导员的培养与发展方面的内容，但第一次提出了包括政治辅导员在内的思想政治工作队伍专业化的思想，意义重大。

---

[1] 教育部思想政治工作司组编：《加强和改进大学生思想政治教育重要文献选编（1978—2014）》，知识产权出版社2015年版，第23页。

[2] 教育部思想政治工作司组编：《加强和改进大学生思想政治教育重要文献选编（1978—2008）》，中国人民大学出版社2008年版，第64页。

1986年，中共中央、国务院批转《关于加强高等学校思想政治工作的决定》的通知，强调高等学校中从事学生思想政治教育工作的人员，是教师队伍的重要组成部分，应根据他们的水平、能力和实际贡献，聘任他们为相应的教师或研究人员职务。此时，全国已有近30所高校设置了思想政治教育专业，包括清华大学、复旦大学、南开大学等。这为我国高校思想政治教育工作和教学工作培养和输送了大批专业人才，在高校落实立德树人根本任务中发挥了重要作用。思想政治教育专业学科在高校的兴起，吸引了一大批政治辅导员和共青团骨干修读该专业。经过科学化、系统化、正规化的人才培养，使他们成为具有专业背景的思想政治教育专门人才，扩充了思想政治教育工作队伍的数量，也提升了高校思想政治教育的质量。由此，高校辅导员队伍建设开启"专业人才培养计划"，逐步形成了以专职人员为主，专兼结合的高校辅导员人才队伍。

1986年12月，国家教育委员会印发了《关于在高等学校学生思想政治教育专职人员中聘任教师职务的实施意见（试行）》，提出在清华大学、复旦大学等11所高等学校，就学生思想政治教育专职人员聘任教师职务工作进行试点。1987年5月，中共中央作出《关于改进和加强高等学校思想政治工作的决定》，该决定首次使用了"高校辅导员"一词，提出高等学校的每个班级均应配备兼职的辅导员，与专职的思想政治工作人员、教师共同做好马克思主义理论教育和形势政策教育；引导学生参加社会主义实践；注重学生骨干队伍的培养、积极疏导学生等。[①] 该决定第一次提出高校辅导员队伍是高校专职思想政治教育队伍的重要组成部分，必须将其纳入高校专职思想政治教育队伍的培养

---

① 教育部思想政治工作司组编：《加强和改进大学生思想政治教育重要文献选编（1978—2014）》，知识产权出版社2015年版，第71—72页。

计划。根据思想政治工作专职人员自身所具备的综合素质和能力条件，将他们聘任到相应的教师岗位，实行教师职务聘任制，并列入教师编制。在选聘时，重点考察高校辅导员对学生思想政治教育的工作能力和业务水平。此外，教育部制定了《关于加强党务和思想政治工作队伍建设的若干意见》，进一步指出思想政治教育是一门专业学科，并对高校辅导员队伍建设的目标原则、素质要求、岗位培训、职称评定和管理等方面作了具体规划。① 但是，这一系列文件和制度的颁布，并未使高校辅导员的角色定位发生根本性的变化。

1990年1月，中共中央下发《关于加强高等学校专职思想政治工作者正规培训的通知》，指出要制定长远计划，分期分批选送政治、业务好的专职思想政治工作者参加专业培训。1990年7月，《关于加强高等学校党的建设的通知》出台，号召各高校要着力"建设一支以精干的专职人员为骨干、专兼职结合的素质较高的党务工作队伍"。② 高等学校整体人才队伍需求的改变，体现了高校辅导员专业化、职业化萌芽发展的需求。这一时期，在继续坚持"双肩挑"政治辅导员优良传统的基础上，加大了对专兼职思想政治工作人员的配备和培养力度。"双肩挑"的内容，仍然是业务学习和思想政治工作两大方面。但是高校辅导员工作的主体已经由高年级优秀党团员学生为主，转变为以青年教师为主。同时，为适应新阶段高校学生思想政治工作需要，这时期的文件对专职思想政治工作人员的配备进行一系列部署。1993年10月，《关于高等学校思想政治教育专业办学的意见》对培养目标、招生就业、教学改革与发展、教师队伍建设与科研、学生思想政治素质的

---

① 陈正芬：《论我国高校辅导员制度内容体系的逻辑构建》，《学校党建与思想教育》2013年第22期。
② 教育部思想政治工作司组编：《加强和改进大学生思想政治教育重要文献选编（1978—2008）》，中国人民大学出版社2008年版，第82页。

培养与管理等方面给予了政策层面的指导。

这一时期，学校德育工作在提高大学生思想道德和科学文化素质、促进学校改革发展、维护社会稳定方面发挥了积极作用，积累了丰富的经验。随着改革开放事业的不断深化，社会主义现代化建设事业进入了新的发展阶段，对学校德育工作提出了更高的要求，也赋予了高校辅导员角色新的内涵。1994年，《中共中央关于进一步加强和改进学校德育工作的若干意见》出台，明确提出要完善德育体系，推进教育教学改革，制定政策，解决好德育队伍的职务、待遇等方面问题。

1995年11月，国家教育委员会颁布《中国普通高等学校德育大纲（试行）》，明确提出要把坚持正确的政治方向、把高校德育队伍建设作为工作重点，置于学校所有工作之首。这一时期的德育队伍主要由学生专职政工人员、"两课"教师、众多兼做德育工作的业务课教师和党政干部组成。其中德育专职教师主要是由学生专职政工人员和"两课"教师担任。辅导员是大学生日常思想政治教育的直接组织者和协调者，要深入学生，搞好班集体、宿舍和年级工作，要组织开展形式多样的教育活动，要有针对性地做好深入细致的个别思想工作，要加强心理健康和心理素质等方面的咨询与指导。[①] 这些规章制度涵盖了辅导员的岗位职责、人员激励、工作交流等内容，为辅导员工作的开展和成长提供了较充分的保障，丰富和拓展了辅导员角色的内涵和外延，有力推动了辅导员队伍建设。高校辅导员队伍的质量与水平随之明显提高，这对建立和完善具有中国特色的社会主义高等学校德育体系起到了重要的推动作用。

---

① 教育部思想政治工作司组编：《加强和改进大学生思想政治教育重要文献选编（1978—2014）》，知识产权出版社2015年版，第157页。

第二章　高校辅导员角色的历史嬗变

　　1996年，马克思主义理论与思想政治教育学科博士点的正式设立，开辟了成规模、正规化培养思想政治教育专门人才的有效途径，成为高校辅导员队伍建设史上的标志性事件。1999年12月，中央召开了第三次全国教育工作会议，全面部署深化教育改革、全面推进素质教育工作。同时印发了《关于加强和改进思想政治工作的若干意见》，强调要按照提高素质、优化结构、相对稳定的要求，建设一支政治强、业务精、作风正的思想政治工作队伍。该意见要求要重点关心和培养思想政治工作者，帮助他们提高个人思想政治素质和业务能力；对于表现优异、做出突出贡献的老师要及时给予表彰和奖励，促进其不断进步和发展。① 此后，辅导员成为高校专门从事学生思想政治教育工作的人才之一，其队伍建设也进入制度化轨道。辅导员队伍也实现了由兼职化向专职化的转变。各大高校开始认真落实中央有关精神，规范高校辅导员队伍建设工作。当然，高校辅导员队伍建设还存在着岗位职责相对模糊、角色定位界限不明晰等问题。

　　2000年6月，党中央召开了新中国成立以来，以中央名义举行的第一次思想政治工作会议。江泽民同志强调："党的思想政治工作是经济工作和其他一切工作的生命线，是团结全党和全国各族人民实现党和国家各项任务的中心环节，是我们党和社会主义国家的重要政治优势"。② 会议指出，今后加强和改进思想政治工作的重点是"要在增强时代感，加强针对性、实效性、主动性上下功夫"，对加强和改进党的思想政治工作具有极其重要的意义。同年7月，中共教育部党组颁发了《关于进一步加强高等学校学生思想政治工作队伍建设的若干意见》，指出要坚持选拔、使用、管理、培养、提高相结合的原则，培养

---

　　① 教育部思想政治工作司组编：《加强和改进大学生思想政治教育重要文献选编（1978—2008）》，中国人民大学出版社2008年版，第34页。
　　② 《江泽民文选》第三卷，人民出版社2006年版，第74页。

高素质、高水平的政治辅导员。① 对高等学校学生的思想政治工作队伍建设提出了指导性意见，辅导员队伍建设和管理更加规范化、制度化。

2001年，教育部印发的《关于加强普通高等学校大学生心理健康教育工作的意见》明确指出，辅导员不仅要在日常思想政治教育中发挥作用，也要在增进学生心理健康、提高学生心理素质中发挥积极作用。② 由此，作为高校一线思想政治教育工作者的辅导员，其职责内容由单纯的政治工作扩而充之，延伸到涵盖心理健康教育、形势与政策教育、就业辅导等更为宽泛的思想政治教育领域。岗位职责和工作内容的翻然改进，使得高校辅导员角色也变得丰富，不再是单一的政治引导者角色。因角色的多样性，使得各大高校开始重视辅导员综合能力的培养，逐渐由单一的政治教育能力拓展到思想政治教育能力、实践活动组织能力和心理健康教育能力等综合能力的转变。

四 高校辅导员角色专业化、职业化发展阶段（2004—2012年）

21世纪以来，国家社会经济的快速发展，为高等教育事业的发展营造了一个良好的发展环境。在这片沃土中，中国高等教育事业茁壮成长，规模不断扩大，取得了长足的发展和进步，逐渐转向大众化教育阶段。高等教育发展趋势的转变，使高等教育长期面临着规模快速增长与教育资源总量不足的矛盾。一方面，随着我国高等教育扩招政策的实施，为社会大众提供了更多接受高等教育的机会，高校学生人数不断增加，教师、职员人数也大幅度增长，为我国高等教育的规模

---

① 教育部思想政治工作司组编：《加强和改进大学生思想政治教育重要文献选编（1978—2008）》，中国人民大学出版社2008年版，第52页。

② 教育部思想政治工作司组编：《加强和改进大学生思想政治教育重要文献选编（1978—2014）》，知识产权出版社2015年版，第218页。

第二章 高校辅导员角色的历史嬗变

发展奠定了基础。另一方面，由于高等教育规模发展过快，而教育资源无法实现同步增长，出现教育资源紧张，教学条件不足，教育发展不均衡等问题。这些问题导致我国高等教育出现人才培养质量不高、有效供给不足、供需结构失衡、人才培养同质化现象严重等问题。我国高校辅导员队伍建设与高等教育发展、人才培养需求之间的不适应性也随之产生。这些矛盾和问题的出现，对我国高等教育的教育理念、管理体制以及人才培养模式的改革与发展，提出了更高的要求与挑战，也推动着高校辅导员角色建设的深度反思，在与时俱进中，以行动为契机，在自我完善和自我发展中开启新一轮的改革创新。这一阶段，国家和社会对高校辅导员的角色期待，逐渐由"愿意做"转变为"会做""长期做"，推动着高校辅导员角色定位向职业化、专业化方向发展。[①]

专业化与职业化是社会分工精细化的必然结果。专业化主要是指职业群体通过一定时期内的学习和培训，掌握相应的专业知识和技能，能从事某方面的工作，逐步符合专业标准、提升专业技能并获取相应专业地位的过程。[②] 职业化主要是指从业者在知识、技能、观念、思维、态度、心理等方面符合一定的职业规范和标准，并且能够全身心地投入某一类工作，依靠其维持生计。[③] 辅导员专业化主要是指辅导员经过专门培训，具备从事工作的相关专业知识和能力，使辅导员队伍成长为高素质、高效率的职业群体。辅导员职业化主要是指国家鼓励一部分专业人才长期从事这项工作，使之成为辅导员队伍中相对稳定

[①] 耿品、彭庆红：《新中国成立以来高校辅导员角色的发展演变》，《学校党建与思想教育》2020 年第 3 期。

[②] 权麟春：《新时代高校思想政治教育工作质量评价研究》，中国社会科学出版社 2021 年版，第 156 页。

[③] 冯刚主编：《改革开放以来高校思想政治教育发展史》，人民出版社 2018 年版，第 426 页。

的部分和中坚力量,保证辅导员队伍持续发展。[1] 为了打破同质化的专业建设和人才培养体系,构建特色多样的人才培养目标和路径,国家从制度层面着手,提供专业引领和机制保障,为高校辅导员队伍营建良好的发展生态。

由此,高校辅导员角色得到了重新定位和解释。高校辅导员在不断丰富教育内容、创新教育形式、拓展教育渠道等方面下功夫,从内部打破专业发展和人才培养同质化局面,破解专业化、职业化发展痛点,形成全面发展模式。

2004年10月,中共中央、国务院发出《关于进一步加强和改进大学生思想政治教育的意见》(以下简称《意见》),从加强高校思想政治教育的学科建设,实施高校思想政治教育队伍人才培养工程,完善管理机制,努力建设高水准的辅导员、班主任队伍等方面,对大学生思想政治教育工作提出了指导性意见。值得一提的是,该《意见》明确统一了"辅导员"为职业角色称呼,强调"辅导员、班主任是大学生思想政治教育的骨干力量""院(系)需要按每个年级的实际情况,按适当的比例配备数量合适的专业辅导员""对大学生进行思想政治教育的时候,辅导员教育是第一阶段,这一阶段任务量大,辅导员的责任更大,学校需要从各个方面多关注辅导员,在政策方面倾斜,提高其待遇,不断增强辅导员的工作地位"。[2] 而今而后,高校辅导员角色也开始从单一的、以思想政治教育为主的"政治辅导员",转变为以指导学生成长成才为目标的、集多种角色于一体的"专职辅导员"。

2005年1月,教育部、卫生部和共青团中央联合下发《关于进一

---

[1] 周良书、朱平、俞小和等:《中国高校辅导员工作史论》,人民出版社2016年版,第210—211页。

[2] 教育部思想政治工作司组编:《加强和改进大学生思想政治教育重要文献选编(1978—2008)》,中国人民大学出版社2008年版,第34页。

第二章 高校辅导员角色的历史嬗变

步加强和改进大学生心理健康教育的意见》，强调要重视辅导员在大学生心理健康方面所起的作用，要让辅导员掌握心理健康的基本知识和方法。接着，《关于加强高等学校辅导员班主任队伍建设的意见》指出"专职辅导员总体上按1：200的比例配备，保证每个院系每个年级都有一定数量的专职辅导员"。① 这是第一次对专职辅导员的数量提出要求。在辅导员的培养方面，通过举办全国高校辅导员班主任骨干示范培训班或选派优秀辅导员出国研修等多种形式，鼓励和支持这支队伍以职业化、专家化为发展导向。

此外，2006年4月全国高校辅导员队伍建设工作会议的召开，也充分证明了党和国家对高校辅导员队伍的重视。这次会议明确了高校辅导员的"双重身份""双重管理""双线晋升"等要求，体现了党和国家加强高校辅导员队伍建设的措施和力度不断加大。会议指出，要明确高校辅导员的工作内容、工作范畴以及素质要求等方面内容，做好高校辅导员的角色定位工作；要从"高进、严管、精育、优出"四个关键环节，完善高校辅导员队伍的选聘机制、管理机制、培养机制和发展机制，实现以事业凝聚队伍，以制度促进建设的目标。同年7月，教育部颁布《普通高等学校辅导员队伍建设的规定》，还同时制定与实施《2006—2010年普通高等学校辅导员培训计划》，对高校辅导员的角色定位、工作要求与职责、配备与选配、培养与发展、管理与考核等作出详细规定与说明。② 该规定指出，高校辅导员是高等学校教师队伍和管理队伍的重要组成部分，具有教师和干部的双重身份，是开展大学生思想政治教育的骨干力量，是大学生日常思想政治教育和

---

① 教育部思想政治工作司组编：《加强和改进大学生思想政治教育重要文献选编（1978—2008）》，中国人民大学出版社2008年版，第283—284页。
② 教育部思想政治工作司组编：《加强和改进大学生思想政治教育重要文献选编（1978—2008）》，中国人民大学出版社2008年版，第344页。

管理工作的组织者、实施者和指导者,高校辅导员应当努力成为大学生的人生导师和健康成长的知心朋友。为提高高校辅导员的整体素质和工作水平,推动高校辅导员队伍建设相关制度落地落实,党和国家立足实际,采取了一系列的措施。譬如,支持高校辅导员提升学历,继续攻读思想政治教育专业相关博士学位,单列指标表彰忠于职守、师德高尚、无私奉献的优秀高校辅导员,创设专业期刊等,极大地激发了高校辅导员比争赶超、干事创业的积极主动性,并为其在全社会营造了尊师重教的良好氛围。

五 高校辅导员角色内涵式建设发展阶段(2013年至今)

党的十九大报告指出,"经过长期努力,中国特色社会主义进入了新时代,这是我国发展新的历史方位"[①]。社会的发展对高校辅导员角色内涵式发展提出了新任务,大学生全面成长成才的需要对高校辅导员队伍专业化发展提出了新期待,高校辅导员角色定位进入了新的发展阶段。在全国高校思想政治工作会议上,习近平总书记指出:"高校思想政治工作关系高校培养什么样的人、如何培养人以及为谁培养人这个根本问题。要坚持把立德树人作为中心环节,把思想政治工作贯穿教育教学全过程,实现全程育人、全方位育人,努力开创我国高等教育事业发展新局面。"[②] 高校辅导员在高等教育发展进程中,承担着立德树人的工作,肩负着培养新时代社会主义建设者和接班人的重要任务,展现着无与伦比的效力。在新的时代背景下,高校辅导员角色

---

① 习近平:《决胜全面建成小康社会 夺取新时代中国特色社会主义伟大胜利——在中国共产党第十九次全国代表大会上的报告》(2017年10月18日),人民出版社2017年版,第10页。

② 《习近平在全国高校思想政治工作会议上强调 把思想政治工作贯穿教育教学全过程 开创我国高等教育事业发展新局面》,《人民日报》2016年12月9日第1版。

第二章 高校辅导员角色的历史嬗变

逐渐向内涵式建设与发展过渡,迈入了向纵深发展的新阶段。

角色的本质在于人们的社会性,社会结构中每一个独立的个人都是自我不同角色的扮演者和社会责任承担者,必然需要回应相应的角色期待。新时代"三全育人"理念的提出,对高校思想政治工作做了新的规定,也为新时代高校辅导员的工作转型提供了指引。高校辅导员作为"三全育人"理念的重要实施者,在践行新理念的过程中,高校辅导员角色定位发生了重要嬗变,面临着角色转型的问题,迎来了大学生思想政治教育工作的转型升级。在推进教育现代化进程中,高校辅导员角色定位理应回应时代要求、满足社会需求。

2013年5月,教育部党组印发《普通高等学校辅导员培训规划(2013—2017年)》,提出要构建完善的高校辅导员培训体系,不断创新培训方式,提高培训质量,努力造就一支政治强、业务精、纪律严、作风正的高水平辅导员队伍。[①] 并从指导思想、主要目标、培训内容、主要任务和保障措施五个方面,对高校辅导员队伍建设提出新的要求和安排。随后,教育部便逐步启动一系列的培训活动,如启动高校辅导员工作精品项目培育建设工作、下发加强高校辅导员基层实践锻炼的通知等,旨在培育和促进高校辅导员角色的内涵式发展。

随着中国特色社会主义进入新时代,高校辅导员角色定位进入了新的发展阶段。到2014年,高校辅导员队伍建设进一步规范化、科学化。2014年3月,为了高校辅导员队伍实现专业化、职业化发展,有效提升大学生思想政治教育工作质量,教育部制定《高等学校辅导员职业能力标准(暂行)》,对辅导员职业能力标准作出详细的规定。这也是我国首个专门针对高校辅导员职业能力的文件,从此高校辅导员

[①] 教育部思想政治工作司组编:《加强和改进大学生思想政治教育重要文献选编(1978—2014)》,知识产权出版社2015年版,第591页。

队伍建设与发展进入快车道。

2017年，为深入贯彻落实全国高校思想政治工作会议精神和《中共中央　国务院关于加强和改进新形势下高校思想政治工作的意见》，切实加强高等学校辅导员队伍专业化、职业化建设，教育部修订并颁布了《普通高等学校辅导员队伍建设规定》。该文件对辅导员的工作提出具体的要求，明确了辅导员的九大工作职责，分别是思想理论教育和价值引领、党团和班级建设、学风建设、学生日常事务管理、心理健康教育与咨询工作、网络思想政治教育、校园危机事件应对、职业规划与就业创业指导以及理论和实践研究。修订后的高校辅导员的工作要求、工作职责、配备和选聘、发展与培训以及管理与考核方面的具体内容，更加符合新时代高等教育，尤其是高校思想政治工作的开展要求，有利于促进高校辅导员角色定位的标准化、精细化。

2017年，为认真学习贯彻党的十九大精神，进一步把贯彻落实全国高校思想政治工作会议和《中共中央　国务院关于加强和改进新形势下高校思想政治工作的意见》精神引向深入，大力提升高校思想政治工作质量，教育部党组印发《高校思想政治工作质量提升工程实施纲要》，对高校思想政治工作的总体目标、基本原则、基本任务、主要内容以及实施保障进行系统化、精细化的规定。2018，教育部召开全国高校辅导员工作现场会议，强调在高校思想政治教育工作中，要认真贯彻落实党中央的决策部署和党组工作要求，切实加强辅导员队伍建设、形成队伍建设合力、搭建队伍发展平台、强化队伍评估督查，为辅导员专业化职业化建设构建完善的制度体系。高校辅导员自身要聚焦自身角色内涵建设，切实提高自身理论素养和实践育人能力，增强理论学习和实践教育的主动性积极性，更好地发挥角色作用。

2021年，在中国共产党成立100周年之际，中共中央、国务院印发了《中共中央　国务院关于新时代加强和改进思想政治工作的意见》

(以下简称《意见》)。《意见》指出思想政治工作是党的优良传统、鲜明特色和突出政治优势,是一切工作的生命线。加强和改进思想政治工作,事关党的前途命运,事关国家长治久安,事关民族凝聚力和向心力。[1]《意见》肯定了思想政治工作的作用,从治国理政的高度,赋予了高校辅导员角色新的内涵。《意见》明确了新时代加强和改进思想政治工作的指导思想、方针原则,提出了推动新时代思想政治工作守正创新发展的具体抓手,以及构建共同推进思想政治工作的大格局的目标方法。

这一阶段,高等教育的目标要求更高,人才培养的精细化、解决问题的精准化要求更高。高科技手段也为辅导员工作方式精准化提供支撑,高校辅导员角色定位为了适应新时代高等教育的要求,更加注重标准化、精细化的发展。[2]

第二节 高校辅导员角色嬗变的基本趋势

高校辅导员角色伴随我国高校辅导员制度的产生而出现。新中国成立至今的七十余年,高校辅导员制度经历了初步探索与曲折发展阶段、恢复建设与发展阶段、科学化发展阶段、专业化职业化发展阶段、内涵式建设发展阶段。在此过程中,我国高校辅导员经历了兼职—以兼职为主的专、兼结合—以专职为主的专、兼结合的演变过程。高校辅导员角色也随之不断转变、发展,呈现一定的发展趋势,主要表现在角色定位、角色规范、角色实践、角色评价四个方面。在角色定位

---

[1] 《中共中央 国务院印发〈关于加强和改进新形势下高校思想政治工作的意见〉》,《人民日报》2017年2月28日第1版。

[2] 耿品、彭庆红:《新中国成立以来高校辅导员角色的发展演变》,《学校党建与思想教育》2020年第3期。

方面，呈现由角色内涵单一性到角色内涵多样性转变的发展趋势；在角色规范方面，呈现从突出强调政治性到以政治思想引领为主、兼顾全面的发展趋势；在角色实践方面，呈现从个体角色行动到团队角色行动转变的发展趋势；在角色评价方面，呈现由单向考评向多元化考评转变的发展趋势。

一 高校辅导员角色定位从角色内涵单一性到多样性的转变

高校辅导员的角色定位，是指在高校思想政治工作场域中，高校辅导员在贯彻党的教育方针的前提下，根据自身的条件和社会需要，对职业角色进行恰当定位，并对这一角色进行调整与评价的过程。高校辅导员在进行角色定位时，必须坚持一切从实际出发，客观分析自身实际情况，既不能将角色定位过高，也不能定位过低，更不能偏离客观实际，造成角色错位的情况。和其他领域的管理者一样，高校辅导员从事专业的学生管理工作想要取得良好效果，就一定要在基于对自身角色的科学合理定位的基础上，去建立清晰的角色认知，这对角色扮演和角色实践有着重要影响。高校辅导员的角色定位，是高校辅导员队伍顶层设计在社会实践活动中的直接反映，必须在党和国家的统一领导下进行。党和国家要把高校辅导员角色定位摆在重要位置，加强领导和统筹规划。

党非常重视发展教育事业。党根据马克思主义教育思想的基本观点，结合党在各个历史时期的工作重点，不仅把发展教育事业当作自身的奋斗目标，还当作实现革命与建设事业总目标、总任务的重要手段。新中国成立之初，国际国内面临着复杂的政治斗争形势。为了进一步巩固新生政权，党迅速在思想政治教育领域开启"破旧立新"的思想整顿工作。所谓"破旧"，即指扫除旧社会毒害人民的思想残余;所谓"立新",即指开展社会主义和马克思列宁主义的思想政治教育。《中国人民政治协商会议共同纲领》规定,"人民政府的文化教育工作,应以提高人民文化水平,培养国家建设人才,肃清封建的、买办的、法西斯主义的思想,发展为人民服务的思想为主要内容"。①可见,在文化教育工作中,思想政治工作是一项形势严峻且任务艰巨的工作。思想政治工作最首要的任务,就是为了巩固和加强中国共产党在意识形态领域的领导权,使党的指导思想成为社会的主流意识形态。

高等教育的性质是在党领导下的、以马克思列宁主义为指导的社会主义大学。高等教育的发展要适应国家的需要,围绕党的中心任务和时代大局开展教育教学和管理工作,并在基于学生群体差异性基础上开展民主化、科学化的,符合大众需求的,顺应教育形势发展的教育活动。高校辅导员角色与高等教育的发展是相互联系的,高校辅导员角色定位的科学性、合理性关系着高等教育事业的发展。1949年新中国成立至1976年,高校辅导员的主要工作是加强大学生的政治思想引领,其角色定位是政治辅导员,这与当时的国际环境、社会环境是一致的。这一时期,高校辅导员角色立足于党和国家事业,以巩固新生政权,统一国民思想认识,用马克思列宁主义、毛泽东思想塑造人民的精神世界为主要内容。其角色主要是服务于党的思想政治工作,具有浓厚的政治性要求,呈现以政治思想引领为主的单一性特征。

1978年改革开放以来,通过解放和发展社会生产力,中国发生了翻天覆地的变化,为高等教育事业提供了广阔的舞台和难得的机遇。

---

① 范跃进编:《新中国成立以来高等教育元政策(1949—2016)》,中国社会科学出版社2017年版,第3页。

但与此同时，随着世界交流越发频繁，国与国之间的人才竞争也日趋激烈。高校辅导员角色根据时代的发展不断调整和完善，其内涵在多种社会期望中，变得日趋复杂。为了加强和改进大学生思想政治工作，我国对高校辅导员身份进行重新定位。相较于从前，高校辅导员不再被定义为"通才""杂家"，而是被赋予了更加丰富的内涵。高校辅导员刀刃向内，通过打破自身认知壁垒，抓住一切理论学习和实践锻炼的机会，尽可能地让自己拥有广博的知识和丰富的阅历，对角色认知的理解更加深入，角色扮演也更加多样化、更加细化，呈现角色内涵多样性的特征。高校辅导员不仅要开展形式多样、生动活泼的教育活动，做好班团建设和宿舍文化管理等工作，还要做好大学生心理健康教育、职业生涯规划与就业指导、网络思想政治教育与资助等方面的工作。

人的全面发展是所有时代课题的出发点，也是社会发展的价值旨归。习近平总书记指出："加快推进教育现代化、建设教育强国、办好人民满意的教育，努力培养担当民族复兴大任的时代新人，培养德智体美劳全面发展的社会主义建设者和接班人"。[①] "全面发展的人"是马克思主义人学理论的价值核心。高校辅导员的角色定位应以马克思主义关于人的全面发展理论为基础，把学生的全面发展需要，作为开展思想政治教育工作的内在逻辑。

"青年是标志时代的最灵敏的晴雨表，时代的责任赋予青年，时代的光荣属于青年。"[②] "未来属于青年，希望寄予青年"，[③] 青年是时代

[①] 《习近平谈治国理政》第三卷，外文出版社2020年版，第328页。

[②] 习近平：《青年要自觉践行社会主义核心价值观——在北京大学师生座谈会上的讲话》（2014年5月4日），人民出版社2014年版，第3页。

[③] 习近平：《在庆祝中国共产党成立100周年大会上的讲话》（2021年7月1日），人民出版社2021年版，第21页。

的先锋，是社会最具活力、最富创造力的群体，是国家的未来和民族的希望。青年的成长成才，事关中国特色社会主义事业后继有人这个根本大计。高校辅导员工作在大学生思想政治教育的第一线，确保新时代青年实现全面发展，是高校辅导员工作的核心目标，也是高校辅导员角色定位的基点。大学生的成长成才，与高校辅导员综合素质的提升有密切联系。党和国家围绕高校辅导员队伍专业化职业化建设，采取了一系列举措，既有制度文件的规范，也有实践的指引和尝试。譬如，2017年，教育部出台《普通高等学校辅导员队伍建设规定》，明确规定了高校辅导员的九大主要工作职责。这九大职责，对应不同的角色，致使高校辅导员角色内涵呈现多样化、精细化的特征。在高校辅导员队伍专业化、职业化建设过程中，《普通高等学校辅导员队伍建设规定》的出台，有利于促进高校辅导员的角色认知，对新时代高校辅导员角色定位具有重要的指导意义。因此，新时代高校辅导员角色定位，不仅要适应职业环境的新变化，而且要适应思想政治工作过程、教书育人过程、学生成长过程的诸多变化，做到新益求新。

二 高校辅导员角色规范从单一地强调政治性到以政治思想引领为主，兼顾全面的转变

党始终高度重视思想政治工作，把思想政治工作摆在党的建设的重要位置，当作是一项重大政治任务和经常性、基础性工作。长期以来，为做好高校思想政治工作，党和国家作出一系列重大部署，进行了艰辛探索和不懈努力，提出了一系列创新举措，高校辅导员制度的创立就是其中之一。

作为我国思想政治工作的一项重要制度，它的发展既体现了高校在教育管理工作中的创造性和主动性，也体现出自身的特色性和规律

性。制度，意味着规范。高校辅导员是高校辅导员制度的主体，在践行角色使命时，要受到这个角色专属的个体行为社会准则的约束，我们将此理解为该角色的角色规范。因此，角色规范是指在高校辅导员角色扮演过程中，必须遵守的行为准则。高校辅导员角色规范，是在长期的思想政治工作实践中逐步形成的，它随着时代的发展变化而不断调整完善。

纵观高校辅导员角色的发展演变历程，可以发现，高校辅导员的角色规范经历了从单一地强调政治性到以政治思想引领为主，兼顾全面的转变。高校辅导员的角色规范大致可分为两种形式。一是成文的规章制度，如《高等学校学生班级政治辅导员工作条例》《全国普通高等学校工作条例》《关于加强和改进高等学校思想政治工作的决定》《普通高等学校辅导员队伍建设规定》《高等学校辅导员职业能力标准（暂行）》等，都是以书面形式或者严格的规章制度规范下来的行为准则；二是约定俗成的行为准则，如高校辅导员的师德师风建设，这是从道德规范的层面对辅导员群体提出的要求。

从新中国成立到改革开放之初，受当时社会环境的影响，高校辅导员的政治素质受到很大的重视。这一阶段，高校辅导员的角色规范突出强调政治性。在政治素质方面，要求高校辅导员必须具有坚定的共产主义信念，强调在思想上、政治上必须与党中央保持一致；在知识文化水平方面，要求高校辅导员必须具备一定的马克思列宁主义、毛泽东思想的理论修养，不断学习党的方针政策；在工作能力方面，要有从事思想政治工作所需的能力，工作积极，作风正派，秉公办事。[①] 这一阶段，虽然没有形成独立的、完整的高校辅导员角色规范体

---

① 耿品、彭庆红：《新中国成立以来高校辅导员角色的发展演变》，《学校党建与思想教育》2020年第3期。

系，但为后期高校辅导员角色规范的建立与发展，奠定了坚实的理论基础、提供了良好的实践经验。

改革开放以来，中国经济社会发展呈现天翻地覆的变化，全社会对人才资源的价值有了新认识。高等教育人才培养模式也发生着巨大的变化，逐渐转向以提升整体人才培养质量为主的内涵型发展模式。高校辅导员是高等教育人才培养工作的重要参与者，也是人才培养质量的重要保障，在学生成长成才过程中有着独特的职业优势和作用。党和国家对高校辅导员队伍建设质量的要求不断提高，推动着高校辅导员角色规范向全面化、系统化、具体化方向发展。这一阶段，高校辅导员角色规范呈现以政治思想引领为主，兼顾全面的特征。

2017年，《普通高等学校辅导员队伍建设规定》指出，辅导员是开展大学生思想政治教育的骨干力量，是高等学校学生日常思想政治教育和管理工作的组织者、实施者、指导者。辅导员应当努力成为学生成长成才的人生导师和健康生活的知心朋友，只有将对学生的爱心和责任心永远牢记心间，才能为学生引路，成为学生黑夜里的那盏明灯。"围绕学生、关照学生、服务学生，把握学生成长规律，不断提高学生思想水平、政治觉悟、道德品质、文化素养"的目标，体现了这一时期高校辅导员角色规范的变化和发展方向。高校辅导员的角色规范不再单一地强调政治性，而是以政治引领为主，兼顾全面。高校辅导员不仅要做好学生的思想理论教育和价值引领工作，还要具备扎实的专业知识和全面的工作能力，以更好地开展大学生思想政治教育工作。由此，可以看到，随着高等教育的转型升级，对高校辅导员的角色规范提出了越来越多的要求和标准。政治面貌要求更加严格、工作情感要求更加深厚、基本文化程度要求更高、专业知识储备要求更为丰富、工作能力要求更为全面。可以预见，随着高校思想政治工作的科学化、标准化，高校辅导员角色规范将更加全面。

三 高校辅导员角色实践由个体单独行动到团队分工合作的转变

角色实践是指高校辅导员按照角色定位和角色期望创造角色的过程，是角色领悟和角色学习的进一步发展，是角色扮演的关键阶段。高校辅导员的角色实践是高校辅导员开展大学生思想政治教育工作的外在呈现，受主客观条件的影响，在不同历史阶段呈现不同的形式与特征，蕴含着丰富的时代内涵。随着高校辅导员角色的演变，高校辅导员的角色实践也经历了从个体单独行动到团队分工合作的转变过程。在高校辅导员的角色实践中，既有个体角色行动，也有团队角色行动。关于高校辅导员的角色实践，可以从两个方面进行考察。第一，从高校辅导员角色实践的认识角度出发，高校辅导员个体的内在涵养、综合素质以及自我的角色定位，是高校辅导员角色实践的内生动力。第二，国家、社会、高校和大学生群体对高校辅导员的角色期待，是高校辅导员角色实践的客观依据。

因此，从一定程度上看，高校辅导员角色实践，既是国家教育方针、高等教育理念和思想政治教育育人模式的外显，也是高校辅导员自身职业素养和职业能力的外化。高校辅导员的角色实践既具有历史继承性，又具有自我超越性。在不同历史环境和社会背景下，国家、社会、高校以及大学生群体对高校辅导员角色的目标定位、工作方法、能力素质等的要求不尽相同。因此，高校辅导员角色实践的期待和成效，处在不断地发展变化之中，是主客观具体的、历史的统一。

中国高校设立高校辅导员制度的最初目的，是以思想改造为主，其角色具有强烈的政治性。高校辅导员的角色实践，集中体现在围绕党的中心任务做好思想政治工作，以及做好大学生的思想政治教育，

第二章　高校辅导员角色的历史嬗变

具有一定的特色。这在中国高校的历史发展中发挥了不可替代的作用。20世纪50年代初,清华大学率先建立"双肩挑"政治辅导员制度,这是新中国成立后高校学生思想政治教育的成功实践。当时,时任清华大学校长的蒋南翔同志在综合考虑、分析各方面情况后提出,在校内选拔一批政治素质高、业务素质优秀的高年级学生和青年教师兼职担任学生政治辅导员。这些学生和青年教师,既要保证完成规定的学习任务和教学任务,还要兼职做好大学生的思想政治教育,发挥榜样力量的带动作用。"双肩挑"政治辅导员制度适合清华大学的办学实际情况和学生思想实际,一经实行就在学生思想政治工作中产生了很好的效果,是一项具有战略性、创造性的高等教育制度创新范例。但是,这一时期的政治辅导员是以兼职身份开展思想政治工作的,没有接受过系统的专业化训练,解决工作中的相关问题主要依靠经验的"知识"而非学理的知识。[①] 同时,除了要承担政治工作,还要完成政治辅导员工作以外的学习任务、教学任务、科研任务等工作内容,难以集中精力进行角色创造,尚未形成团队实践形式。

党的十一届三中全会以来,随着社会环境和教育环境的变化,高等教育根据"解放思想、实事求是、团结一致向前看"的精神,在继续坚持"双肩挑"政治辅导员制度优良传统的基础上,提出建设学生思想政治工作队伍的新思路。党和国家颁布和出台一系列文件,采取一系列举措,强调要努力建立一支以精干的专职人员为骨干、专兼职相结合的政工队伍。对于党务和政工队伍,在生活方面,要力所能及地提高他们的生活待遇;在工作方面,对他们的政治和业务素质提出高要求、高标准。通过各方面的努力,培养一批又红又专的党务和政

[①] 彭庆红、耿品:《新中国成立70年来高校辅导员队伍建设的历史进程、总体趋势与经验启示》,《思想理论教育导刊》2019年第8期。

工干部骨干，以提高思想政治教育工作的实效性。

随着改革开放的起步和推进，思想政治教育学科的设立和思想政治教育专业的发展，以及素质教育理念的提出和实施，对高校辅导员个人综合素质的提高和作用的发挥起到了积极作用。这有力地促进了高校辅导员个人的成长与发展，使高校辅导员制度得到了不断巩固和加强。这一时期，高校辅导员角色实践的职业性和专业性更强。思想政治教育专业的设立，推动了学科和专业发展，开始采用正规化的方法培养思想政治工作专门人才，保障了角色实践效果。高校辅导员在角色实践的过程中，不断提升辅导员角色的领悟力和学习力，积累工作经验并总结上升为理论，以更好地指导实践，更好地扮演好高校辅导员角色。但是，由于这一时期，高校辅导员的岗位流动性很大，难以形成稳定的队伍，不利于高校辅导员团队的建设和交流。

进入21世纪，党和国家对高校辅导员队伍建设的重视程度不断加强。这一时期，高校辅导员队伍以专职为主、专兼结合为主要特征。各地区各高校为大学本、专科学生配备了专职辅导员队伍，并对专职辅导员的成长路径进行合理规划和系统设计，不断强化认同感，增强归属感，维护了队伍的稳定。为了构建辅导员职业能力建设的长效机制，使高校辅导员在角色实践过程中"工作有条件、干事有平台、发展有空间"，各高校鼓励高校辅导员以团队合作形式组建兴趣小组、辅导员工作室，或者举办德育沙龙、学术论坛、专题研讨等活动。这些都是新时代高校辅导员结合时代特征、学生特点、自身特长形成的工作创新新路径，是高校辅导员角色实践的新抓手，自我成长的新平台。虽然目前我国高校辅导员工作室的建设，还处于初步探索阶段，但深刻体现了高校辅导员在角色实践的探索过程中，所作出的积极努力和实践尝试。

四　高校辅导员角色评价由单向考评向多元化考评的转变

党和国家历来高度重视辅导员队伍建设工作，把辅导员队伍建设作为教师队伍和管理队伍建设的一部分，使其有实现自己人生价值的平台和条件政策保障，有提升自己的发展空间，从而更好地适应新时代高校思想政治教育工作的全面提升和创新发展，更好地引导学生成长成才。

角色评价是检测高校辅导员队伍建设是否取得成效的重要手段。通过角色评价，肯定所取得的成绩，发现工作中存在的问题和不足，以促进辅导员队伍建设高质量发展。美国教育评价专家、CIPP 模式创始人斯塔佛尔比姆强调，评价最重要的意图不是为了证明，而是为了改进。[1] 新时代思想政治教育工作质量评价过程，应该遵循思想政治工作规律、教书育人规律、学生成长规律。[2] 辅导员个体工作有效性评价，是相关机构为了监测辅导员个体工作有效性，运用观察、调查、统计等一系列定性定量分析方法，对辅导员个体的工作目标、内容、过程、结果进行的价值判断过程。[3] 高校辅导员工作是一项极其严肃、复杂的工作，涉及众多因素，对其进行科学的、系统的角色评价并不容易。

高校辅导员角色评价是指高校相关部门、所在院系领导、大学生、高校辅导员自身等主体，从角色期望出发，观察和了解高校辅导员角色扮演的基本情况，对高校辅导员的角色扮演进行的综合性评价。角色理论主要探讨个体之间、个体与组织之间的关系问题，其研究目的

---

[1]　陈玉琨：《中国高等教育评价论》，广东高等教育出版社 1993 年版，第 17 页。
[2]　权麟春：《新时代高校思想政治教育工作质量评价研究》，中国社会科学出版社 2021 年版，第 3 页。
[3]　冯刚主编：《辅导员工作培训教程》，高等教育出版社 2013 年版，第 260 页。

主要是通过规范个体的角色扮演，来促进组织的发展。在角色理论视域下，高校辅导员的角色实践，与社会对高校辅导员的角色期待和角色评价制度密切相关。在高校思想政治工作场域中，高校辅导员角色能否成功扮演，与高校辅导员的角色评价制度是否科学化、合理化有很大关系。科学的、合理的、客观的角色评价，不仅有助于高校辅导员角色评价机制的建设与完善，为辅导员职务聘任、奖惩、晋级提供依据，而且有助于高校辅导员了解角色扮演中的不足，从而不断加强角色建设，提升角色素养。新中国成立70多年来，高校辅导员的角色评价大致经历了由单向考评向多元化考评的转变，角色评价更加科学化、规范化、系统化。

在高校辅导员制度初步探索阶段，高校辅导员角色评价工作处于萌芽状态，主要是主管部门对高校辅导员的单向考评，角色评价主要参考工作投入、工作效果等。进入21世纪，随着高等教育的发展，党和国家在高校教育质量评价工作方面，进行了大量的理论探索和实践尝试的努力，制定和颁布了一系列政策文件，从制度层面为高等教育的行稳致远保驾护航。1999年，《中华人民共和国高等教育法》开始实施，要求提高高校教育质量，保证教育教学质量达到国家标准，由教育行政部门对教育质量进行监督并组织评估，以法律的形式规定了高校教育质量评价工作。质量是高等教育的生命线，提高思想政治教育工作质量，是赋予高校辅导员队伍的神圣使命和光荣责任。高校辅导员的角色评价，是反馈和提高质量的主要途径之一，有助于更好地推动思想政治教育工作创新改革。这一时期，高校辅导员角色评价从辅导员工作的性质、内容、特点和对象的实际情况出发，注重将动态评价与静态评价相结合、工作实绩和工作任务相结合、定性评价与定量评价相结合、全面评价与重点评价相结合，并将评价结果与职务评聘、奖惩、晋级等挂钩，强调加强日常管理、严格评价，力求对高校

第二章 高校辅导员角色的历史嬗变

辅导员的角色评价做到客观、公正。在评价主体层面，明确规定对高校辅导员的角色评价，由组织人事部门、学生工作部门、院（系）和学生共同参与，多主体相互配合，全方面对高校辅导员角色扮演进行评价。

2004年中共中央、国务院颁布了《关于进一步加强和改进大学生思想政治教育的意见》，其中第二十九条指出："要把大学生思想政治教育工作作为对高等学校办学质量和水平评估考核的重要指标，纳入高等学校党的建设和教育教学评估体系。"[①] 该意见明确提出了高校思想政治教育工作质量考核评估问题和角色评价的主要内容。对思想政治理论课、日常思想政治教育做了具体要求。由此，高校辅导员角色评价逐渐从单向考评转向多元化考评。

进入新时代，高校辅导员角色评价朝着更加科学化的方向发展。譬如，2014年3月，教育部印发了《高等学校辅导员职业能力标准（暂行）》，[②] 其主要内容包括职业概括、基本要求、职业能力标准，尤其对职业能力标准按照初级、中级、高级分层次进行了详细的阐述，对于新时代高校辅导员队伍角色评价体系的构建具有十分重要的参考价值。2017年9月，新修订的《普通高等学校辅导员队伍建设规定》[③]，进一步明确了辅导员的工作要求和九项工作职责，并对辅导员的配备、基本条件，以及辅导员队伍专业化与职业化的发展与培训、管理与考核等方面进行了详细规定，为新时代高校辅导员角色评价科学化、系统化发展提出了明确导向。

[①]《中共中央 国务院发出〈关于进一步加强和改进大学生思想政治教育的意见〉》，http：//www.moe.gov.cn/jyb_xwfb/gzdt_gzdt/moe_1485/tnull_3939.html。

[②]《教育部关于印发〈高等学校辅导员职业能力标准（暂行）〉通知》，http：//www.moe.gov.cn/srcsite/A12/s7060/201403/t20140327_167113.html。

[③]《普通高等学校辅导员队伍建设规定》，http：//www.moe.gov.cn/srcsite/A02/s5911/moe_621/201709/t20170929_315781.html。

第三节　高校辅导员角色嬗变的基本经验

"任何一种理论或全新命题的提出都是基于原有理论抑或是经验基础之上继承超越后的再出场。"① 高校辅导角色的出场源自"为党育人、为国育才"初心使命的推动，是理论观照与现实回应的统一。新中国成立以来，高校辅导员角色定位随着时代的变化不断发展转变，在不同的历史时期，承担着不同的历史任务，呈现不同的特征。高校辅导角色嬗变的过程中，既有理论的探索，也有实践的尝试，积累了丰富的经验。总结这些宝贵的经验，可以为科学、合理、清晰地定位新时代高校辅导员角色提供有益启示。

一　始终坚持把政治引导作为高校辅导员角色定位的首要标准

党自成立以来就高度重视青年的培养，重视党对教育工作的领导。"青年兴则国家兴，青年强则国家强。我们党自成立之日起，就始终代表广大青年、赢得广大青年、依靠广大青年。"② 习近平总书记强调，做好教育工作，加强党的领导是根本保证。只有坚持党对教育事业的全面领导，才能在更高水平上实现教育战线思想上的统一、政治上的团结、行动上的一致，才能确保教育事业发展的正确方向，才能坚定走好中国特色社会主义教育发展道路。③

---

① 李建军、张文龙：《新时代党的自我革命的出场语境、价值意蕴与实践理路》，《理论视野》2020 年第 5 期。
② 《习近平谈治国理政》第一卷，外文出版社 2018 年版，第 54 页。
③ 本书编写组：《习近平总书记教育重要论述讲义》，高等教育出版社 2020 年版，第 19 页。

第二章　高校辅导员角色的历史嬗变

　　高校辅导员是落实立德树人根本任务不可替代的重要力量，其角色属性规定了政治引导是其角色定位的首要标准。从高校辅导员角色定位的历史进程来看，政治引导始终是高校辅导员的重要职业角色。在革命战争时期，党创立了中国人民大学，其办学原则为"七分政治，三分军事"，还创造性地实行了"党组领导下的校长负责制"的领导体制，初步建立了思想政治工作体系。1937年，毛泽东同志在给中国人民大学的前身陕北公学的题词中写道，"要造就一大批人，这些人是革命的先锋队。这些人具有政治远见。这些人充满着斗争精神和牺牲精神""中国要有一大群这样的先锋分子，中国革命的任务就能够顺利地解决"。这充分体现了高校思想政治工作的政治性，以及政治引导的重要性。中国高校辅导员制度在萌芽时期，就将政治性作为角色定位的首要标准，并在角色实践中，不断强化自身的政治引导力。

　　《中央人民政府教育部关于全国工学院调整方案的报告》第一次提出要在各院校试行政治辅导员制度。在清华大学率先试点设立"双肩挑"政治辅导员制度后，全国各高校陆续建立政治辅导员制度。党和国家要求政治辅导员必须结合党的中心任务开展大学生思想政治工作，以加强爱国主义思想为首要任务。比如，组织师生参加土改、反封建教育、结合"三反""五反"进行教育等，以肃清封建、买办、法西斯主义思想，清除资产阶级腐朽思想对青年的影响，帮助青年划清界限，明辨是非。这一时期，政治辅导员的角色定位是学生的"政治引路人"，政治引导是其角色实践的突出特点。

　　加强对大学生的政治引导，是中国高校辅导员制度发展过程中积累的基本经验，是高校思想政治工作的优良传统，是培养时代新人的迫切需要。尽管随着高等教育制度不断改革创新，我国高校辅导员制度现在已经没有了"政治"这一定语，但是其作为高

· 97 ·

校辅导员的首要任务这一重要地位始终不会发生改变。进入新时代，大学生思想政治工作迎来了新的机遇和挑战，政治引导的重要内容和表达方式不断发生着变化，但高校辅导员仍然需要坚持政治引导。

  高校辅导员在大学生价值引领方面扮演着重要的角色，而要胜任这个角色，高校辅导员首先要有坚定的政治立场和政治意识，才能在纷繁复杂的工作中，把正确的政治立场和政治意识传达给学生，引导学生树立正确的政治方向。具体来说，高校辅导员要在思想上高度认同党对教育事业的全面领导，自觉同以习近平同志为核心的党中央保持高度一致，深刻领会、准确把握习近平新时代中国特色社会主义思想；要增强"四个意识"，坚定"四个自信"，做到"两个维护"，并落实到大学生思想政治教育改革的方方面面，融入立德树人过程的各个环节，真正解决好培养什么人、怎样培养人、为谁培养人这一根本问题；要开展丰富多样的实践活动，引导大学生做到正确认识中国和世界发展大势，正确认识中国特色和国际比较，正确认识时代责任和历史使命，正确认识远大抱负和脚踏实地，在深化对历史使命的认知中，增强历史主动性，挺膺担当，主动时代责任；要提升大学生的理论素养，引导大学生积极主动地学习马克思主义中国化时代化的理论成果，帮助大学生掌握和运用马克思主义的立场、观点、方法，分析问题，处理各种关系，解决生活和学习中遇到的各种问题，科学地规划人生；要立足思想政治教育专业属性，将社会主义核心价值体系融入大学生思想政治教育工作中，积极宣传党的方针政策、开展理论教育、引导校园热点、疏导学生情绪，充分发挥高校辅导员角色在大学生思想政治引领方面的独特优势。

二 始终坚持以马克思主义为指导作为角色定位的根本原则

人的思想是一个多因素综合作用的复杂系统,信仰在其中占据着基础性地位,也是指向人生最高意义的价值追求。① 中国共产党在革命战争时期形成的政治信仰,其本质就是坚定的马克思主义信仰。② 马克思主义从根本上揭示了人类社会发展的客观规律,把信仰归结为共产主义伟大理想。也正是在对马克思主义信仰始终不渝地坚守中,中国共产党团结带领全国人民奠基立业、创造辉煌,取得了举世瞩目的不朽成就。这些成就是中国人民在马克思主义指导下实践的结晶。

"统治阶级的思想在每一时代都是占统治地位的思想。"③ 思想政治教育属于上层建筑领域,为相应的经济基础服务,是一定经济关系的反映,在阶级社会具有鲜明的阶级性。我国的思想政治教育以马克思主义理论为思想基础,以马克思主义理论教育为主要内容,巩固和发展马克思主义在我国意识形态领域的指导地位。因此,我国思想政治教育的本质属性就是社会主义意识形态,思想政治教育实质上是以实现意识形态认同为根本目标的社会实践活动。高校辅导员肩负着教育引导大学生增强对这一根本制度理性认同的重要任务。习近平总书记指出:"青年是党和国家的未来,各种社会思想都会去影响青年,都会去'争夺'青年。"④ 新时代大学生群体对马克思主义的信仰是否坚

---

① 陈步云:《论高校实践育人动力机制的构建》,《学校党建与思想教育》2018年第11期。
② 《邓小平文选》第三卷,人民出版社1993年版,第110页。
③ 《马克思恩格斯选集》第一卷,人民出版社2012年版,第178页。
④ 《十七大以来重大文献选编》(下),中央文献出版社2013年版,第689页。

定，理解和运用马克思主义的立场观点分析和解决问题的能力，直接关系到中国特色社会主义建设未来的发展。

高校是各种思想文化交流交融交锋的前沿阵地，也是各种社会思潮集散、论辩和斗争的前沿阵地。审视当代大学生理想信仰现状，当今大学生对马克思主义信仰虽总体持拥护态度、主流呈积极向上的状况，但受到国内外、主客观多方因素的影响，仍有一部分大学生对马克思主义一知半解、半信半疑或将信将疑，也有一部分大学生在良莠不齐的社会思潮中，消解了对社会主义的认同、动摇了对共产主义的信仰，进而对个人的人生态度和人生价值产生负面影响。

马克思主义曾指出："问题就是时代的口号，是它表现自己精神状态的最实际的呼声"。[①] 大学生在理想信念上存在的问题是当今时代亟须面对、亟待解决的重大课题。因此，高校辅导员必须坚持以马克思主义为指导，运用马克思主义理论及其中国化最新成果研究国内外新情况、解决新问题。

高校辅导员以马克思主义为指导，根据政治角色属性优势，为党的事业源源不断提供生力军。新时代高校辅导员必须始终坚持以马克思主义的指导作为角色定位的根本原则，坚持社会主义的政治方向，切实落实立德树人这一根本任务。

高校教育坚持以马克思主义为指导，就是要用社会主义核心价值体系教育广大青年。核心价值体系，就如同一个政党的行动指南，是一个国家的精神支柱，是一个民族的灵魂。高校辅导员要坚持把社会主义核心价值体系教育融入大学生日常思想政治教育的方方面面，在广大青年中培养一大批坚定的马克思主义者。

[①] 《马克思恩格斯全集》第四十卷，人民出版社1982年版，第289—290页。

三　始终坚持以学生为本作为角色定位的价值取向

随着我国高等教育发展和大学生成长成才需要的变化，高校辅导员已成为高等各种教育教学活动中不可或缺的一支队伍。高校辅导员是大学生思想政治教育工作的实施者，是学生工作的一线力量，从根本上看，高校辅导员工作的直接对象就是大学生群体。在高等教育阶段，高校辅导员在对学生实施教育管理时，坚持以学生为本的理念，把以学生为本作为角色定位的价值取向，既可以准确把握学生全面发展需要，满足学生个性化发展需求，还可以从学生实际情况出发，制定科学化、系统化、个性化的人才培养计划，助力学生更好地成长成才。

坚持以学生为本，是高校辅导员制度发展至今，经过多年总结摸索并始终坚持的一个重要经验，是当前和今后仍要继续坚持的基本原则。在不同的历史发展阶段，高校辅导员的角色定位不断调整变化，但始终坚持把以学生为本作为角色定位的重要价值取向。

以学生为本，就是其作为教育管理的核心，把学生的利益和需求作为教育管理工作的出发点和落脚点。高校辅导员贯彻落实以人为本的理念，就是要求辅导员在从事思想政治教育和管理的过程中，以学生的实际需求为目标，站在促进学生全面发展的高度对思想政治教育工作进行统筹规划、系统设计。高校辅导员角色定位坚持以学生为本的教育理念，是在传统教育目标基础上的创新发展，标志着我国思想政治教育工作，从满足社会发展需要为本位转向满足人的全面发展需要为本位。

党的十九大报告中，多次提到"促进人的全面发展"，强调我们必须坚持"以人民为中心"。在中国特色社会主义建设的实践中，高校辅导员坚持以学生为本的理念，是新时代"以人民为中心"核心理念在教育领域的具体体现。习近平同志一贯高度重视教育,多次强调要把立德树人作为教育的中心环节,把思想政治工作贯穿教育教学全过程,并勉励广大教师要担起教师的责任,尽到教书育人、立德树人的责任,实现全程育人、全方位育人,努力开创我国高等教育事业发展新局面。

立德树人是高等教育的根本任务,其落脚点在于"人",强调大学生要在成人的基础上实现成才。新时代我国教育在满足社会发展要求的同时,需要关注人、引导人和发展人,致力于使人成为一个"完整意义上的人"。由此,我国新时代教育的根本指向在于促进人的全面发展,这也是立德树人的目标追求。

在高校辅导员完成立德树人根本任务的角色实践中,真正落实以学生为本的教育理念,需要高校辅导员转变教育思想。由于学生成长与发展是一个不断变化的动态过程,高校辅导员要时刻将学生思想行为变化作为工作创新的出发点,充分发挥学生的主体性,在关心关爱学生、尊重服务学生的实践中更新自我教育的理念,打造一套人性化、科学化的教育管理方案,并在实践和反思的过程中进行完善和优化。高校辅导员要充分发挥教育职能,满足学生的实际需求。比如,在日常管理过程中,可以根据学生的性格特点、知识层次、个性潜能,鼓励学生参与到学生教育管理工作中,调动他们的积极性,使学生学会在自我教育、自我管理、自我服务获得成长的快乐与价值。"以学生为本"是高校管理制度的出发点和落脚点,高校辅导员应在执行过程中,让制度符合人性,具有弹性,在良好的制度环境和人性化管理氛围中潜移默化地影响学生的学习和身心发展。

高校辅导员要落实对大学生的人文关怀,扮演好学生健康成长的知心朋友这一重要角色。在具体工作中融入全员、全过程、全方位"三全育人"生态圈。要深入学生,关注学生的思想动态,了解学生生活状态。重点关注和帮扶家庭经济困难学生、心理障碍或心理疾病学生，多渠道帮助学生解决实际困难，不断加强学生抗压能力和抗挫折能力，鼓励学生以积极阳光乐观的心态面对困难、解决问题，塑造良好心理品质。高校辅导员必须坚持教育者先受教育，要以德立身、以德立学、以德施教，才能做好高校思想政治工作，并在实践中取得成效。

第三章　高校辅导员的角色定位及角色属性

"我们要坚持教育优先发展、科技自立自强、人才引领驱动，加快建设教育强国、科技强国、人才强国，坚持为党育人、为国育才，全面提高人才自主培养质量，着力造就拔尖创新人才，聚天下英才而用之。"① 高等教育是面向未来的基础工程，中国式现代化归根到底是人的现代化。高等教育肩负着为实现中华民族伟大复兴的中国梦提供人才保障和智力支持的重要任务。

习近平总书记在2016年全国高校思想政治工作会议上强调，高校思想政治工作根本在于做人的工作，中心环节在于立德树人，核心在于提高人才培养能力。② 要完成这一任务，最关键、最核心的是高校思想政治工作队伍的素质能力建设和"三全育人"体制机制的建立健全。高校辅导员是新时代加强和改进大学生思想政治教育的主力军，是高

---

① 习近平：《高举中国特色社会主义伟大旗帜　为全面建设社会主义现代化国家而团结奋斗——在中国共产党第二十次全国代表大会上的报告》（2022年10月16日），人民出版社2022年版，第33—34页。
② 《习近平在全国高校思想政治工作会议上强调　把思想政治工作贯穿教育教学全过程　开创我国高等教育事业发展新局面》，《人民日报》2016年12月9日第1版。

第三章 高校辅导员的角色定位及角色属性

校思想政治工作队伍的重要组成部分，肩负着立德树人的重要责任。党的二十大报告强调广大青年要"立志做有理想、敢担当、能吃苦、肯奋斗的新时代好青年"，① 这为高校辅导员在新时代紧紧围绕"培养什么样的人、如何培养人以及为谁培养人"这一根本问题，开展育人实践，准确角色定位指明了工作方向。培养"新时代好青年"，是高校辅导员角色定位的核心要务。

"新时代好青年"蕴含着丰富的内涵，其中高素质是新时代好青年的基本要求。人才素质通常包括思想政治素质、科学文化素质、身体心理素质和综合能力素质等方面的内容。高校辅导员要成为塑造"新时代好青年"的"大先生"，必须进行准确的角色定位。在角色规范的要求下，运用历史思维、系统思维、辩证思维方式，以更广博的视野，观察和审视关涉大学生成长成才的各类因素，并根据社会的期待不断优化自身角色素质，进而在角色实践中提升"新时代好青年"培育的实效性。

第一节 高校辅导员角色定位

"角色"是高校辅导员角色研究中的核心问题，对高校辅导员的角色进行研究，能够帮助其正确认识自身的身份，恰当理解自己的职业价值和人生价值，合理规范自己的角色行为，从而更好地扮演角色。高校辅导员是高校思想政治教育活动的主体，对高校辅导员角色的研究，不仅有利于认识高校辅导员队伍建设和发展规律，还有助于探索和理解高校辅导员自身的成长和发展规律，为高校思想政治教育工作

---

① 习近平：《高举中国特色社会主义伟大旗帜 为全面建设社会主义现代化国家而团结奋斗——在中国共产党第二十次全国代表大会上的报告》（2022年10月16日），人民出版社2022年版，第71页。

实践提供理论支持。更重要的是，高校辅导员能否落实好立德树人的根本任务，和其是否正确认识自身角色有着密切关系。

在角色实践中，受特定的社会环境、政治经济文化因素的影响，高校辅导员具有受制于角色规范的被动性。但高校辅导员具有强烈的主观能动性，能创造性地进行角色实践，展现其主体性和独特性的角色魅力。因此，我们既要从静态的社会关系角度去考察高校辅导员的角色定位问题，也要从动态的互动过程分析高校辅导员的角色特征。既要充分关注高校辅导员外显的角色行为，也要关注其内在的角色心理，从而立体地对高校辅导员角色进行角色定位的提炼、角色属性问题的探讨。

高校辅导员的角色规定了高校辅导员基本的伦理价值体系和行为规范，并给高校辅导员提供了普遍的行为模式要求。高校辅导员只有在充分理解其各种角色的基础上，才能够弄清楚自身职业发展的限制性和可能性，从而制定正确的角色实践目标和科学的职业生涯规划。从这个角度讲，高校辅导员的角色模式一方面要反映高校辅导员在国家、社会群体，尤其是在高校思想政治教育活动场域中的身份和地位，要满足新时代高等教育转向高质量发展的演变趋势、高校辅导员角色的内涵式建设与发展，以及新时代大学生德智体美劳全面发展等社会现实对高校辅导员的角色素质、角色义务和角色行为等方面的期待；另一方面，要回应和面对高校辅导员对自身应有职业角色行为的认识，这有利于高校辅导员自身生命意义的构建，能全面反映高校辅导员职业活动的行为规范和角色价值旨归。

和其他社会角色一样，高校辅导员职业所承担的社会角色也是动态变化的，会随着社会经济、政治、文化的发展而变化。高校辅导员角色的重新定位，从根本趋势上来看，是为了回应时代发展之需。面对时代发展带来的新变化、新动态、新挑战，高校辅导员要在继承和发展的基础上，以马克思主义关于人的全面发展理论为指导，立足当下，从人的全面发展需要出发，结合时代发展的新特点、新变化，持续优化高校辅导员的角色结构。

基于此，在角色定位过程中，高校辅导员要扮演好大学生思想政治教育和价值引领者角色、文化塑造者角色、事务管理者角色、心理健康教育与咨询者角色、职业生涯规划与就业指导者角色、哲学社会科学研究者角色。在角色实践过程中，高校辅导员既要基于作为受教育者的大学生的全面发展需要，也要基于作为教育者的高校辅导员个体的全面发展需要，强调高校辅导员自身本然的内在价值。

一 思想理论教育和价值引领者角色

党的十八大以来，以习近平同志为核心的党中央结合新时代的内涵与特征，对思想政治教育作出了一系列部署，提出了一系列创新性的要求，回答了新时代要坚持和发展什么样的思想政治教育，以及怎样坚持和发展思想政治教育等问题，为新时代思想政治教育工作提供了制度、理论和实践上的重要支撑。思想政治教育具有鲜明的政治性和阶级性，其中，政治性是思想政治教育的本质特征。这决定了思想政治教育的育人内容、育人性质和育人方向，回答了思想政治教育为谁育人、为何育人、如何育人的问题。

（一）思想理论教育和价值引领者角色的价值

党一直以来都高度重视青年的思想政治教育工作，把它作为青年工作的核心内容，并强调思想政治教育是提高青年品德修养和政治觉悟的主渠道，是塑造时代新人的战略高地，是维护国家意识形态安全的总抓手。方向决定道路，道路决定命运，方向和道路是紧密相连的。党在革命、建设、改革和发展的各个时期，始终将思想领导居于先导地位，发挥思想的引领和推动的作用。在延安时期，毛泽东同志就提出，"掌握思想教育，是团结全党进行伟大斗争的中心环节。如果这个任务不解决，党的一切政治任务是不能完成的"，①"掌握思想领导是掌握一切领导的第一位"。②进入改革开放与社会主义现代化建设时期，邓小平同志指出，"我们共产党有一条，就是要把工作做好，必须先从思想上解决问题"。③中国特色社会主义进入新时代，习近平同志指出，"实事求是，是马克思主义的根本观点，是中国共产党人认识世界、改造世界的根本要求，是我们党的基本思想方法、工作方法、领导方法"。④思想是行为的先导，只有在正确的、科学的思想指导下，才能有效地开展思想理论教育和价值引领活动。

思想理论教育和价值引领是新时代思想政治教育的本质要求，是思想政治教育工作的根本任务，是保持政治性、坚定政治立场、坚持正确政治方向的前提条件。进入新时代，由于世情、国情、党情发生了很大的变化，给思想政治教育工作带来了极大的考验。为适应时代的变化，做好青年的思想政治教育工作，必须坚持中国共产党的领导，坚持"以人民为中心"的思想，以社会主义核心价值观为引领，高度重视思想政治教育立德树人的重要性，以学生为本，热切关注青年的成长成才，"教育引导广大青年自觉坚持党的领导，听党话、跟党走"。⑤增强党的思想理论教育和价值引领，是新时代中国共产党在治国理政、带领全国人民以中国式现代化全面推进中华民族伟大复兴过程中所提出的重要方略，是新形势下坚持和加强党的全面领导的一个

---

① 《毛泽东选集》第三卷，人民出版社1991年版，第1094页。
② 《毛泽东文集》第二卷，人民出版社1993年版，第435页。
③ 《邓小平文选》第一卷，人民出版社1994年版，第184页。
④ 《习近平谈治国理政》，外文出版社2014年版，第25页。
⑤ 中共中央宣传部编：《习近平新时代中国特色社会主义思想学习纲要》，学习出版社、人民出版社2019年版，第181页。

十分重要的环节。当前,我国已经进入新发展阶段,站在新的更高的历史起点上,实现中华民族伟大复兴进入了不可逆转的历史进程。这一阶段,战略机遇和风险挑战并存,这要求全国人民必须进一步凝聚共识、统一思想、共同奋斗。

习近平总书记指出,"青年的理想信念关乎国家未来"①,青年大学生对党的路线方针政策的认同和维护,决定着社会主义国家建设的前途命运。"我国高等教育肩负着培养德智体美全面发展的社会主义事业建设者和接班人的重任,必须坚持正确政治方向。"② 而大学阶段,是大学生世界观、人生观、价值观形成和确立的重要时期,是个体成长成才的关键阶段。这一时期,他们思维活跃,自主意识、独立意识较强,交流沟通能力以及获取信息的能力强,知识面广。但同时他们也存在心理不成熟,自我约束能力不强,缺乏政治敏锐性、政治鉴别力和斗争精神等问题。在波谲云诡的国际形势、复杂敏感的周边环境以及西方国家网络意识形态输出等多重因素影响下,多元价值取向的隐蔽性与渗透力持续加强。价值观念日趋多样,民粹主义思潮、民族主义思潮、"泛娱乐化"思潮、消费主义思潮等各种社会思潮相互交锋,对新时代大学生主流价值观的培育,以及建立正确的价值取向带来很大的负面影响。

大学生在"面临各种社会思潮的现实影响,不可避免会在理想和现实、主义和问题、利己和利他、小我和大我、民族和世界等方面遇到思想困惑,更加需要深入细致的教育和引导"。③ 因此,在新的历史

---

① 习近平:《在纪念五四运动 100 周年大会上的讲话》(2019 年 4 月 30 日),人民出版社 2019 年版,第 6 页。
② 《习近平在全国高校思想政治工作会议上强调　把思想政治工作贯穿教育教学全过程　开创我国高等教育事业发展新局面》,《人民日报》2016 年 12 月 9 日第 1 版。
③ 习近平:《论党的青年工作》,中央文献出版社 2022 年版,第 7 页。

条件下，开展全面的思想理论教育和价值引领工作，既是大学生成长发展的内在需求，也是确保中国共产党执政安全、国家与社会发展稳定的重大课题。

（二）思想理论教育和价值引领者角色的实现

角色定位是指个体根据自身的条件和社会需要而选择自己适合扮演的角色，它是角色扮演过程中需要解决的首要问题。只有准确定位高校辅导员角色，才能使高校辅导员对角色扮演作出积极的回应，才能实现职业认同，并积极发挥其主观能动性，实现其角色职责。"政治要强，让有信仰的人讲信仰"①，这一论断是习近平同志对全国思政课教师的首位素质要求，也是对兼具教师和干部双重身份的高校辅导员的殷殷嘱托。对于大学生而言，高校辅导员是他们在"拔节孕穗期"阶段的"护苗人"，扮演着大学生思想理论教育和价值引领者角色。高校辅导员肩负着引导大学生信仰马克思主义、使他们成为具有共产主义远大理想和中国特色社会主义共同理想的坚定信仰者和忠实践行者的使命。做好大学生思想理论教育和价值引领工作，贯穿高校辅导员工作职责的各个环节，是做好其他九大工作职责的前提及基础，是高校辅导员队伍建设发展的核心要求。

思想理论教育和价值引领主要解决大学生成长成才过程中的思想认识和理想信念等问题，是高校辅导员角色的核心要义，是育人工作最重要的一环。思想理论教育和价值引领是以马克思主义哲学的人学理论和社会意识理论为逻辑起点的。马克思曾经指出："理论一经掌握群众，也会变成物质力量。理论只要说服人，就能掌握群众；而理论只要彻底，就能说服人。所谓彻底，就是抓住事物的根本。但人的根

---

① 《习近平谈治国理政》第三卷，外文出版社2020年版，第330页。

第三章　高校辅导员的角色定位及角色属性

本就是人本身"。① 列宁赞成此观点并提出"思想一经群众所掌握,就会变为力量"②。思想理论教育和价值引领主要指在党的全面领导下,以习近平新时代中国特色社会主义思想为指导,开展党的理论工作和思想政治教育工作。这主要包括宣传党的理论路线、方针政策、价值理念,引导和带领大学生学习、理解党和国家的治国理政方针政策,践行社会主义核心价值观,对大学生进行社会主义、爱国主义、集体主义教育等,以提高大学生群体的政治意识和思想觉悟,以及用马克思主义的世界观方法论认识问题、解决问题的能力,帮助他们形成正确的世界观、人生观、价值观。

高校辅导员身处高校思想政治工作、意识形态工作的最前线,是与大学生接触最近、关系最密切、交流最频繁的一支队伍,高校辅导员"要认真学好马克思主义理论,这是我们做好一切工作的看家本领"。③ 对于高校辅导员自身而言,政治属性是高校辅导员角色的根本属性。要扮演好思想理论教育和价值引领者角色,必须加强自身理论学习,要坚持在工作、学习和培训中不断夯实马克思主义理论基础,用马克思主义理论武装头脑,持之以恒地学理论、讲理论,让学理论、讲理论成为日常事务管理的常态,成为与学生交流互动的常态。"政治上的坚定、党性上的坚定都离不开理论上的坚定。"④ 高校辅导员要旗帜鲜明地做马克思主义理论和中国共产党的路线、方针、政策的宣讲者,社会主义意识形态和精神文明的传播者,这不仅是党性要求,也是使命使然,是高校辅导员忠于职守、爱岗敬业、潜心育人的真正体现。

---

① 《马克思恩格斯选集》第一卷,人民出版社 1972 年版,第 9 页。
② 《列宁全集》第六十卷,人民出版社 1990 年版,第 460 页。
③ 《习近平谈治国理政》,外文出版社 2014 年版,第 404 页。
④ 《习近平谈治国理政》第三卷,外文出版社 2020 年版,第 518 页。

在多元社会思潮背景下，加强大学生思想理论教育和价值引领，事关"培养什么人、怎样培养人、为谁培养人"的现实命题。面对各种社会思潮的交流交融交锋，高校辅导员要立足自身角色属性，主动适应外界环境变化，对各种错误观点和思潮旗帜鲜明地予以抵制；要坚持不懈地用习近平新时代中国特色社会主义思想教育青年，深入开展青少年理想信念教育、党史学习教育、国情形势教育和社会主义核心价值观培育，引导广大青年深刻感悟"两个确立"的决定性意义，增强"四个意识"，坚定"四个自信"，做到"两个维护"。在深化实践教育过程中，把坚持以马克思主义为指导落实到社会实践、志愿服务、实习实训等活动中，有针对性地帮助学生处理好思想认识、价值取向、学习生活、择业交友等方面的具体问题。

习近平总书记在党的二十大报告中强调，"不断谱写马克思主义中国化时代化新篇章，是当代中国共产党人的庄严历史责任。继续推进实践基础上的理论创新，首先要把握好新时代中国特色社会主义思想的世界观和方法论，坚持好、运用好贯穿其中的立场观点方法"。[1] 让大学生思想政治教育更有温度、接地气、引共鸣，用党的理论创新最新成果教育和武装大学生，是新时代高校辅导员的神圣使命和责任担当。在角色实践中，高校辅导员要将马克思主义基本立场观点方法与解决学生的实际问题相结合。既要"原汁原味""系统深入"地将马克思主义基本立场、观点、方法讲明白，让学生深入领会习近平新时代中国特色社会主义思想所蕴含的道理、学理、哲理，做到知其言更知其义、知其然更知其所以然；还要在理论知识教育中贯穿理想信念教育、爱国主义教育和社会主义核心价值观教育，以透彻的学理回应

---

[1] 习近平：《高举中国特色社会主义伟大旗帜 为全面建设社会主义现代化国家而团结奋斗——在中国共产党第二十次全国代表大会上的报告》（2022年10月16日），人民出版社2022年版，第18—19页。

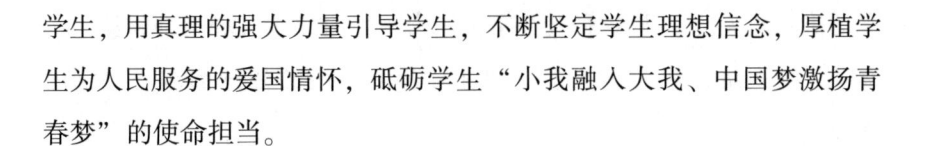

学生，用真理的强大力量引导学生，不断坚定学生理想信念，厚植学生为人民服务的爱国情怀，砥砺学生"小我融入大我、中国梦激扬青春梦"的使命担当。

二　文化塑造者角色

文化是一个民族长期劳动创造的结果，包容了人类在实践中所创造出的物质文明与精神文明。人作为文化的主体，通过实践创造了文化，同时文化也影响并支配着人类的行为与实践。文化是人类区别于动物、人类社会区别于自然界的重要标志。关于文化的内涵，学术界有不同的见解。其中，关于文化的定义，有两个层面是学界所公认的，一是狭义的文化层面；二是广义的文化层面。广义的文化是指与自然现象不同的人类社会活动的全部成果，包括人类所创造的一切物质与非物质的东西。狭义的文化是指意识形态所创造的精神财富，包括宗教、信仰、风俗习惯、道德情操、学术思想、文学艺术、科学技术、各种制度等。[1] 这两种层面的定义区别在于，广义的文化涵盖了物质和精神两个层面的因素，而狭义的文化只强调精神层面的要素。

文化是一个民族和国家赖以持续发展的根基，渗透于社会生活的方方面面，影响着人们的思想观念和行为方式。[2] 在国家的发展中，其文化的发展是一个十分重要的因素，关系着国家的前途，影响着社会的进程，推动着历史的发展。无论哪个国家或者社会的领导者和管理者，都高度重视文化的建设与发展，他们通过教育、传统等方式，使社会成员接受社会的文化理念和价值取向。"通过传统和教育承受了这些情感和观点的个人，会以为这些情感和观点就是他的行为的真

---

[1] 郑杭生主编：《社会学概论新修》第五版，中国人民大学出版社2019年版，第84页。
[2] 权麟春：《人类命运共同体的理路研究》，《天津行政学院学报》2017年第5期。

实动机和出发点。"① 这种社会文化作为一种内化于心的精神积淀，具有巨大的力量，对人类的发展和社会各个层面的变迁都有着深刻的影响。

（一）文化塑造者角色的价值

"在我们这个时代，文化是一种决定性的力量。"② 当前，随着科技革命和全球化的深入发展，世界交融进一步增强，各种文化交融共进、冲突斗争，全方位影响着人们的生活和社会的发展。文化的力量在推动人类文明发展的进程中不断凸显，不断强化着社会成员对国家的认同，进而维持着社会的稳定，以至于各个国家和政府都愈加重视本国的文化建设。

文化兴则国运兴，文化强则民族强。党的十八大以来，以习近平同志为核心的党中央把文化建设提升到一个新的历史高度，把文化自信和道路自信、理论自信、制度自信并列为中国特色社会主义"四个自信"，并强调文化自信是一个国家、一个民族发展中最基本、最深沉、最持久的力量。③ 在推进社会主义文化强国建设中，文化建设被放在更加突出的位置，作为统筹推进"五位一体"总体布局、协调推进"四个全面"战略布局的重要内容。"没有文明的继承和发展，没有文化的弘扬和繁荣，就没有中国梦的实现。"④ 文化在社会生活中的地位日益彰显，加强文化建设逐渐成为社会的共识。

---

① 《马克思恩格斯文集》第二卷，人民出版社2009年版，第498页。
② [美]欧文·拉兹洛编著：《联合国教科文组织国际专家研究报告：多种文化的星球》，戴侃、辛未译，社会科学文献出版社2004年版，第211页。
③ 习近平：《决胜全面建成小康社会 夺取新时代中国特色社会主义伟大胜利——在中国共产党第十九次全国代表大会上的报告》（2017年10月18日），人民出版社2017年版，第23页。
④ 习近平：《出席第三届核安全峰会并访问欧洲四国和联合国教科文组织总部、欧盟总部时的演讲》，人民出版社2014年版，第17页。

第三章 高校辅导员的角色定位及角色属性

高等教育是文化的产物，高校是文化的主要生产基地，高等教育的所有教学活动和实践活动都属于文化建设事业的范畴。高校作为文化属性的组织，是社会主义先进文化的代表，是实现中华民族伟大复兴不可或缺的文化力量。高校必须通过强化自身的文化建设，引领高等教育强国及文化强国建设，从而在不断提升国家文化软实力和中华文化影响力及推动中华文化更好走向世界方面作出应有的积极贡献。

2017年，《高校思想政治工作质量提升工程实施纲要》提出高校思想政治工作质量提升工程的基本任务，即充分发挥课程、科研、实践、文化、网络、心理、管理、服务、资助、组织等方面工作的育人功能，挖掘育人要素，完善育人机制，优化评价激励，强化实施保障，切实构建"十大"育人体系。其中针对文化育人质量提升体系，提出要注重以文化人、以文育人，深入开展中华优秀传统文化、革命文化、社会主义先进文化教育，推动中国特色社会主义文化繁荣兴盛，牢牢掌握高校意识形态工作领导权，践行和弘扬社会主义核心价值观，优化校风学风，繁荣校园文化，培育大学精神，建设优美环境，滋养师生心灵，涵养师生品行，引领社会风尚。[1] 文化育人成为新时代高校提升思想政治工作实效，培养担当民族复兴大任、时代新人的重要手段。

文化具有思想政治教育功能，思想政治教育也具有文化功能。[2] 高校思想政治教育工作是典型的文化活动。文化与思想政治教育具有鲜明的联合互动关系，二者在精神实质、价值取向和教育功能上具有内在一致性。高校思想政治教育工作是一项具有文化底蕴、体现文化内

---

[1] 《中共教育部党组关于印发〈高校思想政治工作质量提升工程实施纲要〉的通知》，http://www.moe.gov.cn/srcsite/A12/s7060/201712/t20171206_320698.html。

[2] 周海燕：《高校思想政治理论课教师角色研究》，人民出版社2017年版，第152页。

涵的立德树人工程，体现出强烈的渗透性、融入性、过程性。因此，文化要介入思想政治教育全过程，丰富和影响思想政治教育的实践，在思想政治教育的具体实践活动中，发挥文化感染人、教育人、引领人的功能。2021年，在中国共产党成立100周年之际，中共中央、国务院印发了《关于新时代加强和改进思想政治工作的意见》，强调要更加注重以文化人、以文育人，深入实施文艺作品质量提升工程，深入实施中华优秀传统文化传承发展工程，推进城乡公共文化服务体系一体建设，更好满足人民精神文化生活新期待。① 该意见从完善运行机制、优化内容供给、坚持守正创新、重视资源整合等不同角度为新时代文化育人工作提供了实践路径指引。

党的二十大报告阐明了全面建设社会主义现代化国家与建设社会主义文化强国的密切关系，明确提出要"增强文化自信，围绕举旗帜、聚民心、育新人、兴文化、展形象建设社会主义文化强国"。② 这是中国共产党百年奋斗历程在思想文化建设领域的经验总结，新时代高校思想政治工作要以党在文化建设领域的百年历史经验为指导，发挥思想政治教育的文化育人功能，注重"以文化人""以文育人"，不断加强和改进思想政治工作，通过文化育人的实践探索，推动高校思想政治工作的高质量发展。

高校辅导员是高等教育改革发展过程中的文化产物，是大学生思想政治教育的骨干力量，是发挥思想政治教育功能的重要一环，被赋予了天然的文化塑造者角色。文化具有涵育德行、培根铸魂的作用。

---

① 《中共中央 国务院印发〈关于新时代加强和改进思想政治工作的意见〉》，《人民日报》2021年7月13日第1版。
② 习近平：《高举中国特色社会主义伟大旗帜 为全面建设社会主义现代化国家而团结奋斗——在中国共产党第二十次全国代表大会上的报告》（2022年10月16日），人民出版社2022年版，第43页。

第三章 高校辅导员的角色定位及角色属性

进入新时代，文化育人在高校育人体系中的重要地位愈加凸显，并逐步成为高校人才培养的重要着力点。2017 年，《普通高等学校辅导员队伍建设规定》对辅导员工作提出要求，强调要围绕学生、关照学生、服务学生，把握学生成长规律，不断提高学生思想水平、政治觉悟、道德品质、文化素养。[①] 提升大学生的文化素养成为高校思想政治教育工作进入深度发展阶段的必然选择，是高等教育实现人才培养目标的必然要求。因此，高校辅导员应在角色实践中，扮演好大学生文化塑造者角色，确立"以文化人""以文育人"的价值导向，从理论和实践层面全方位地开展文化育人活动，从而提高大学生的文化层次、思想境界。

（二）文化塑造者角色的实现

高校辅导员在扮演大学生文化塑造者角色、探究"以文化人""以文育人"的角色实践中，要坚持以社会主义核心价值观为引领，增强大学生成长成才的内驱力、执行力、生命力和战斗力。在多元价值观的社会生活中，社会主义核心价值观不仅能为大学生判断是非得失，作出正确价值选择提供一个相对统一、比较可靠的价值准则，也有利于引领多样化的社会思潮，最大限度地形成大学生的思想共识。高校辅导员在大学生社会主义核心价值观体系培育过程中，应紧扣大学生的个性特点，坚持以学生为本的理念，以平等的姿态加强与学生的交流沟通，使学生感受到教育的本质是一种双向的良性互动，而不是单项的灌输。

习近平总书记指出："一种价值观要真正发挥作用，必须融入社会生活，让人们在实践中感知它、领悟它。要注意把我们所提倡的与人

[①] 《普通高等学校辅导员队伍建设规定》，http：//www.moe.gov.cn/srcsite/A02/s5911/moe_621/201709/t20170929_315781.html。

们日常生活紧密联系起来，在落细、落小、落实上下功夫。"① 高校辅导员要发挥自身在大学生实践教育中的角色优势，把思政小课堂同社会大课堂结合起来，在开展思想引领工作时精心选取素材案例，用事实增强理论说服力。在实践中，组织学生参观红色教育基地、参加社会志愿服务、开展社会调研等实践活动，让学生在实践教育中陶冶情操，提高明辨是非的能力，感受到自身所肩负的社会责任与义务，引导青年学生树立家国情怀，坚定理想信念，切实将社会主义核心价值观内化为大学生的精神追求，外化为大学生的自觉行动。

高校辅导员要注重文化塑造者角色的精神内核和价值观念体系的构建。这要求高校辅导员在角色实践中，必须坚持党的领导，坚持以马克思主义为指导，坚守社会主义核心价值观，注重用社会主义先进文化、革命文化、中华优秀传统文化培根铸魂。高校辅导员文化塑造者角色的重要使命在于高扬爱国主义旗帜，让学生在以中国式现代化推动中华民族伟大复兴的奋斗征程中培养爱国之情、砥砺强国之志、实践报国之行。

因此，高校辅导员在文化塑造过程中，要聚焦中华优秀传统文化。"中华优秀传统文化是中华民族的突出优势，是我们最深厚的文化软实力。"② 让学生从中华民族悠久的历史和灿烂的文化中汲取营养和智慧，坚定文化自信心和民族自豪感，自觉抵制历史虚无主义、文化虚无主义、民族虚无主义；要聚焦革命文化，让学生从中国共产党人精神谱系的伟大精神中汲取精神动力，坚定理想信念，坚持正确政治方向，践行为人民服务的宗旨，矢志不渝地奋斗，在实践中彰显革命接班人的精气神；要聚焦社会主义先进文化，引导学生做社会主义核心价值

---

① 《习近平谈治国理政》，外文出版社 2014 年版，第 165 页。
② 《习近平谈治国理政》，外文出版社 2014 年版，第 155 页。

观的坚定信仰者、积极传播者、模范践行者，深刻领悟以爱国主义为核心的民族精神和以改革创新为核心的时代精神内核。[1]

校园文化是社会整体文化的一部分，高校特有的办学理念、办学特色、发展定位和治校目标承载着高校的育人精神和价值追求，是大学生文化塑造的重要载体。高校辅导员要加强对校本文化育人资源的挖掘和研究，特别是发挥校史、校训、校歌、校风和校园建筑景观等文化资源的价值，设计文化体验活动，推出系列文化衍生产品，引导学生感知文化魅力、领悟文化内涵，培育大学精神。同时，高校辅导员要注重整合校园文化资源、强化协同，增加"第一课堂"和"第二课堂"的联动，将中华优秀传统文化、革命文化和社会主义先进文化有机嵌入课堂教育教学环节和实践、管理、资助、心理等各个育人阵地，有效融入以文艺体育项目、志愿公益服务、创新创业创造、实践实习实训等为主要内容的"第二课堂"，滋养学生心灵，坚定学生文化自觉，厚植学生文化自信，不断提高文化育人效果。

三 事务管理者角色

立德树人是教育的根本任务，教育的本质是促进人的全面发展。但从教育的内涵看，立德树人根本任务的价值指向并不单指学科知识的传授，而是以传授学科知识、培养能力和提高德智体美劳综合素质的人才培养综合目标为价值旨归，涵盖了课堂育人、管理育人、服务育人、文化育人、资助育人、心理育人等多个育人体系。其中，管理育人是高校思想政治教育工作"十大"育人体系和"三全育人"机制的重要组成部分。《关于加强和改进新形势下高校思想政治工作的意

---

[1] 张贵礼、程华东：《新时代高校文化育人的逻辑理路和实践进路》，《学校党建与思想教育》2023年第4期。

见》指出,加强和改进高校思想政治工作的基本原则之一,是坚持全员全过程全方位育人。把思想价值引领贯穿教育教学全过程和各环节,形成教书育人、科研育人、实践育人、管理育人、服务育人、文化育人、组织育人长效机制。①

(一) 事务管理者角色的价值

管理育人是高校育人工作的重要组成部分,在立德树人实践环节中具有重要意义,是高等教育人才培养体系中不可或缺的部分。一方面,管理育人的目标任务回应了立德树人的内涵实质,即对大学生进行道德观塑造和加强主流意识形态教育与认同,立社会主义之德,树社会主义事业的合格建设者和接班人。管理育人的实质,就是对大学生的思想道德与行为规范产生一定影响,围绕育人的预期目标而展开的,构建起以服务学生成长成才为中心的学生教育管理服务体系。另一方面,管理育人的功能与立德树人具有同向性,二者是不可分割的育人体系。高校管理育人的基本目标和价值指向是为学生的全面发展而服务,这是管理育人的逻辑出发点和落脚点。

管理育人功能的发挥,围绕着立德树人根本任务的实现,并通过发挥管理育人这一基本功能,使大学生的思想和行为逐步趋向预定的教育目标。新时代,立德树人根本任务的实现,赋予了管理育人工作新的内涵,提出了更高的要求。高校应顺势而为,将立德树人作为管理育人的核心价值,把握管理育人与立德树人的内在关联,充分发挥立德树人的价值引导,努力探索适应新时代要求的高校管理育人新路径。

高校辅导员是与学生距离最近的一支队伍,和学生之间建立着亦

---

① 《中共中央 国务院印发〈关于加强和改进新形势下高校思想政治工作的意见〉》,《人民日报》2017年2月28日第1版。

师亦友的关系。高校辅导员角色的内涵式建设与发展，对学生事务管理工作有着较高的要求，强调在角色实践中要坚持"以学生为本"的管理育人理念，真情教育、严格管理、热心服务，要用心用力用情地做好学生事务管理工作。

围绕立德树人根本任务，高校辅导员在大学生思想政治教育过程中扮演着事务管理者角色。他们将落实立德树人根本任务作为出发点，为学生的健康成长服务，为高校的高质量发展服务，为社会主义现代化建设服务，成为实现立德树人根本目标不可或缺的重要组成部分。高校辅导员扮演事务管理者角色，具体是指高校辅导员依据法律规定和规章制度，围绕立德树人的根本任务，将思想政治教育融入学生日常事务管理等各项工作的全过程，引领学生思想和服务学生成长，对学生进行政治、思想、道德、心理、法律等方面的教育活动的总和。

随着社会转型的不断深入，高校学生事务管理工作也发生着深刻的变革，逐步由事务型转向服务型、实务型转向导向型、管理型转向治理型。同时，高等教育大众化进程的快速发展，使高校学生事务管理不断被赋予新的内涵，职责功能不断延拓，工作理念不断更新，"以学生为本""推动学生德智体美劳全面发展"等现代教育理念日益深入人心。

扮演好高校辅导员事务管理者角色是成功应对风险挑战、夯实育人能力的基础与保障。提高对此角色的重视度和关注度，能带动高校辅导员更加主动深入地了解学生，积极更新事务管理观念，改善事务管理态度，优化事务管理方法，不断提高学生事务管理质量。因此，为应对学生事务管理转变带来的新挑战，高校辅导员必须在事务管理理念、制度和内容等方面作出积极的调整和改变。《普通高等学校辅导员队伍建设规定》指出，高校辅导员是开展大学生思想政治教育的骨干力量，是高等学校学生日常思想政治教育和管理工作的组织者、实施者、指导者。辅导员应当努力成为学生成长成才的人生导师和健康生活的知心朋友。① 高校辅导员作为学生事务管理者的角色定位和角色实践成功与否，直接影响着高校辅导员日常思想政治教育和管理工作的成效。

(二) 事务管理者角色的实现

在扮演学生事务管理者角色实践中，遵循思想政治工作、教书育人和学生成长这"三大规律"，对做好新时代学生事务管理工作具有重要的指导意义，是高校辅导员开展学生事务管理和服务工作的基本遵循。认知是行为的先导，人的行为受认知的支配。高校辅导员要加大对学生认知规律和接受特点的研究，始终坚持主导性和主体性相统一。在学生事务管理中处于主导地位，鼓励学生主动参与到事务管理工作的方方面面，不断强化大学生"自我教育、自我管理、自我服务"的主体性意识，实现知行合一，进而不断提高大学生事务管理工作的科学性、有效性，完成铸魂育人的特殊使命。

大学生是当代青年中最具有代表性的群体，是我国社会主义事业建设的重要组成部分，是后备军、先锋队，肩负着坚持和发展中国特色社会主义，实现中华民族伟大复兴的历史使命，其精神面貌决定了国家的精神面貌与发展前途。高校辅导员要立足青年成长成才的内在要求和社会全面进步的迫切需要，坚持用党的初心使命感召学生，做学生的知心人、学生事务管理工作的热心人，教育引导广大学生坚定不移听党话、跟党走。要严格遵守各项规章制度、组织纪律、工作条例，坚定不移完成立德树人重要任务。在筑牢学生坚定理想信念基础上，将隐性思想政治教育融入学生日常事务管理工作之中，培

---

① 《普通高等学校辅导员队伍建设规定》，http://www.moe.gov.cn/srcsite/A02/s5911/moe_621/201709/t20170929_315781.html。

养学生良好的思想道德品质，确保大学生的成长始终沿着正确的政治方向前进。

"以学生为本"的工作理念是"以人为本"理念在高校学生事务管理工作中的运用与体现。在事务管理角色实践中，高校辅导员要将引领学生健康成长成才作为开展事务管理工作的根本遵循；将尊重学生、引导学生、服务学生贯穿学生事务管理工作始终，使之成为处理一切工作关系的核心指引。

以谈心谈话赋能学生事务管理实践，是辅导员做好学生事务管理工作的重要环节。不断提升谈心谈话工作的能力和技巧，是开展大学生思想政治工作和履行岗位职责的基本要求，对高校辅导员事务管理者角色的有效实现有着重要意义。这是开展大学生思想政治工作和履行岗位职责的基本要求。

目前，高校辅导员的工作对象已经转向了"00后"和"05后"。他们年轻可爱，好学爱学，接受新鲜事物快，精力旺盛，思维活跃，自信心强，充满了个性化色彩。与此同时，他们也存在心理脆弱，意志疲软，缺乏辨识力、抗挫力，团队精神薄弱，适应力弱，依赖性强，心理问题凸显等问题，这对高校辅导员事务管理工作提出了更高的要求和挑战。高校辅导员须及时了解学生的思想动态、学习生活情况，从而对学生的管理和教育做到有的放矢。

由于学生事务管理工作千头万绪，高校辅导员要全面掌握学生的各种情况，对学生进行日常思想政治教育，最有效的办法就是深入持久地开展谈心谈话教育。当代大学生在大学期间不仅仅需要掌握专业知识，学习规章制度，还要学会关心、关爱和尊重。在高校立德树人根本任务下，高校辅导员通过谈心谈话这一工作载体，不仅可以加强和学生之间的沟通与交流，拉近彼此的距离，还可以帮助学生解决各种学业问题、情感困惑、心理障碍和生活困难等实际问题，提高学生的思想认识和精神境界，从而建立起更加和谐融洽的师生关系。

做人的工作是最难做的工作，谈心谈话作为落实大学生思想政治教育和心理健康教育这两项工作的主要途径，并不单指简单处理完这件事。一次谈心谈话的开展，并不代表一个问题的解决。思想政治教育的根本指向是立德树人，高校辅导员的谈心谈话工作还应该具备或者提升到一定的思想说理性，这就对高校辅导员综合素质提出了更高的要求，同时也证明了掌握和学习谈心谈话工作方法和技巧的重要性。高校辅导员综合素质和个人修养的提升，对学生的成长成才起着至关重要的作用。因此，辅导员需要不断更新自身思想理论文化知识，汲取新鲜理念，关注时政热点，创新工作思路。在事务管理工作中，不断总结经验，提升自己的沟通与表达能力、逻辑思维能力等，才能在和学生的谈心谈话工作中做到有的放矢，有效提高辅导员的工作效率。

《高等学校辅导员职业能力标准（暂行）》强调，高校辅导员是履行高等学校学生工作职责的专业人员，要经过系统的培养与培训，具有良好的职业道德，掌握系统的专业知识和专业技能。[①] 简言之，在学生事务管理职业角色的基础知识方面，高校辅导员须具备宽广的知识储备，要了解管理学的基本原理和基础知识。在学生事务管理职业角色专业知识方面，高校辅导员要了解包括党团、班团、资助、就业、心理、危机事件应对等相关知识在内的大学生思想政治教育工作实务。

高校辅导员要不断提升信息化素质，更新教育管理理念，变革教育管理模式，提升自身在信息化时代背景下的学生事务管理工作能力。

---

① 《教育部关于印发〈高等学校辅导员职业能力标准（暂行）〉的通知》，http://www.moe.gov.cn/srcsite/A12/s7060/201403/t20140327_167113.html。

在面对信息化变革的时代洪流时，高校辅导员要善于主动学习，掌握多媒体技术，熟悉学生工作系统相关管理软件的基础功能，并运用到学生事务管理工作实践中，利用网络渠道加强与学生的信息交流，提高学生事务管理工作的效率。

习近平总书记指出，"我们要坚持底线思维、增强忧患意识，有效防范和化解前进道路上的各种风险"。[①] 对高校辅导员而言，树立牢固的底线意识是事务管理者角色得以有效实现的基本要求，是维护大学生生命与健康安全的重要保证。高校辅导员在事务管理过程中，要不断增强底线意识，对一切可能影响学生生命安全的风险因素保持高度警惕，积极应对和化解意识形态领域中存在的各种风险与挑战，并主动对其进行预警、评估与处理，对学生负责。

四　心理健康教育与咨询者角色

经济社会的快速发展和大数据时代的变革，给我国教育事业带来高质量发展机遇的同时，也带来极大的挑战。面对不平衡不充分的发展矛盾，以及充满不确定性的外部环境，享乐主义、消费主义、拜金主义等各种思潮在大学生群体中沉渣泛起，深刻影响着大学生的身心健康和价值取向，对大学生心理健康教育带来极大的冲击，我国大学生心理健康问题越来越引发社会的广泛关注。

（一）心理健康教育与咨询者角色的价值

随着现代社会的发展，一些大学生的自我意识与心理状况在流行文化与后现代主义思潮的影响下产生了一定的偏差。信息化时代的大学生，既面临着激烈的学习压力和就业竞争压力，还面临着各种良莠

[①] 习近平：《在全国抗击新冠肺炎疫情表彰大会上的讲话》（2020 年 9 月 8 日），人民出版社 2020 年版，第 25 页。

不齐的信息诱惑，这使得部分大学生存在不同程度的心理健康问题，给大学生身心健康造成一定的负面影响。大学生心理健康问题属于高校校园安全管理中的常见不稳定因素，若未能及时纾解，不仅会影响大学生个体的身心健康成长与发展，还会给高校校园安全与社会治安管理带来隐患。目前，大学生心理问题呈上升趋势，心理危机事件频发，引起了全社会的关注，逐步成为社会焦点问题。在这样的现实情况下，重视大学生心理健康教育显得尤为迫切和必要。

《高校思想政治工作质量提升工程实施纲要》将心理育人纳入"十大"育人体系，强调要充分发挥心理育人功能，构建心理育人质量提升体系。要坚持育心与育德相结合，加强人文关怀和心理疏导，深入构建教育教学、实践活动、咨询服务、预防干预、平台保障"五位一体"的心理健康教育工作格局。① 大学生心理健康教育是提高大学生心理健康素质、促进其身心健康和谐发展的教育，在大学生成长转型期和心理发展关键期发挥着重要作用。

习近平总书记强调，要坚持不懈促进高校和谐稳定，培育理性平和的健康心态，加强人文关怀和心理疏导，把高校建设成为安定团结的模范之地。② 大学生心理健康是指其性格、智力、认知、情感、意志等均处于正常状态，这与高校思想政治教育工作目标有着一定的相似性，是同向同行的。大学生心理健康教育对高校思想政治教育工作质量的影响，主要体现其在大学生思想意识层面的作用，保证了高校思想政治教育工作的预见性和针对性，是大学生心理健康教育、高校思想政治教育的重要补充。

---

① 《中共教育部党组关于印发〈高校思想政治工作质量提升工程实施纲要〉的通知》，http://www.moe.gov.cn/srcsite/A12/s7060/201712/t20171206_320698.html。
② 《习近平在全国高校思想政治工作会议上强调 把思想政治工作贯穿教育教学全过程 开创我国高等教育事业发展新局面》，《人民日报》2016年12月9日第1版。

第三章　高校辅导员的角色定位及角色属性

随着高校辅导员工作职责和工作内容的演变，高校辅导员角色在不断嬗变。高校辅导员扮演的大学生心理健康教育与咨询者角色，在大学生思想政治教育过程中变得越来越重要。《高等学校辅导员职业能力标准（暂行）》把"心理健康教育与咨询"作为辅导员的一项职业职能正式写入教育部文件，并依据其参与心理健康教育工作的主要内容，详细描述了初级、中级和高级辅导员完成工作任务所需的知识和能力要求。这为高校辅导员提升大学生心理健康教育工作的职业角色能力指明了方向，为高校辅导员心理健康教育与咨询者角色实践提供了角色规范。

高校辅导员心理健康教育与咨询者角色胜任能力的强化与提升，有利于大学生成长为心态积极健康、心理素质良好的时代新人，也有利于和谐平安校园建设，是促进大学生心理健康发展的实然需要和落实高校立德树人根本任务的应然需要。

（二）心理健康教育与咨询者角色的实现

高校辅导员在开展心理健康教育与咨询工作的过程中，要不断推进育人工作的有效衔接。在学生成长的各个阶段，全过程融入心理健康教育。处在青春期的大学生容易产生情绪波动，尤其是敏感、多疑、有焦虑特质的学生可能心生抑郁，甚至产生轻生念头。为帮助学生以积极、健康、理性、平和的心态开展学习生活，确保心理健康，防止因心理困扰引发心理疾病、行为问题和危机事件，高校辅导员首先要配合学校心理育人中心完成新生的心理测试工作和大学生心理问题排查和干预工作。

在新生入校后，高校辅导员根据学校心理育人中心的安排，组织新生进行心理测试。对学生心理问题的严重程度和心理状况进行评估，将排查结果以保密的形式反馈给高校辅导员，并对高校辅导员提出专业性指导建议。高校辅导员要做好危机学生信息收集、陪伴工作，建立学生心理健康档案，及时进行心理干预，同时和学校心理育人中心加强沟通，共同做好心理危机干预工作。

针对在校大学生，高校辅导员要将谈心谈话和调查研究方法运用到大学生心理健康教育与咨询工作中，通过谈话、调查、观察等方式了解大学生在校的心理健康状况；对于暂未返校的大学生，高校辅导员可通过电话、语音、聊天等方式了解其在家的心理健康状况。对于心理健康问题特别严重的学生，高校辅导员因为本身不具备专业知识，无法很好地应对这样的问题。因此，高校辅导员要学会借力，将心理健康问题严重的学生转介给心理健康教育部门的专业教师进行处理，共同做好大学生心理健康问题的预防与干预工作。

在日常思想政治教育工作中，高校辅导员要不断推进改革创新，实现各方有机联动，全方位落实心理育人。高校辅导员要加强学生心理防护宣传教育，利用学生班级QQ群、微信群、微信朋友圈、QQ空间、微博等新媒体平台，向学生推送相关科普教育文章，引导学生提高其心理保健意识和自我调节能力。

高校辅导员在心理健康教育与咨询者角色实践中，要利用好主题班会这个重要阵地，通过设计诸如"应对突发地震和疫情的自我调适方法""塑造健康人格，分享大学生活""大学生恋爱心理健康"等主题班会，引导学生进行自我心理调适。比如，在"应对突发地震和疫情的自我调适方法"心理健康教育主题班会时，高校辅导员可以告知学生，面对突如其来的疫情和地震时，人们会出现一系列从身体到心理行为的改变，这些反应都是正常的。但如果这些反应长期存在，会对生活产生不利影响，应以科学的态度积极应对，运用专业的心理调适法进行改善。

第一，要识别与接纳情绪。比如，在处于不同的情绪之下，可以

第三章 高校辅导员的角色定位及角色属性

明确直接地告诉自己"我此刻非常地不舒服""我感到很害怕""我现在的心情非常的焦虑"等，当情绪被勇敢承认、准确识别和积极关注以后，就降低了其对身心的破坏力。第二，规律作息，适度运动。在日常生活与学习中，要合理安排饮食，不要过度饮酒和吸烟，不过度使用电子产品。第三，学会情绪调节的方法。根据自己的性格和兴趣爱好，找到可以让自己放松的方式，如跑步、瑜伽、八段锦、羽毛球等运动，或者尝试学习呼吸放松训练、正念冥想等，还可通过看电影、听音乐等转移注意力。第四，科学应对，适度浏览信息。要关注官方发布的各种新闻资讯，做到不信谣、不传谣，科学理性应对。第五，保持与社会连接。可以充分利用网络平台、新媒体，联络亲朋好友，倾诉感受、相互鼓励。第六，寻求专业的心理帮助。最后，要告诉学生，如果自己通过各种情绪调节的办法，依然感到焦虑不安、恐惧、忧郁、痛苦不安等，要及时向高校辅导员、学校心理热线或者学校心理育人中心的老师寻求帮助。

在学生向自己进行心理咨询时，高校辅导员要发挥心理健康教育与咨询者角色的人文关怀，积极主动回应学生诉求，了解当事学生情况，对学生心理问题严重程度和心理状况进行诊断和评估，并提出专业性指导建议帮助学生以积极、健康、理性、平和的心态开展学习生活，确保心理安全，防止因心理困扰引发心理疾病、行为问题和危机事件。高校辅导员了解清楚学生心理健康状况后，对于所发现可能存在心理隐患的学生，要分别建档，分别干预。具体来说，可分为一般关注（一般心理问题学生）和重点关注（严重心理问题学生和神经症性的心理问题及神经症类学生）。

一般心理问题是指在近期发生的，是由现实因素激发、持续增长时间较短、情绪反应能在理智控制之下、不严重破坏社会功能、情绪反应尚未泛化的心理健康状态，思维合乎逻辑，人格无明显异常。针对这类学生，高校辅导员可通过线上或线下约谈辅导，疏导和缓解学生的压力和紧张情绪，并做好记录、存档。严重心理问题是指由相对强烈的现实因素激发、初始情绪反应剧烈、持续时间长久、内容充分泛化的心理不健康状态，有时伴有某一方面的人格缺陷。针对这类学生，高校辅导员要和学校心理育人中心一起做好干预工作，及时进行线上或线下约谈辅导，联系该学生，长期关注，时常进行疏导，建议其到学校心理育人中心进行线上或线下心理咨询，并对该生的心理健康状况做好记录、存档。神经症性的心理问题及神经症是指引起心理冲突与现实处境没有明显关系，涉及生活中不太重要的事情，且不带有明显道德色彩。针对这类学生，高校辅导员要第一时间上报给学部领导，并联系该学生家长，建议家长及时将学生转介到精神卫生机构进行进一步诊治。

在排查、干预过程中，高校辅导员要对具有多种心理问题特征的学生进行重点关注，并将其作为心理健康教育管理的重点干预和教育对象。比如，既往有伤人、自伤、轻生未遂史或家族中有轻生者的学生；人际关系失调或个人感情受挫后出现心理、行为异常者；患严重身体疾病，治疗周期长，个体感觉痛苦，仍在校坚持学习者；身体出现严重疾病，个人很痛苦，治疗周期长者；因学业压力，包括学习困难、考研失败或就业困难等出现心理、行为异常者等。

针对以上这些重点关注学生，高校辅导员在排查和干预工作中，要积极探索其心理问题产生的缘由，广泛开展各种心理咨询服务，以科学有效的咨询方法改变大学生的认知模式。在心理健康教育全过程，最大程度地尊重学生、爱护学生，增强他们战胜各种心理疾病的自信心。同时，要积极发挥朋辈力量，动员学生干部、党员、寝室长等和有心理问题的学生多联系，与其加强沟通，从侧面了解其心理健康状况，并根据情况作出准确的研判，提出针对性的解决方案，帮助学生回归正常的学习生活状态。

高校辅导员是开展大学生心理健康教育与咨询活动的主要力量，其角色素养的优劣直接关系到大学生的心理健康成长和心理健康教育工作有效性的发挥。因此，高校辅导员需要紧随时代发展步伐，不断改进和革新大学生心理健康教育方式方法，融入"互联网＋"思维，依托数字化手段创新大学生心理健康教育模式，使高校辅导员心理健康教育与咨询者角色，在教育理念和方式方法上更加符合伦理规范。同时，为适应高等教育转向高质量发展阶段，培育德智体美劳全面发展的人才，高校辅导员在心理健康教育与咨询者角色实践中，应将大学生心理健康教育与思想政治教育充分融合，探索协同育人路径。

针对大学生成长过程中出现的心理问题而采取的措施和手段，要从大学生思想政治教育实现立德树人根本任务这一价值旨归出发，从构建心理育人质量提升体系的顶层设计进行思考，在遵循大学生心理健康教育客观规律的前提下，完成大学生心理健康教育与咨询角色的各项任务，为大学生思想政治教育提供有力的支撑，进而实现高校辅导员角色职业能力建设与历史使命的高度契合。

五　职业生涯规划与就业指导者角色

党的二十大报告明确指出，要"强化就业优先政策，健全就业促进机制，促进高质量充分就业"。[①] 就业是最大的民生，不仅关系着经济发展、社会和谐、政治稳定，也关系着人民群众的切身利益，是涉及千家万户的民生问题。"十四五"时期是我国全面建成小康社会，实

---

① 习近平：《高举中国特色社会主义伟大旗帜　为全面建设社会主义现代化国家而团结奋斗——在中国共产党第二十次全国代表大会上的报告》（2022年10月16日），人民出版社2022年版，第47页。

现第一个百年奋斗目标之后，乘势而上开启全面建设社会主义现代化国家新征程，向第二个百年奋斗目标进军的第一个五年。当前和今后一段时期，我国发展仍然处于重要战略机遇期。

(一) 职业生涯规划与就业指导者角色的价值

大学生是宝贵的人才资源，是未来经济建设与社会发展的中坚力量。党的十八大以来，习近平总书记多次赴高校考察调研并在多个场合作出指示，要高度重视和关心关爱大学生职业生涯规划与大学生的成长成才问题，并希望全国广大青年牢记党的教诲，立志民族复兴，不负韶华，不负时代，不负人民，在青春的赛道上奋力奔跑，争取跑出当代青年的最好成绩。随着高等教育改革的不断深入，我国高校招生规模不断扩大，高校毕业生人数持续上升。根据教育部公布的数据，2024届高校毕业生规模预计1179万人，同比增加21万人。[1] 高校毕业生就业工作面临着严峻的形势，大学生的就业问题受到全社会的广泛关注。

党中央、国务院高度重视大学生就业创业问题，聚焦高校毕业生重点群体，出台了一系列政策措施。党和国家完善高校毕业生的就业支持体系，实施就业优先战略，增强就业保障能力；坚持市场化社会化就业与政府帮扶相结合，拓宽高校毕业生市场化、社会化就业渠道，促进多渠道就业创业，持续做好高校毕业生就业工作。

为有效应对高校毕业生严峻的就业形势，缓解学生就业压力，职业生涯规划与就业创业指导逐渐成为教育部门促进高等教育高质量发展的重要着力点。职业生涯规划（Career Planning）简称"生涯规划"，

---

[1] 《教育部　人力资源社会保障部共同部署做好2024届全国普通高校毕业生就业创业工作》，http://www.moe.gov.cn/jyb_xwfb/gzdt_gzdt/moe_1485/202312/t20231205_1093287.html。

又称"职业生涯设计",是指个体与组织相结合,在对一个人职业生涯的主客观条件测定、分析、总结的基础上,对自己的兴趣、爱好、能力、特点进行综合分析与权衡,结合时代特点,根据自己的职业倾向,确定其最佳的职业奋斗目标,并为实现这一目标作出行之有效的安排。①

大学生职业生涯规划指的是大学生在大学生活阶段通过对自身和外部环境的了解,为自己确立职业方向、职业目标,选择职业道路,确定大学阶段的学习计划、发展计划,为实现职业目标而确定行动时间和行动方案。② 高校就业指导是指在尊重学生成长成才规律的前提下,顺应时代变化,开展理论和实践相结合的就业指导工作,使学生清晰自身认知、明确未来毕业去向、习得获取招聘信息能力、熟知应聘流程技巧、练就坚强心理素质,从而达到满意就业。③ 大学生职业生涯规划与就业指导是新时代做好大学生思想政治教育工作的重要组成部分。对大学生进行职业生涯规划与就业指导教育,有利于创新高校思想政治工作,增强大学生思想政治教育的实效性、亲和力和感染力。

大学阶段,大学生面临两个重要的任务,一是立志,二是成才。"立志"即尽早地确立自己的人生理想和职业目标;"成才"即根据理想和目标合理规划好大学学习生活,有针对性地提升自己的综合素质与能力。④ 大学生职业生涯规划与就业指导是以解决学生实际问题为切

---

① 姚海田:《大学生职业生涯规划教育"四全"模式构建探索》,《中国成人教育》2016年第11期。
② 李建国、谢能重、苏道稳主编:《大学生职业生涯规划与就业指导》,上海交通大学出版社2017年版,第16页。
③ 魏敏娜:《不同年级大学生就业预期与就业指导研究》,《江苏高教》2023年第1期。
④ 钟谷兰、杨开编著:《大学生职业生涯发展与规划》第2版,华东师范大学出版社2016年版,第23页。

入点做好大学生思想政治工作的有效途径，体现了"以学生为本"的教育理念。在大学生职业生涯规划与就业指导过程中，加深大学生对政治、经济、社会、科技等外部环境的了解与分析，使大学生正确认识社会环境与发展形势，有利于提升大学生的自我认知，实现学业与职业的无缝对接，进而促使学生更早地接触职业环境，主动探索专业与职业二者之间的关系，用职业的标准指导自己的学业，明确人生奋斗目标，实现人生理想。

职业生涯规划与就业创业指导是高校辅导员的主要工作职责，这赋予了高校辅导员在大学生思想政治教育过程中的职业生涯规划与就业创业指导者角色。社会角色理论认为，社会角色的实现同时意味着角色规范的实践。角色规范是指社会根据角色的社会价值对角色应该达到的行为模式或行为标准提出的要求。角色规范的实现既需要角色承担者自己遵循角色行为标准的要求，也需要社会对角色行为遵循角色规范的情况进行激励或制止。[1]《普通高等学校辅导员队伍建设规定》强调辅导员要为学生提供科学的职业生涯规划和就业指导以及相关服务，帮助学生树立正确的就业观念，引导学生到基层、到西部，到祖国最需要的地方建功立业。[2] 从国家政策的层面对高校辅导员职业生涯规划与就业创业指导者角色提出基本的规范，是实现大学生思想政治教育、落实立德树人根本目标的基本保证。

从角色的地位和功能角度看，高校辅导员在职业生涯规划与就业创业指导者角色实践中，应该具备较高的职业生涯规划与就业创业指导能力和角色素养。在高等教育深化改革背景下，高校辅导员应充分了解社会形势，顺应时代潮流，做好大学生职业生涯规划与就业创业

---

[1] 周海燕：《高校思想政治理论课教师角色研究》，人民出版社2017年版，第144页。
[2] 《普通高等学校辅导员队伍建设规定》，http：//www.moe.gov.cn/srcsite/A02/s5911/moe_621/201709/t20170929_315781.html。

第三章　高校辅导员的角色定位及角色属性

指导，充分发挥高校辅导员在学生职业生涯规划与就业创业指导中的角色优势。当前，我国正走在扎实推进共同富裕的道路上，向第二个百年奋斗目标即全面建成社会主义现代化强国迈进。面对复杂的国际国内形势、社会主要矛盾的变化，以及各种社会思潮的影响，如何更好地做好大学生职业生涯规划与就业创业指导工作，把大学生培养成为德智体美劳全面发展的时代新人，是需要高校辅导员进行高度审视和思考的现实命题。

职业生涯规划是个人发展与组织发展相结合，对决定个人职业生涯的主观因素和客观因素进行分析、总结和测定，然后确定个人工作、生活、家庭以及社会等目标，并对目标进行积极规划与安排的方法。开展大学生职业生涯规划与就业创业指导，是提高大学生综合素质、促进大学生全面发展的重要途径，是民族振兴、社会进步的基石。在大学生职业生涯规划与就业创业指导角色实践中，高校辅导员要切实增强责任感和使命感，紧密结合实际，创新大学生职业生涯规划与就业创业指导思路举措，深入学习贯彻习近平新时代中国特色社会主义思想，增强"四个意识"、坚定"四个自信"、做到"两个维护"，确保党中央、国务院关于促进大学生就业的各项决策部署落到实处。在制定职业生涯规划与就业创业指导人才培养方案时，要坚持贴近社会需求、针对学生个性特征、结合所学专业、贯穿大学阶段等原则，在"三全育人"理念下，实现全员、全过程、全方位育人。

（二）职业生涯规划与就业指导者角色的实现

在角色实践中，高校辅导员要进一步培养职业生涯规划与就业创业指导能力。高校辅导员的职业生涯规划与就业创业指导能力是指高校辅导员在对学生进行职业生涯规划与就业指导的过程中，根据社会需要、岗位要求和学生自身特点,通过系统的教育和长期的引导,帮助学生养成良好的职业意识、职业品德,树立正确的择业观、就业观,具备较强的就业创业能力以适应社会职业活动的能力。作为开展大学生职业生涯规划与就业创业指导工作的角色主体,高校辅导员的职业生涯规划与就业创业指导能力,对大学生的职业生涯发展和就业创业能力的养成具有重要的意义,这就要求高校辅导员不仅要做好教育与管理工作,还要不断提高个人角色素养。

坚持专业化、职业化,是高校辅导员大学生职业生涯规划与就业创业指导者角色素养提升的导向,也是其走上内涵式建设与发展的必由之路。《普通高等学校辅导员队伍建设规定》规定职业生涯规划与就业创业指导是高校辅导员的重要工作职责,这是高校辅导员扮演大学生职业生涯规划与就业创业指导者角色的依据。从高校辅导员的角色定位,开展职业生涯规划与就业创业指导能力培养,能增强高校辅导员的自我角色认同,自觉提升角色素养。

具体来说,要提升高校辅导员的职业生涯规划与就业创业指导能力,高校需在政策、资金等方面予以支持,采用多样化的培训方式,如出国研修、短期访问、学历提升、课程学习、课题研究等,着力打造一支理论功底扎实、职业生涯规划与就业创业指导实践能力丰富的师资队伍。高校辅导员通过参加专题讲座、社会实践、实地考察、活动观摩、情景模拟、学术交流等不同形式的培训与学习,不断提升职业生涯规划、就业指导与就业心理教育、数字化就业管理与平台操作、就业政策解读等专业指导能力和角色素养,创造性地开展大学生职业生涯规划与就业创业指导工作。

经过理论学习和实践积累,高校辅导员在大学生职业生涯规划专业教育方面的专业化、职业化水平更高。高校辅导员可通过对"职业生涯""职业生涯规划"等基本概念的阐述以及职业生涯规划基本流程

第三章　高校辅导员的角色定位及角色属性

的说明，引导学生以宏观的视角考虑职业生涯和学业生涯发展的问题，全面地认识职业生涯规划。为了帮助大学生在认识自我的基础上做初步的职业定向，高校辅导员能灵活引导学生进行自我探索，包括"兴趣探索""性格探索""技能探索""价值探索"等内容，促使学生逐个探索自我心理特征，初步进行职业定位。高校辅导员以职场为核心，阐述对职场、职业、机构等外部世界进行探索和了解的途径与方法，引导学生洞悉毕业去路以明晰未来职业发展方向，了解职业环境以促进个体成长。在综合自我探索和职场探索信息的基础上，引导大学生聚焦职业定位，作出职业决策。在学生作出职业决策，并确定个人职业生涯发展的方向和职业意向之后，高校辅导员应从实际出发，指导学生撰写个人简历和面试，以培养学生收集职业信息，自主求职的能力。

　　高校辅导员要引导大学生树立正确的就业观、择业观以及职业生涯意识。为应对复杂严峻的就业形势，促进高校毕业生更高质量就业，高校辅导员要发挥作为大学生思想政治教育引导者的角色优势，将思想政治教育融入大学生职业生涯规划与就业创业指导教育中，引导大学生将个人发展融入祖国的发展伟业。在"大思政"格局下，高校辅导员通过整合育人资源，为学生建立健全就业协同育人支持体系，对不同阶段的大学生开展不同形式的职业生涯规划教育与就业指导专题活动，以培养大学生职业生涯规划意识。同时，加强诸如新一代信息技术、航空航天装备、节能与新能源汽车、农业装备、新材料、生物医药等重点领域的就业引导，鼓励大学生积极投身工业化进程，在重点地区、关键项目等领域中深耕。"实践是人类发展的基石，创新是社会进步的灵魂"，[1] 高校辅导员要积极鼓励和组织大学生开展就业实践

---

[1]《十八大报告辅导读本》，人民出版社2012年版，第232页。

调查活动和参加大学生职业生涯规划比赛、创新创业等活动，不断提升大学生职业生涯规划与就业创业能力。

应届毕业生是高校开展就业工作的一个重要而特殊的群体，如何推动该群体顺利跨入社会，从容走上工作岗位，实现高质量就业，打通高校人才培养工作"最后一公里"，是高校辅导员需要重点考虑的一个问题。一方面，可实行"一生一册"精准就业帮扶方案，以生源地、专业、性格等因素对毕业生进行分类，通过访谈或者问卷调查，收集其就业意愿和计划，实施精准的、有针对性的就业引导。针对就业困难学生这一特殊群体，高校辅导员要协同各方教育资源和教育力量，及时帮助他们缓解就业压力、调整就业目标，要做到全过程全方位的就业帮扶。另一方面，为加强学生就业权益保护，高校辅导员既要强化学生法规法纪相关知识，还要对学生开展深入全面的诚信与安全教育。

为促进高校毕业生更加充分更高质量就业，高校辅导员要进一步加大就业创业政策宣传力度，做好政策解读、答疑等系统的就业指导服务，帮助更多高校毕业生知晓各项促就业政策。比如，教育部通过"24365互联网+就业指导"公益直播课，开设了系列专题对高校毕业生就业创业相关政策进行深度解读，并同时在政府门户网站上线"全国普通高校毕业生就业创业促进行动"专题，推出"政策宣传月"专栏，展示各地促就业政策。高校辅导员要积极组织有需要的毕业生收看公益直播课，并将"政策宣传月"活动作为春季学期毕业生就业工作的重要内容，引导学生关注好网站、"两微一端"等平台。在日常思想政治教育过程中，高校辅导员要通过就业指导课、主题班会等多种方式，向学生解读《普通高校毕业生基层就业政策公告》《普通高校毕业生就业服务公告》《普通高校学生应征入伍政策公告》《普通高校学生自主创业政策公告》等政策内容，并结合本地本校就业创业优惠政策进行专场政策解读，进而帮助高校毕业生筛选和推送与其专业相匹配的优质招聘信息，为他们提供高效的就业指导服务，增强毕业生的求职信心，帮助他们解决求职过程中的实际困难。

"为改变一般人的本性，使它获得一定劳动部门的技能和技巧，成为发达的和专门的劳动力，就要有一定的教育或训练，而这又得花费或多或少的商品等价物。"① 马克思关于人的全面发展理论，为新时代高校辅导员做好大学生职业生涯规划与就业创业指导提供了理论依据和参考。在大学生职业生涯规划与就业创业指导过程中，高校辅导员要针对不同年级的学生进行有针对性的指导，分阶段、成体系做好职业生涯规划与就业创业指导工作。比如，针对大一新生，高校辅导员可利用主题班会、学生社团活动、社会实践等载体，邀请优秀毕业生、高年级优秀学生开展学习经验交流会，帮助学生答疑解惑，利用朋辈榜样力量激励法帮助学生树立信心，引导学生尽快融入大学生活，进行自我探索，初步设定自己的职业规划路线。针对大二、大三学生，高校辅导员可邀请校内外职业生涯规划与就业指导专业教师和专家开展专题讲座，对学生进行职业生涯规划与就业指导的专业培训，帮助学生树立正确的职业生涯规划意识，并引导学生根据自身优势和个人职业愿景制定职业目标和就业计划。针对大四学生，要帮助他们建立适合自身实际的就业目标，针对兴趣爱好及专长，锁定求职范围，并通过实习夯实文化基础，熟悉职业需求，使其就业心理成熟，专业能力提高。

六 哲学社会科学研究者角色

"一个民族要想站在科学的最高峰，就一刻也不能没有理论思维。"②

---

① 《马克思恩格斯选集》第二卷，人民出版社2012年版，第166页。
② 《马克思恩格斯文集》第九卷，人民出版社2009年版，第437页。

党历来高度重视哲学社会科学。哲学社会科学是人们认识世界、改造世界的重要工具，是推动历史发展和社会进步的重要力量，其发展水平反映了一个民族的思维能力、精神品格、文明素质，体现了一个国家的综合国力和国际竞争力。一个国家的发展水平，既取决于自然科学发展水平，也取决于哲学社会科学发展水平。[①] 经过长期努力，中国特色社会主义进入新时代，这是我国发展新的历史方位，这赋予了哲学社会科学新的思想内涵、时代内涵和文明内涵，哲学社会科学地位更加重要、任务更加繁重。面对社会思想观念和价值取向日趋活跃、主流和非主流同时并存、社会思潮纷纭激荡的新形势，如何巩固马克思主义在意识形态领域的指导地位，培育和践行社会主义核心价值观，巩固全党全国各族人民团结奋斗的共同思想基础，迫切需要哲学社会科学更好发挥作用。

（一）哲学社会科学研究者角色的价值

马克思主义理论是哲学社会科学研究领域的一个重要组成部分，不仅承担着认识世界、传承文明、创新理论、思政育人、服务社会的重要职能，还承担着为高校思想政治教育服务的重要功能。从大学生思想政治教育的视角出发，聚焦实现大学生的全面发展目标，连续、持久地深化和探索马克思主义理论研究，切实提升哲学社会科学研究创新能力是高校思想政治教育工作的重要使命，这对推动哲学社会科学在高校思想政治教育领域不断创新发展具有重要意义。高校辅导员是大学生思想政治教育的骨干力量，其哲学社会科学研究能力直接关系着高校思想政治教育的实际效果。《普通高等学校辅导员队伍建设规定》明确将"理论和实践研究"作为辅导员的主要工作职责之一，要

---

① 习近平：《在哲学社会科学工作座谈会上的讲话》（2016年5月17日），人民出版社2016年版，第2页。

第三章 高校辅导员的角色定位及角色属性

求辅导员努力学习思想政治教育的基本理论和相关学科知识，参加相关学科领域学术交流活动，参与校内外思想政治教育课题或项目研究。①

高校辅导员肩负着大学生思想政治教育使命，在日常工作中，将理论研究与实践育人相结合，能更好地帮助辅导员用科研助力学生成长成才。因此，高校辅导员在大学生思想政治教育过程中，不仅要扮演哲学社会科学的学习者角色，还应在学习的同时扮演哲学社会科学的研究者角色。高校辅导员应牢牢树立以人民为中心的发展思想，读经典、学原文、悟原理，深耕马克思主义理论的学习和研究，以夯实自身马克思主义理论根基，提升马克思主义理论素养，为筑牢崇高的理想信念打下坚实的理论基础。

近年来，党和国家高度重视高校辅导员哲学社会科学研究者这一角色，为提升高校辅导员哲学社会科学研究能力作出一系列努力。不少高校大力支持高校辅导员开展哲学社会科学研究，多措并举推进高校辅导员科研能力提升。比如，设置科研专项工作岗位、组织高校辅导员进行课题研究和骨干示范培训、设立新入职辅导员科研基金项目和大学生思想政治教育专项研究经费、召开科研例会、聘请科研导师、推出科研激励计划、搭建科研平台、聚合学术资源等，大力支持高校辅导员开展大学生思想政治教育相关的研究工作。高校辅导员应结合自身工作内容，在国家各项方针政策的指引和支持下，找准自身在高校立德树人工作中的角色定位，并进行积极有效的角色实践，以提升大学生思想政治教育工作质量和增强日常思想政治教育的思想性、理论性、亲和力和针对性。

---

① 《普通高等学校辅导员队伍建设规定》，http：//www.moe.gov.cn/srcsite/A02/s5911/moe_621/201709/t20170929_315781.html。

（二）哲学社会科学研究者角色的实现

《高校思想政治工作质量提升工程实施纲要》强调要充分发挥科研育人功能，切实构建科研育人质量提升体系，这是高等教育顺应时代发展的正确导向。高校辅导员积极探索哲学社会科学科研育人路径，树立正确的政治方向、价值取向和学术导向，培养学术至诚报国的理想追求、敢为人先的科学精神、开拓创新的进取意识和严谨求实的科研作风，[1] 是响应科教兴国战略的重要举措，也是高校辅导员专业化、职业化发展的需要。

高校辅导员角色素养的提升，是新时代高校辅导员队伍内涵式建设与发展的迫切要求；提升高校辅导员哲学社会科学研究能力，是高校辅导员角色素养提升的重要举措。对高校辅导员哲学社会科学研究者角色能力的要求，不仅是高校辅导员专业化、职业化发展的要求，也是新时代推动大学生思想政治教育工作守正创新的重要着力点。高校辅导员要积极主动地参与哲学社会科学研究，坚持继承和创新相结合，提高大学生思想政治教育质量和人才培养质量的责任感，逐步树立提升自身科研能力的意识。

思想政治教育是马克思主义理论一级学科下的二级学科，这不仅是高校思想政治理论课教师角色的学科定位，也是高校辅导员角色的学科定位。高校辅导员作为大学生思想政治教育的骨干力量，要准确把握自己这一学科定位，明确自己的主要研究方向和学科领域，要坚持以马克思主义理论为指导，开展思想政治教育及相关学科的学术研究。高校辅导员的科研能力是指其能够科学、系统地将一线实践育人工作经验上升为科学理论，并反哺实践育人的能力。实践育人是科学

---

[1] 《中共教育部党组关于印发〈高校思想政治工作质量提升工程实施纲要〉的通知》，http://www.moe.gov.cn/srcsite/A12/s7060/201712/t20171206_320698.html。

第三章　高校辅导员的角色定位及角色属性

研究的起点，科学研究是实践育人的进阶。辅导员要加强对实践育人经验的总结与分析，从中提炼大学生思想政治教育工作的规律与方式方法，通过思考与创新，进而转化成一套能够指导实践教育的理论成果，提升实践教育的实效性，使思想政治教育质量呈螺旋式上升的正向循环。

面对科研投入时间不足、科研基础薄弱、科研条件欠缺、缺乏专业培训和指导等困境，高校辅导员要勤于学习，善于思考，结合角色特殊性，主动探索和创新科研能力提升路径。在提升科研能力的过程中，必须与大学生日常教育管理工作相结合，强化问题意识，把握时代特征与大学生成长成才的特点，深入思考，系统谋划。在"三全育人"教育理念的指引下，高校辅导员要不断从科研、实践、资助、心理、管理等"十大"育人实践中总结学生所关注的思想热点、难点问题，从理论上进行研究并予以解答，丰富和深化教育内容，提高育人水平，不断丰富和完善马克思主义理论的学科体系和学科内容。

随着信息时代的发展，当代大学生不再是"两耳不闻窗外事，一心只读圣贤书"。随着大学生视野的扩展和知识的增加，包括年龄的增长和对社会的观察，他们开始放眼看世界，关心时政。他们思维活跃，有独立的思考能力；对于热点事件，有自己的观点。他们不再满足于教师空洞的、说教式的思想政治教育，而是渴求更加学理性的说明和论证。因此，在角色实践中，高校辅导员要坚持以科学理论为引导，充分发挥思想政治教育作用。

大学生思想道德素质和心理素质的提高是思想政治教育的首要任务。在培养大学生真善美品质的思想政治教育过程中，高校辅导员应该注重提升自身的科学研究水平，切实抓好与角色相关的科学研究，努力提高科研水平，增加思想政治教育中的科研含量，将抽象的思政教育元素巧妙地与具象的大学生科学研究相融合，让科研育人自然发生。高校辅导员要加强理论与实践的双向互动，把学生工作实践经验作为基础来展开理论研究，以提高科研的实效性，实现实践与理论之间的良性互动。如此，才能改变思想政治教育在学生眼里仅仅是政治宣传、道德说教的形象，使政治性寓于学术性之中，让思想政治教育体现学术性。

高校辅导员要坚持在育人过程中以马克思主义理论为指导，科学规划育人方法和路径，将大学生思想引领工作做深、做实。高校辅导员以大学生思想政治教育为切入点，围绕青年大学生研究、大学生劳动教育、优秀传统文化、红色文化、校园文化、资助工作、党团建设以及创新与创业等主题，结合工作具体实际，撰写理论文章、申报高校辅导员专项课题，将工作经验上升为理论，不断提升理论素养和学术功底。同时，高校辅导员还可以在日常思想政治教育过程中，通过社会实践活动、第二课堂等载体，充分发挥高校辅导员哲学社会科学研究者角色优势，用扎实的理论素养、学术功底以及高尚的人格和良好的道德品质反哺育人实践活动，引领学生的思想，激发学生的科研兴趣。

高校辅导员将哲学社会科学科研育人与大学生思想政治教育相融合，是创新高校科研育人的重要举措，也是丰富大学生思想政治教育理论与实践体系的需要。高校辅导员哲学社会科学研究者角色与思想政治教育和价值引领者角色的本质是育人，实现立德树人根本任务是二者共同的教育目标。哲学社会科学科研育人与思想政治教育是相互联系、相互影响、相互作用的辩证统一关系，高校辅导员必须把握好在哲学社会科学科研育人中提升大学生思想政治教育质量，在大学生思想政治教育中，提高哲学社会科学科研水平的辩证关系。在角色实践中，高校辅导员要积极改变将科研与思想政治教育互相分离的传统观念，把科研与大学生思想政治教育放在同等重要的位置，作为一个不可分割的有机整体来履职尽责。

科研育人是新时代高校思想政治教育工作在人才培育方面的重要抓手。高校辅导员要充分发挥角色优势，为学生科研能力的提升、学术思维的培养以及创新意识的提高创造一个良好氛围。科研育人是实现立德树人根本任务的重要环节，是一项艰巨复杂的系统工程，需要以协同思维为指导，广泛调动一切育人主体，整合一切育人资源，形成大思政协同育人格局，发挥合力育人的最大效应。

高校辅导员要打破育人壁垒，充分发挥大学生思想政治教育骨干力量的作用，整合校内校外、课内课外的育人主体、育人资源，切实把学校所有课程、所有教师、所有育人资源和途径有机联系起来，为学生打造全员全过程全方位的协同育人格局。比如，定期组织科研交流会、专家报告会，让学生在学思践悟中深化对科研的认识，培养学生对科研的兴趣，逐渐投入各项科研活动。辅导员作为学科专业教师和学生之间联系与沟通的桥梁，要利用自身角色优势，充分发挥纽带作用，为学科专业教师和学生组建科研团队做好服务工作。学科专业教师是指导大学生科学研究的一线力量，他们在学科专业和科学研究方面有着扎实的理论基础和实践指导经验，了解各个学科领域的研究前沿和热点，能及时把握本学科的研究动态和发展趋势，在指导"挑战杯"全国大学生课外学术科技作品竞赛、大学生创新创业训练计划等方面发挥着不可替代的作用。学科专业教师在传递知识的过程中，不断激励学生成为对社会发展有所贡献的专业型人才，帮助学生树立正确的人生理想，进而实现科研工作与思政教育工作的融会贯通。

第二节 高校辅导员角色属性

高校辅导员是高等教育人才培养体系中一支不可或缺的队伍，在大学生成长成才过程中扮演着重要角色。我国对高校辅导员社会角色的探索经历了 70 多年的发展历程，其角色定位与职责不断明确，主要包括思想理论教育和价值引领者角色、文化塑造者角色、事务管理者角色、心理健康教育与咨询者角色、职业生涯规划与就业指导者角色、哲学社会科学研究者角色。高校辅导员所扮演的这六大角色，并不是孤立存在的，而是相互联系的。这六大角色同时围绕着高校辅导员所肩负的育人使命而存在，体现着这一身份的内涵与价值。高校辅导员准确把握角色定位，明确岗位职责和工作内容，积极进行角色实践，事关高等教育育人功能的有效发挥，事关学生的全面发展，事关高校辅导员自身的成长与发展。

因此，为了更好地扮演高校辅导员角色，使高校辅导员在角色实践中塑造良好的角色形象，需要从理论层面对高校辅导员角色属性进行探讨，进而更好地理解高校辅导员角色内涵、工作职责与使命任务，获得更多社会认同，为大学生的全面发展和个性化成长作出更大贡献。高校辅导员根据其自身角色定位，呈现区别于教师等其他社会角色不同的角色属性，主要包括意识形态属性、政治属性、教育属性和人文属性，其中意识形态属性是高校辅导员角色的根本属性。在高等教育迈向高质量发展阶段，高校辅导员要全面把握其角色属性，以进一步明晰其角色内涵，推进高校辅导员队伍内涵式建设与发展，提升高校人才培养质量。

一 意识形态属性

意识形态作为观念形态的上层建筑，具有实践性和思想性的本质属性，与经济形态、政治形态共同构成了社会形态，是不同性质社会的表征。[①] 所谓意识形态属性，是指"在阶级社会中，适合一

[①] 樊荣：《中国共产党意识形态建构的逻辑、趋向及经验》，《西北工业大学学报》（社会科学版）2023 年第 3 期。

定的经济基础以及树立在这一基础之上的法律的和政治的上层建筑而形成起来的，代表统治阶级根本利益的情感、表象和观念的总和"。① 意识形态与社会发展相适应，代表着特定阶级的利益，"统治阶级的思想在每一时代都是占统治地位的思想"。② 纵观阶级社会发展历史，古今中外每个时代的统治阶级都会通过一定途径来传播反映其阶级利益的意识形态。"在现代社会，意识形态承担着论证统治阶级或执政党的合法性、政治凝聚、动员社会成员实现共同目标等功能。"③ 因此，一个政党所坚持的主导意识形态反映着其价值理念，当通过宣传教育转化为社会成员的共同理念时则成为主流意识形态。

（一）意识形态属性的价值意蕴

中国共产党作为无产阶级政党，在新民主主义革命时期、社会主义革命和建设时期、改革开放和社会主义现代化建设新时期、中国特色社会主义新时代四个历史时期的建设和发展历程中，无论所处的历史方位如何变化，都始终坚持马克思主义在意识形态领域中的指导地位。习近平总书记在党的二十大报告中指出，"意识形态工作是为国家立心、为民族立魂的工作""我们要坚持马克思主义在意识形态领域指导地位的根本制度""建设具有强大凝聚力和引领力的社会主义意识形态"④，以此来巩固全党全国各族人民团结奋斗的共同思想基础。

---

① 俞吾金：《意识形态论》，上海人民出版社 1993 年版，第 129 页。
② 《马克思恩格斯文集》第一卷，人民出版社 2009 年版，第 550 页。
③ 孙代尧：《中国共产党执政意识形态的重建》，《科学社会主义》2008 年第 4 期。
④ 习近平：《高举中国特色社会主义伟大旗帜　为全面建设社会主义现代化国家而团结奋斗——在中国共产党第二十次全国代表大会上的报告》（2022 年 10 月 16 日），人民出版社 2022 年版，第 43 页。

高校思想政治工作关系着高校培养什么样的人、如何培养人以及为谁培养人这个根本问题。① 加强和改进思想政治工作，事关党的前途命运，事关国家长治久安，事关民族凝聚力和向心力。② 党的十八大以来，以习近平同志为核心的党中央高度重视意识形态教育，强调高校意识形态教育"事关党对高校的领导，事关全面贯彻党的教育方针，事关中国特色社会主义事业后继有人"③，要求守好高校意识形态教育这一前沿阵地。全国各高校在理论和实践探索中，坚持以习近平新时代中国特色社会主义思想为指导，在坚持和加强党对高校的全面领导下推进社会主义主流意识形态建设，不断建立健全和创新高校意识形态教育机制；从而取得了丰硕的成果，积累了丰富的经验，进一步发挥了意识形态教育的育人功能。

意识形态教育是思想政治教育区别于其他一般教育的特有属性，是其最一般、最稳定的属性。意识形态教育贯穿思想政治教育的全过程，这赋予了思想政治教育极强的意识形态教育功能。"所谓思想政治教育意识形态功能，即思想政治教育具有的对受教育者施加意识形态的影响，使其形成教育者所期望的思想品德和价值观念体系，并以此指导和规范自己行为的作用。简言之，就是思想政治教育具有的向受教育者传播和灌输意识形态的作用，其目的就是达到社会整合，维护统治阶级的统治地位。"④ 因此思想政治教育是阶级社会的产物，是一定阶级实现其政治目的的重要方式，应充分发挥其在促进意识形态建

---

① 《习近平在全国高校思想政治工作会议上强调　把思想政治工作贯穿教育教学全过程 开创我国高等教育事业发展新局面》，《人民日报》2016年12月9日第1版。
② 《中共中央　国务院印发〈关于新时代加强和改进思想政治工作的意见〉》，《人民日报》2021年7月13日第1版。
③ 《中共中央　国务院关于加强和改进新形势下高校宣传思想工作》，《人民日报》2015年1月20日第一版。
④ 李辽宁：《当代中国思想政治教育意识形态功能研究》，武汉大学出版社2006年版，第56页。

设中的重要价值。

习近平总书记在全国高校思想政治教育工作会议上指出,"教育强则国家强""高等教育发展水平是一个国家发展水平和发展潜力的重要标志。实现中华民族伟大复兴,教育的地位和作用不可忽视""我们的高校是党领导下的高校,办好我们的高校,必须坚持以马克思主义为指导,全面贯彻党的教育方针""我国高等教育发展方向要同我国发展的现实目标和未来方向紧密联系在一起,为人民服务,为中国共产党治国理政服务,为巩固和发展中国特色社会主义制度服务,为改革开放和社会主义现代化建设服务"。[1] 这些重要论述,成为我国高等教育发展的科学指南,明确了我国高等教育的根本价值指向和必须坚持的政治方向。

(二) 高校辅导员角色实践坚持意识形态属性

当前,西方意识形态观念诸如"马克思主义过时论""意识形态终结论""道德滑坡论""指导思想多元论"等蔓延到高校。错误社会思潮,诸如历史虚无主义、"普世价值"、泛娱乐主义、新自由主义等向高校袭来,这些不可避免地会对马克思主义一元指导地位造成冲击。[2] 习近平同志在党的二十大报告中明确指出,"马克思主义是我们立党立国、兴党兴国的根本指导思想"。[3] 高校辅导员应将大学生日常思想政治教育与管理服务工作和意识形态教育相结合作为工作重

---

[1] 《习近平在全国高校思想政治工作会议上强调 把思想政治工作贯穿教育教学全过程 开创我国高等教育事业发展新局面》,《人民日报》2016年12月9日第1版。

[2] 文大稷、宋明珠:《新时代高校意识形态教育的基本经验》,《学校党建与思想教育》2022年第24期。

[3] 习近平:《高举中国特色社会主义伟大旗帜 为全面建设社会主义现代化国家而团结奋斗——在中国共产党第二十次全国代表大会上的报告》(2022年10月16日),人民出版社2022年版,第16页。

点，根据学生思想行为特点及思想政治状况，因势而谋、应势而动、顺势而为，把坚定政治方向摆在首位，用马克思主义立场、观点和方法引导学生，有针对性地帮助学生处理好思想认识、价值取向等方面的具体问题，做好学生的思想理论教育和价值引领工作，筑牢其信仰之基。

在党团和班级建设、学风建设、学生日常事务管理、网络思想政治教育等方面，高校辅导员注重把社会主义核心价值观、中华优秀传统文化、爱国主义、理想信念、艰苦奋斗精神、党史学习教育等内容融入高校意识形态教育范畴。以班级团支部、学生党支部、学生社团等为载体，广泛开展主题班会、党史知识竞赛、红色教育主题演讲、优秀传统文化文艺展演、快闪、微视频制作、主题辩论等涵养社会主义核心价值观的实践活动，深化学生对党史、新中国史、改革开放史和社会主义发展史的认识，强化马克思主义理论教育，有力地提高马克思主义理论学习和教育的有效性，促使马克思主义成为"我国大学最鲜亮的底色"，扭转高校"去意识形态""泛化意识形态"的局面。[①] 高校辅导员还要注重将意识形态教育渗透到日常思想政治教育与管理过程中，通过谈心谈话、走访学生宿舍、开展心理健康教育座谈会、关注学生常驻社交平台等形式，动态把握学生的思想动态，促使意识形态教育工作常态化。

《关于培育和践行社会主义核心价值观的实施意见》《培育和践行社会主义核心价值观行动方案》等指导性文件的出台，为高校意识形态教育提供了方向指导、建设理路和实践路径。高校辅导员在党和国家政策方针的指引下，广泛开展涵养大学生社会主义核心价值观实践

---

① 文大稷、宋明珠：《新时代高校意识形态教育的基本经验》，《学校党建与思想教育》2022年第24期。

第三章 高校辅导员的角色定位及角色属性

活动。通过微党课、主题团日、红色教育基地研学等活动形式，开展马克思主义理论宣讲；深入挖掘思想政治教育元素，如伟大抗疫精神、伟大建党精神等，提高学生对主流意识形态的认同感；将思政小课堂和社会大课堂相结合，把理想信念教育、民族精神和时代精神教育、爱国主义教育与社会主义核心价值观教育深度融合，内化为学生的价值追求，不断增强高校意识形态教育的实效性。

为了进一步提升意识形态教育内容的价值性、时代性、科学性，高校辅导员应主动运用新媒体新技术，积极创新工作手段和方法，促进思想政治工作与互联网技术深度融合。积极构建网络思想政治教育重要阵地，向学生传播习近平新时代中国特色社会主义思想、先进文化，帮助学生理解、掌握党的最新理论成果。同时，高校辅导员也更加注重意识形态话语内容和形式的创新，不再照本宣科、寻章摘句，而是贴近学生具体实际，用学生喜闻乐见的语言讲好中国故事，弘扬主旋律，传播正能量，驰而不息地推动学生坚定对伟大祖国、中华民族、中华文化、中国共产党、中国特色社会主义的高度认同。

二 政治属性

党历来高度重视思想政治工作，尤其是高校思想政治教育工作，曾作出一系列重大决策和部署，持续推进高校思想政治教育工作质量的提升。高校辅导员制度是党在高等教育领域开展思想政治教育工作的重要载体，其角色诞生的宗旨是为党和国家事业服务，具有天然的政治属性。

（一）政治属性的价值意蕴

政治属性是高校辅导员角色的安身立命之所在，是其角色质的规定性，也是高校辅导员角色区别于其他角色的根本。新中国成立初期

高校辅导员角色研究

通过建立和推行"政治辅导员"制度来加强高校思想政治教育，对大学生进行科学的政治引导。《中央人民政府教育部关于全国工学院调整方案的报告》正式提出"试行政治辅导员制度"。[①] 1952年9月，中共中央转发中央教育部党组《关于在高等学校试行政治工作制度的报告》，根据报告提出要在高校设立"政治辅导处"这一规定，要求各地"选择几所具备条件的学校试行"。[②] 清华大学最早于1953年开始设立专职政治辅导员制度。在1965年公布实施的《高等学校学生班级政治辅导员工作条例》中，更进一步明确了辅导员的性质、地位、工作方法。根据这些政策文件可知，辅导员具有鲜明的政治属性，设立辅导员队伍的根本出发点就是为政治服务。

1980年出台的《关于加强高等学校学生思想政治工作的意见》等一系列文件，在辅导员的选聘、管理、考核和培训等方面作了更为具体详细的规定，高校辅导员的政治素质越来越受到重视。1986年，《普通高等学校设置暂行条例》提出应当配备"专职思想政治工作"的负责人。2004年，《关于进一步加强和改进大学生思想政治教育的意见》丰富了辅导员作为管理者和教师的双重身份及工作要求，强调了辅导员的政治引导性，推进了辅导员队伍建设的制度化。

随着我国高等教育的改革与发展，高校辅导员角色的内涵和外延不断扩大，教育管理与服务的范畴也不断拓展，但高校辅导员角色具有鲜明的政治属性没有改变。高校辅导员集教师、干部双重身份于一体，是开展大学生思想政治教育的骨干力量。2014年，《高等学校辅导员职业能力标准（暂行）》要求高校辅导员必须具备"政治强、业务

[①]《中央人民政府教育部关于全国工学院调整方案的报告》，《人民日报》1952年4月16日第1版。

[②]《建国以来重要文献选编》（第三册），中央文献出版社1992年版，第320—322页。

第三章 高校辅导员的角色定位及角色属性

精、纪律严、作风正"的职业能力特征。① 其中,"政治强"是高校辅导员最首要的职业能力特征。从高校辅导员的配备与选聘标准看,《普通高等学校辅导员队伍建设规定》关于高校辅导员的配备与选聘作了法规性的要求,强调辅导员应当具有较高的政治素质和坚定的理想信念,坚决贯彻执行党的基本路线和各项方针政策,有较强的政治敏锐性和政治辨别力;辅导员的选聘工作要在高等学校党委统一领导下进行,由学生工作部门、组织、人事、纪检等相关部门共同组织开展。② 对高校辅导员的入口关进行了严格把控,明确了政治强是选聘高校辅导员的基本标准,直接体现了高校辅导员角色鲜明的政治属性。2017年,《关于加强和改进新形势下高校思想政治工作的意见》出台,再次强调高校思想政治工作者要牢固树立政治意识。此外,中国特色社会主义进入新时代,习近平总书记站在红色江山后继有人、中国特色社会主义事业兴旺发达的战略高度,多次对青年工作发表重要讲话、作出重要指示。习近平总书记就青年工作提出了一系列新理念新思想新要求,其核心要义体现在用习近平新时代中国特色社会主义思想铸魂育人,不断提高学生思想水平、政治觉悟、道德品质、文化素养,让学生成为德才兼备、全面发展的人才,为新时代高校思想政治工作指明了前进方向、提供了根本遵循,也对高校辅导员队伍加强政治建设提出了要求。

高校辅导员工作在大学生思想政治教育第一线,其工作涉及大学生的思想理论教育和价值引领,包括日常思想政治教育、职业生涯规划与就业指导、资助、心理、学风建设等方方面面,是与大学生群体

---

① 《教育部关于印发〈高等学校辅导员职业能力标准(暂行)〉的通知》, http: // www. moe. gov. cn/srcsite/A12/s7060/201403/t20140327_ 167113. html。

② 《普通高等学校辅导员队伍建设规定》, http://www. moe. gov. cn/srcsite/A02/s5911/moe_ 621/201709/t20170929_ 315781. html。

联系和沟通最为密切的教师,始终把握正确的政治方向,是思想理论的教育者、正确价值的引领者。大学生思想政治教育始终是高校辅导员最根本的育人任务。高校辅导员所承担的重任,尤其是思想理论教育与价值引领者角色对大学生的政治信仰和政治素养有着直接和间接的影响。《关于加强和改进新形势下高校思想政治工作的意见》提出加强和改进高校思想政治工作的基本原则,即坚持党对高校的领导,落实全面从严治党的要求,把党的建设贯穿始终,着力解决突出问题,维护党中央权威、保证党的团结统一,牢牢掌握党对高校的领导权。①在新形势下,面对国际国内思潮多元化的大背景,更好地坚持和加强党对高校思想政治工作的全面领导,同党中央保持高度一致,把握正确的政治方向,为党和国家的发展服务,是每一名高校辅导员责无旁贷的历史使命。

(二)高校辅导员角色实践坚持政治属性

"教师是人类灵魂的工程师,承担着神圣使命。传道者自己首先要明道、信道。高校教师要坚持教育者先受教育,努力成为先进思想文化的传播者、党执政的坚定支持者,更好担起学生健康成长指导者和引路人的责任。"② 高校辅导员担负着为新时代中国特色社会主义现代化建设和发展输送后备军的重要使命。这个特殊的政治定位决定了高校辅导员必须坚持正确的政治方向、提升角色的政治素养。

同时,要牢牢抓住全面提高人才培养能力这个核心点,承担起引导大学生听党话、跟党走的政治任务,为夯实党的执政基础作出积极

---

① 《中共中央 国务院印发〈关于加强和改进新形势下高校思想政治工作的意见〉》,《人民日报》2017年2月28日第1版。
② 《习近平在全国高校思想政治工作会议上强调 把思想政治工作贯穿教育教学全过程 开创我国高等教育事业发展新局面》,《人民日报》2016年12月9日第1版。

第三章 高校辅导员的角色定位及角色属性

贡献。高校辅导员在实践中坚持党一以贯之的基本理论、基本路线、基本方略,就是坚持正确的政治方向。高校辅导员坚定正确的政治方向就要准确理解和把握党的理想信念、政治理论、政治目标、政治方针策略以及政治路线。高校辅导员要充分学习、理解和把握党的政治理论,在党的政治目标指引下,将思想政治教育工作与党的政治方向保持高度一致,紧密联系工作实际贯彻落实党的政治方略,更好地服务党和国家工作大局。高校辅导员要坚持正本清源、注重锤炼自身角色的政治素质,提高政治能力,在大学生思想政治教育中注重突出政治教育。辅导员的政治能力包括政治敏锐度、政治观察力和政治引导力。

在育人过程中,想要使教育取得卓有成效,高校辅导员应当积极关心时事政治,善于观察掌握学生的思想动态、网络政治参与情况,善于利用重要时间节点对学生进行思想政治教育。"政治上的坚定、党性上的坚定都离不开理论上的坚定"。[①] 高校辅导员承担着引导学生坚持正确政治方向的重要责任,要不断加强自身思想政治素养与理论学习,以提高明辨政治是非、坚定政治立场、把握政治方向的能力,从而增强政治引领力。

高校辅导员是开展大学生思想政治教育工作的主干力量,其政治立场应当与党中央"以人民为中心"的政治立场保持高度一致。在高等教育场域,高校辅导员坚持"以学生为中心"理念,是中国共产党以"以人民为中心"政治立场在高等教育领域的重要实践。高校辅导员要聚焦主责主业,根据角色定位要求,严格贯彻落实"以学生为中心"的理念。要加强马克思主义基本原理的学理性解读,开展"四史"教育,传承红色基因,讲好中国故事,在潜移默化中做好学生的思想理论教育。要加强时事政治教育,引导学生旗帜鲜明反对历史虚无主

[①] 《习近平谈治国理政》第三卷,外文出版社 2020 年版,第 518 页。

义。要结合教育引导和实践养成育人路径，双管齐下进行社会主义核心价值观教育，帮助学生明德修身，扣好人生第一粒扣子。

高校辅导员是大学生思想政治教育和管理工作的一线组织者、实施者、领导者。在思想政治教育工作的科学化、专业化发展的新形势下，要求高校辅导员要将政治教育与日常思想政治教育和管理工作深度融合，在实践、心理、网络、资助、管理等育人过程中，更加及时地观察把握学生思想动态、开展思想引导和政治教育工作。要积极关注学生的政治需求，开展多样化的思想政治教育和价值引领实践活动，满足不同背景和性格学生的多样化政治需求。要引导学生树立正确的政治认知。

现阶段，大学生身处数字化、网络化、智能化深入发展的时代，价值观还未完全形成，其政治认知受到复杂的外界环境冲击，容易与主流政治价值观念发生偏差，需要精心引导和栽培。高校辅导员要积极提升自身的政治修养，率先垂范，引导学生的政治认知，助力其校正认知偏差，形成正确的政治认知。比如，高校辅导员要善于创造性、创新性地开展思想政治教育，丰富思政教育内容和方式方法，因时而进、因事而化、因势而新，将爱国主义教育贯穿立德树人全过程，引领大学生形成正确的政治认知，帮助学生"扣好人生第一粒扣子"。

三 教育属性

教育是人类社会特有的社会现象，它是随着人类社会的产生、发展而产生、发展起来的，是新生一代成长、发展与社会生活得以继承、延续不可缺少的手段之一。[1] 在5000多年源远流长的文明历史中，中

---

[1] 李剑萍、魏薇主编：《教育学导论》（2006年修订版），人民出版社2006年版，第22页。

华民族造就了独特的教育现象，形成了独特的教育观念和教育思想。教育是有目的地培养人的社会实践活动，是传递生产生活经验、传承社会文化的基本途径。教育有广义的教育和狭义的教育之分。广义的教育泛指一切有目的地影响人的身心发展的社会实践活动。这种教育自有人类社会以来就已产生，广泛存在于生产生活当中，如文化、宗教、政治、经济等社会活动对人的影响，都属于广义的教育。狭义的教育主要指学校教育，即教育者根据一定的社会要求和受教育者的发展规律，有目的、有计划、有组织地对受教育者的身心施加影响，期望受教育者发生预期变化的活动。① 其中，狭义的教育是研究高校辅导员角色特征所讨论的范畴。

由此，可将教育的本质属性理解为，教育是有目的地培养人的社会活动，旨在促进人的全面发展。在教育活动中，存在教育者、受教育者以及教育内容三要素之间的互动。教育属性是教育区别于其他行业或者其他领域的关键属性，就像雅思贝尔斯曾说的那样，"教育活动关注的是，人的潜力如何最大限度地调动起来并加以实现，以及人的内部灵性与可能性如何充分生成，质言之，教育是人的灵魂的教育，而非理智知识和认识的堆积"。②

（一）教育属性的价值意蕴

思想政治教育也是一种教育实践活动，是指社会或社会群体用一定的思想观念、政治观点、道德规范，对其成员施加有目的、有计划、有组织的影响，使他们形成符合一定社会一定阶级所需要的思想

---

① 李剑萍、魏薇主编：《教育学导论》（2006年修订版），人民出版社2006年版，第22页。

② 卡尔·雅斯贝尔斯：《什么是教育》，邹进译，生活·读书·新知三联书店出版社1991年版，第4页。

品德的社会实践活动。① 思想政治教育是以党的思想政治工作实践为基础形成和发展起来的，对人的全面发展和社会的发展进步有着不可忽视的重要功能。因此，思想政治教育与社会主导意识形态有着紧密联系，是向社会成员传导和灌输主导意识形态的重要途径。其中，社会主导意识形态的灌输与教化，是思想政治教育的本质，具体体现为通过提高人的思想政治素质为社会全面发展进步服务。思想政治教育的过程，就是教育者实施社会主导意识形态的灌输、受教育者接受这种灌输并将社会主流意识形态内化的过程。在全面建成社会主义现代化强国、以中国式现代化全面推进中华民族伟大复兴的新时代新征程中，思想政治教育这一特殊本质和重要地位发挥着巨大的作用。

教育社会学将高校视作一个教育组织，高校思想政治教育活动的价值在于施加对大学生身心健康积极的影响。根据大学生身心发展规律，通过有目的、有计划、有组织地培养大学生的思想品德、传授知识与技能、发展德智体美劳综合素质的社会活动，将大学生培养为社会有用人才。

高校辅导员作为高校思想政治工作一支重要力量，肩负着大学生健康成长和全面发展的重要使命，其角色有着天然的教育属性。他们与大学生朝夕相处，接触最为频繁，是和学生关系最亲密的教师，其"言传""身教"潜移默化地影响着大学生思想品德的养成、知识与技能的掌握，身心健康的发展以及人格的形成。

2017年，教育部颁布《普通高等学校辅导员队伍建设规定》，规定高校辅导员的主要职责是思想理论教育和价值引领、党团和班集体建设、学风建设、学生日常事务管理、心理健康教育与咨询工作、网

---

① 陈万柏:《思想政治教育学原理》,中国人民大学出版社2012年版,第4页。

第三章　高校辅导员的角色定位及角色属性

络思想政治教育、校园危机事件应对、职业规划与就业创业指导、理论和实践研究。这九大工作职责赋予了新时代高校辅导员角色新的内涵，高校辅导员角色在高等教育人才培养体系中发挥着重要的教育功能。

高校辅导员首先是高教教师，是高校思想政治教师队伍中不可或缺的部分。他们可以通过第一课堂，将思想教育元素、政治教育功能深度融入教学的各环节，实现思想政治教育与知识体系教育的有机结合，充分发挥课程育人功能。

高校辅导员同时兼具高校管理者身份，他们可以通过第二课堂以及科研育人、管理育人、实践育人、心理育人等"十大"育人体系载体，组织和搭建各类平台，开展丰富多彩的活动，将理论教育与实践养成相结合，让学生参与其中。通过发掘与激励学生的潜能，从而达到教育学生、培养学生的目的，进而落实立德树人的根本任务。《学会生存——教育世界的今天和明天》一书指出："目前教育工作者的基本任务之一，是要改变一切职业固有的精神状态和资格；因而他们应该首先准备重新思考和改变教育职业的标准和基本情况，因为在这个职业中，教育与激励学生的工作正在稳定地取代单纯地讲课。"[①] 高校辅导员的角色职业和功能，是高校辅导员角色的教育属性在高等教育人才培养过程中的反映。

习近平总书记在同北京师范大学师生代表座谈时指出，"爱是教育的灵魂，没有爱就没有教育……老师的爱，既包括爱岗位、爱学生，也包括爱一切美好的事物"[②]。面对新时代的大学生，高校辅导员在就

[①] 联合国教科文组织、国际教育发展委员会编著：《学会生存——教育世界的今天和明天》，教育科学出版社 2017 版，第 259 页。

[②] 习近平：《做党和人民满意的好老师——同北京师范大学师生代表座谈时的讲话》(2014 年 9 月 9 日)，人民出版社 2014 年版，第 9—10 页。

业、心理、资助等学生工作中，通过全方位、多角度、深层次、高质量的贴心服务，为学生的健康成长和全面发展营造良好的教育氛围，将自我价值的实现与学生的成长成才相融合，引领学生成长成才，用实际行动诠释着"教育无他，唯爱与责任"的教育理念。

（二）高校辅导员角色实践坚持教育属性

善之本在教，教之本在师。高校辅导员在高校思想政治教育工作中发挥着重要力量，是大学生的成长向导、引路人，承担着促进学生德智体美劳全面发展的使命责任，是高校思想政治教育队伍中最基层的力量，其角色具有示范教育的作用。这一特殊的教育角色，使高校辅导员本身就成了品德概念的化身，在日常工作中的一言一行，都会对学生的世界观、人生观和价值观产生深刻的影响。因此，高校辅导员作为教育者、管理者与服务者，其角色形象具有传承性和被模仿性，潜移默化地影响着学生的发展，这就是高校辅导员角色形象被模仿、被传承的教育属性。[①] 高校辅导员在角色实践中，要以"学高为师，身正为范"的行为准则严格要求自己，坚持教育者先受教育，努力成为先进思想文化的传播者、党执政的坚定支持者，更好担起学生健康成长指导者和引路人的责任。在努力提高自己专业素养的同时，必须不断加强自己的价值观修养，用社会主义核心价值观来丰富和提升自己的个人价值观。要结合时代特点，用自己的学识、阅历、经验给予学生正确的指引，使社会主义核心价值观浸润学生的心田，内化于心，外化为日常行为。要用自己的行动倡导社会主义核心价值观，自觉抵制一切错误的、低俗的和似是而非的价值观对大学生的消极影响，切实加强学生的价值判断能力、价值选择能力、价值塑造能力，引导学

[①] 王胡英：《高校优秀辅导员角色形象研究》，中国社会科学出版社2020年版，第65页。

生健康成长。

　　高等教育的改革与发展与党和国家事业的发展是同步的,在回应世界百年未有之大变局所带来的挑战中,高等教育发生了很多变化,但促进人的全面发展始终是高等教育不变的初心使命之一。马克思主义关于人的全面发展理论为我国教育方针奠定了理论基础,提供了思想指导。从"三育并重,体育一道""四有新人",到今天的"立德树人""五育并举"等,促进人的全面发展一直是中国教育不变的追求。高校辅导员制度作为高等教育的重要组成部分,也随着高等教育的改革与发展经历了多个发展历程。当社会意识形态发生变化时,也会引起教育内容的变化,当然社会意识也因着社会政治经济制度而变化。① 高校辅导员的角色随着教育内容的变化而不断演变,但其教育属性是永恒不变的,其初心始终是实现人的全面发展。

四　人文属性

　　"人文"一词始见于《易经·贲卦·象传》:"刚柔交错,天文也;文明以止,人文也。观乎天文,以察时变;观乎人文,以化成天下。"② 这里的"天文"即自然,意指顺应自然变化的生养之道;"人文"即文化,意指社会人伦的精神教化。在中国古代,"人文"通常是指人类社会形成的礼乐教化、三纲五常、文化修养等文明现象。在当代,"人文"意为人类社会的各种文化现象。在西方,"人文"一词源于拉丁文"humanitas",是指"人性""教养",最早见于古罗马思想家马库斯·图利乌斯·西塞罗的著作。无论是中国传统文化中的"人文",还是西方的"humanitas",其都与教养、教化有关,即重视用文化、文明来教

---

① 王胡英:《高校优秀辅导员角色形象研究》,中国社会科学出版社2020年版,第65页。
② 南怀瑾、徐芹庭注译:《周易》,重庆出版社2011年版,第45页。

化人、改变人。换言之,"人文"以对人的尊重和关爱为前提,关注人的生存与发展、珍视人的生命、重视文化,是对人的精神世界的关怀。它是社会文明进步的标志,是人类自觉意识提高的反映,是能够促进人类进步和社会发展的正确价值观及其规范。

(一)人文属性的价值意蕴

"人文关怀"是一个内涵极其丰富的概念,是一种以促进人的全面发展为价值尺度的价值取向和行为选择。其核心思想在于肯定人的主体性价值,关注人的价值和尊严,关怀人的精神生活,追求人的自由平等和个性解放,与思想政治教育有紧密的内在逻辑关联。在社会实践的基础上,人文关怀随着人的自我意识的不断完善而不断发展进化,倡导真善美等崇高价值理想,是促进人类社会文明进步的精神力量。高校作为人才培养重地,人文关怀是实现高校内涵式发展的重要教育内容。随着高等教育的改革与快速发展,现代教育理念得到不断深化,人文关怀在高校思想政治工作中的理念也得到进一步加强和完善。"青年一代有理想、有本领、有担当,国家就有前途,民族就有希望。"[①]人文关怀拥有思想政治教育和心理健康教育的双重功能,是做好新时代大学生思想政治教育的内在逻辑,对高校实现立德树人目标、建设和谐稳定校园、提升思想政治工作实效具有重要意义。

高校辅导员角色具有鲜明的人文属性。落实立德树人教育理念、实现大学生德智体美劳全面发展应着力于提升高校辅导员的人文关怀能力。随着高校辅导员角色的嬗变,高校辅导员角色逐渐从新中国成立初期单一的政治指导转向以政治引领为主、兼顾全面的多元角色,不仅要做好学生的思想理论教育和价值引领,还要做好学生日常思想

[①] 《习近平谈治国理政》第三卷,外文出版社2020年版,第54页。

政治教育、学风建设、党团和班级管理、心理健康教育、职业生涯规划与就业指导等与学生成长息息相关的各项工作，承担着全方位的育人责任。从"政治领路人"到学生的"人生导师"和"知心朋友"，高校辅导员角色的内涵和外延不断丰富，工作领域不断拓展，向着教育者、服务者、管理者多元化方向发展。高校辅导员不仅要具备扎实的马克思主义理论基础和专业知识基础、开阔的视野和较强的工作能力等基本角色素养，最关键的是要把人文关怀融入大学生思想政治教育中，围绕学生、关照学生、服务学生，助力大学生成长成才，做大学生的知心人、热心人、引路人。要从大学生的成长与发展需求着手，坚持"以学生为本"的教育理念，想学生所想，急学生所急，多深入学生之中，倾听学生的心声，关心学生，做大学生思想政治教育工作的热心人。

新时代的大学生处于社会转型时期，价值观念和认识水平都发生了很大变化。他们主体性意识的增强，对自身成长与发展的需求日趋多样，这为高校辅导员多重角色的扮演带来了极大的挑战。在"三全育人"理念下，高校辅导员需要找准角色定位的关键点，深刻理解人文关怀是做好高校辅导员工作的有效路径。高校辅导员唯有在育人实践中秉持人文关怀精神，方有可能实现对学生的全面了解和深入分析，更多地从认识和了解大学生思想特点和成长规律出发，从尊重学生、关心学生、理解学生的角度去解决问题，以平等的态度与学生沟通，帮助学生全面成长和成才。

（二）高校辅导员角色实践坚持人文属性

高校辅导员的人文素养在很大程度上影响着思想政治教育人文关怀的效果发挥，这就意味着高校辅导员必须致力于提高自身的思想道德水平，关心学生，热爱工作，兢兢业业。在大学生思想政治教育过程中，做到言传身教、以身作则，为学生树立正面的形象。随着时代的变化，转变大学生思想政治教育理念、丰富思想政治教育内容和方式方法，是提升思想政治教育的质效，有效解决当下大学生遇到的一些问题的重要举措。

首先，在角色实践中，高校辅导员要始终把学生的发展放在首位，承认学生的个体差异性，尊重学生的人格，解决学生的困惑，将人文关怀与思政教育有效融合；要注重实践教育，创新实践教育教学方式，将人文关怀的理念应用于实践教学中，树立学生是实践活动主体的理念，实践教学内容要从学生的接受程度、兴趣、需求出发，引导学生全身心地参与到实践教学活动中，从而实现对学生独立思考能力、自主学习能力的培养。

其次，高校辅导员要注重关注学生的个性化发展需求。受家庭、社会等不同环境，多种因素的影响，学生个体间在性格、气质、品德、心理和生理等方面存在很大的差异性。高校辅导员需要通过日常观察、谈心谈话、查阅学生个人档案等方式，掌握每个学生的具体情况。在进行人文关怀教育时，要以尊重大学生个体差异性为出发点和落脚点，根据大学生的人格特质、学习情况分层开展思想政治教育人文关怀工作。在这个过程中，积极引导学生进行自我管理、自我教育、自我服务，激发学生的主体意识，把主动权交给学生。

再次，注重充实和完善大学生思想政治教育人文关怀的内容是高校辅导员的重要着力点，应根据学生的具体情况，让学生的个性化需要、层次化发展得到满足。针对学生日趋多样化的成长与发展需求，要有针对性地开展思想政治教育工作，丰富人文关怀的内容，不断彰显人文关怀的理念。要通过课堂、实践、网络、管理、组织等各个育人载体补充和拓展人文关怀的内容，大学生各个方面的实际需要才能更好地得到满足。

第三章 高校辅导员的角色定位及角色属性

最后，高校辅导员要做好特殊群体学生的人文关怀教育，要深入了解特殊群体学生的家庭情况、学习情况，动态把握他们的思想状况，采取普遍联系和重点关注相结合的方式，给予他们更多关注、关怀，以及力所能及的帮助，让人文关怀真正落到实处。

大学时期是青年大学生成长成才的关键阶段，容易受到大环境的影响。高校辅导员具有较高的政治素养，在大学生人文精神培育中具有独特的角色优势。高校辅导员要深刻认识人文关怀对大学生成长的重要意义，在高校"三全育人"工作的第一线，以学生为中心开展工作实践，突出价值引领，潜移默化地塑造学生心灵，端正学生思想，厚植爱国主义情怀，自觉听党话、跟党走。

"提升思想政治教育亲和力和针对性，满足学生成长发展需求和期待。"[①] 高校辅导员角色的核心目标是坚持以习近平新时代中国特色社会主义思想铸魂育人，以科学的理论教育学生，使其明辨是非，站稳政治立场，坚定理想信念。提升思想政治教育的亲和力，需要将人文关怀理念融入大学生思想政治教育全过程，把握时代特征和学生特点，坚持从学生中来，到学生中去，贴近学生的实际生活，突出思想政治教育话语的具象化、生活化、大众化叙事。

[①] 《习近平谈治国理政》第二卷，外文出版社2017年版，第378页。

第四章　高校辅导员角色建设的现实路径

党的二十大报告指出："全面贯彻党的教育方针，落实立德树人根本任务，培养德智体美劳全面发展的社会主义建设者和接班人。"[①] 这充分体现了党和国家对中国共产党事业后继有人和国家兴旺发达的战略思考。党的二十大报告为进一步加强和改进大学生思想政治教育指明了方向，也对高校辅导员角色建设提出了更高的要求。在充满变革与挑战的全球化时代，每一个国家、组织、企业都力图通过创新与变革立足于时代浪潮中。从工业时代到信息技术时代，从大数据、云科技再到人工智能，科技突飞猛进，行业格局瞬息万变。在这一时代背景下成长的大学生，与以往大学生有很大不同。他们的物质生活更为丰盈，精神生活更加自由，在思维方式、知识获取模式、心理状态、世界观等方面都发生了很大变化。大学生群体的可塑性与变动性不断增强，这为高校辅导员角色提出了更高的挑战。

党和国家一直高度重视大学生思想政治教育，习近平总书记对大学生的健康成长与全面发展十分关心，多次发表重要讲话，对做好高

[①] 习近平：《高举中国特色社会主义伟大旗帜　为全面建设社会主义现代化国家而团结奋斗——在中国共产党第二十次全国代表大会上的报告》（2022年10月16日），人民出版社2022年版，第34页。

第四章 高校辅导员角色建设的现实路径

校思想政治工作提出明确要求。高校辅导员是大学生思想政治教育的重要参与者和践行者，承担着立德树人的重要任务，在大学生成长过程中发挥着关键作用。高校辅导员角色建设水平不仅直接影响着大学生思想政治教育的成效，还关系着高校和社会的稳定。党的十八大以来，党和国家充分肯定了高校辅导员在立德树人过程中发挥的重要作用，要求教育部和全国各高校深入总结经验，逐步改革和完善高校辅导员队伍建设制度，规范健全高校辅导员配备与选聘、发展与培训、管理与考核等方面的体制机制，着力推进高校辅导员队伍专业化、职业化建设。加强高校辅导员角色建设，对高校辅导员在大学生思想政治教育过程中精准定位自身角色，更好地发挥育人功能，圆满完成角色使命具有重要意义。

第一节 强化高校辅导员角色认同

目前，我国正处于工业和经济变革的历史性十字路口，以人工智能、大数据、机器人等为代表的第四次工业革命，为高等教育带来前所未有的挑战和机遇。高等教育发展的关键在于建立一支高素质的教师队伍。高校辅导员在大学生健康成长过程中扮演着良师益友的重要角色，高校辅导员队伍的稳定发展不仅直接关系着大学生的身心健康与全面发展，还关乎着高等教育的和谐、稳定和发展，以及高校思想政治工作成效。高校辅导员角色建设是一项系统工程，不仅需要国家、高校完善顶层设计，坚持问题导向，制定相关政策，推动辅导员角色发展机制改革不断深入，需要高校辅导员持续激发自驱力，树立正确的发展理念，找准角色定位，强化角色认同，在贯彻落实党和国家关于加强高校思想政治工作和辅导员队伍建设的系列文件精神的条件下，不断提升角色核心素养，进而推进自身角色建设的专业化、职业化发展。

一 明晰高校辅导员角色职业价值感和获得感

高校辅导员是推动高等教育深化发展的重要力量，高校辅导员队伍建设作为角色队伍和管理队伍建设的重要内容，其队伍的专业化、职业化建设和发展越来越受到社会的广泛关注。角色认同是影响高校辅导员角色建设专业化、职业化发展的一个重要因素。角色认同（Role Identity）建立于角色理论基础之上，是个人与社会互动的一种结果，是对所扮演的社会角色产生的一种主观感知和肯定性评价，它既是一种状态，又是一种过程。

（一）高校辅导员自我角色认同是落实立德树人根本任务的前提

高校辅导员制度是中国特色现代大学治理体系的重要组成部分，这要求高校辅导员要从党和国家的战略高度和个体价值的实现角度正确看待大学生思想政治教育工作，准确把握角色定位。对于大学生群体来说，他们正处于成长"拔节孕穗期"，需要高校辅导员的精心引导和栽培。高校辅导员在大学生成长过程中，扮演着思想政治教育和价值引领者、文化塑造者、事务管理者、心理健康教育与咨询者等多重角色。

高校辅导员对多重角色的认同程度，直接关系着其践行立德树人根本任务的效果。因此，高校辅导员要准确把握角色定位，增强对高校辅导员这一岗位的敬畏意识和以岗位立业的观念，强化责任意识和使命意识，并将其内化为职业情怀，不断强化自我角色认同感。在角色实践中，坚定教育理想，忠诚教育事业，明道德、重大德、守公德、严私德，努力做好大学生的人生导师和知心朋友；坚守理想，重党性，对党忠诚，认真贯彻落实党和国家的方针政策，尤其是教育领域的方针政策，将政策要求转化为角色实践，围绕学生、关照学生、服务学生，用实际行动践行立德树人使命，不断增强职业归属感和荣誉感。

此外，高校辅导员还应该明确理解岗位职责，坚持以思想理论教育和价值引领为首要职责，站在"为谁培养人、培养什么人、怎样培养人"的政治高度，统筹好学生生活、学习、资助、心理健康教育等日常事务。要坚持以马克思主义理论为支撑，依托日常事务管理实践优势，树立问题意识，将单一经验型工作方法提升为复合研究型工作方法，持之以恒地提升大学生思想政治教育能力。

（二）提升高校辅导员职业价值感和获得感的着力点

大学生思想政治教育本质上是做人的工作，具有一定的复杂性和不确定性，甚至不可控性。就职于高等教育的高校辅导员，需要培养对大学生思想政治教育这一职业的信心和积极的态度。他们要始终坚持以具备"有理想信念、有道德情操、有扎实学识、有仁爱之心"的"四有"好老师标准来严格要求自己，同时按照高校思想政治理论课教师应具备的"政治要强、情怀要深、思维要新、视野要广、自律要严、人格要正"的"六要"标准来行动，以胜任新时代的辅导员职责。在育人过程中，高校辅导员要从内心热爱教育事业，热爱学生，真诚待人，踏实工作，团结友善，这不仅是教师师德师风建设的要求，也是高校辅导员育人的内在动力。所谓亲其师，才能信其道。高校辅导员对教育的热爱和坚守，会让学生感受其人格的魅力、思想的高度、格局的宽度，进而体会到教育的温度。"学高为师，身正为范"，高校辅导员用专业的职业精神、高尚的人格感染学生，成为学生学习的榜样，不断激励学生成长成才。同时，高校辅导员也能在学生的不断成长与进步中，收获职业价值感和获得感。

在职务职责履行中，高校辅导员应具备敏锐的问题发现能力，加强问题的意识，在挖掘问题根源时，融入马克思主义的立场、观点和方法。勇于创新、乐于尝试，在角色实践中发现问题、解决问题，提高大学生思想政治教育的科学化水平。通过这样的努力，他们能够在实践中推动学生工作的内容形式和方法手段的创新，实现自我价值，进而提升职业角色的获得感和认同感。

二 确立高校辅导员角色职业理想

党的十八大以来，党中央把高校思想政治工作队伍建设提升到全新高度，队伍发展和建设进入了新的阶段，呈现更专业化、职业化和精细化的特征。[①] 这为高校辅导员的角色建设营造了一个良好的职业发展环境，高校辅导员也因此有了更为广阔的职业发展空间和更为光明的职业发展前景。高校辅导员应把自身工作当作一份神圣的事业去奋斗，确立实现立德树人的职业理想，不断提升自身使命感和责任感，从而获得社会和自我认可。

（一）坚持党的领导，坚定正确政治方向

坚守正确的政治方向，坚持党的领导应作为高校辅导员职业理想确立的根本前提。高校辅导员应从为党育人、为国育才的政治高度，深刻认识其角色使命，并将自己的职业使命转化为实际行动，付诸实践。自成立以来，中国共产党就明确将坚持正确的政治方向放在首要位置。在中国共产党人心中，坚持正确的政治方向就像一面永远屹立在心中的旗帜，是其在艰苦环境中，引领中国人民不断创造美好生活的根本保障。"中国特色社会主义最本质的特征是中国共产党领导""中国特色社会主义制度的最大优势是中国共产党

[①] 冯刚、张晓平、苏洁主编：《中国共产党高校思想政治教育发展史》，人民出版社2021版，第425—426页。

领导"①，这为高校辅导员确立职业理想指明了正确的政治方向。

新时代高校辅导员要清晰把握自身所处的新的历史方位，确定自己的成长坐标，立足中国发展实际和高等教育发展现实，系统谋划，将自己的职业理想与大学生思想政治教育使命、实现中华民族伟大复兴紧密结合起来。在做好高校辅导员基本工作的前提下，新时代高校辅导员还应不断增强自身的研究能力和创新精神，立志成为本领域的专家，努力为大学生思想政治教育的守正创新注入新的活力。

(二) 深刻把握高校辅导员职业内涵

高校辅导员要深入学习和了解党和国家关于高校辅导员这一职业的政策规定。比如，《高等学校辅导员职业能力标准（暂行）》《关于加强和改进新形势下高校思想政治工作的意见》《中共中央 国务院关于加强和改进新形势下高校思想政治工作的意见》《普通高等学校辅导员队伍建设规定》《高校思想政治工作质量提升工程实施纲要》等文件，从顶层设计的高度深入了解高校辅导员的职业标准，厘清高校辅导员的专业能力和素质结构，涵养高校辅导员所需的专业精神；进而在角色实践中，不断提升自身职业技能和职业素养，为做好大学生思想政治教育奠定专业基础。

高校辅导员角色认同，是与辅导员这一特定职业特征相联系的，是在工作中获得构成职业角色的认知、体验、行为倾向和职业角色价值的一种过程。高校辅导员角色认同程度的高低，会对其后续一系列的角色行为活动产生极大的影响。简单来说，就是高校辅导员角色认同程度越高，角色所表现的行为就越契合高校对其在大学生思想政治

---

① 习近平：《高举中国特色社会主义伟大旗帜　为全面建设社会主义现代化国家而团结奋斗——在中国共产党第二十次全国代表大会上的报告》（2022年10月16日），人民出版社2022年版，第6页。

教育过程中的角色要求和角色期待；反之，高校辅导员角色认同程度越低，所表现的角色行为就会越偏离高校最初设定的角色要求和角色期待。

三 做好高校辅导员职业生涯规划

制定有效的职业生涯规划，对高校思想政治工作的守正创新具有理论和实践的重要意义。首先，有助于职业能力和职业素养的提升，推动职业人格的发展，提高核心竞争力，增强工作成就感和获得感，促进个人成长和角色建设。其次，高校辅导员在制定职业生涯规划的同时，就已经做了一个长期的、稳定的发展蓝图。学校作为支持高校辅导员成长发展的一片沃土，在各项政策和制度的帮助下，使高校辅导员在学校扎根。和学校的发展同向同行，有利于逐步培养起对学校这片成长沃土的归属感；反过来，学校也保证了人才培养队伍的稳定性。做好高校辅导员职业生涯规划，既需要党和国家、教育主管部门、高校完善顶层设计和科学引导，还需要高校辅导员提高个人对职业生涯规划的认识与关注。

"职业是随着社会分工出现，并随着社会分工的稳定发展而构成的人们赖以生存的不同工作方式。"[1] 职业生涯规划（Career Planning）简称"生涯规划"，又称"职业生涯设计"，是指个体与组织相结合，在对一个人职业生涯的主客观条件测定、分析、总结的基础上，对自己的兴趣、爱好、能力、特点进行综合分析与权衡，结合时代特点，根据自己的职业倾向，确定其最佳的职业奋斗目标，并为实现这一目标作出行之有效的安排。[2]

---

[1] 刘捷：《教育的追问与求索》，人民出版社 2021 年版，第 110 页。
[2] 姚海田：《大学生职业生涯规划教育"四全"模式构建探索》，《中国成人教育》2016 年第 11 期。

第四章 高校辅导员角色建设的现实路径

基于当前高等教育的发展形势，高校辅导员应结合个人发展和学校实际明确职业生涯定位。在确定职业生涯目标后，要围绕目标、职业人格、职业能力和职业生涯发展路径制定宏观和微观层面的行动计划，并在实现过程中不断调整与优化，以促进高校辅导员角色专业化、职业化发展。

（一）树立职业生涯规划意识

具体来说，高校辅导员首先要树立职业生涯规划意识。高校辅导员在进入高校辅导员这一社会角色领域前，应对所从事的学生管理、教育和服务等工作的价值、功能、任务，以及自身权利与义务、职业行为规范等进行深入了解。通过对高校辅导员这一角色的职业认知，进而进行职业理想、职业价值、职业信仰等方面的思考，逐步树立职业生涯规划的意识。《普通高等学校辅导员队伍建设规定》明确了高校辅导员职务职级"双线"晋升要求，为推动高校辅导员专业化、职业化建设提供了条件保障。高校辅导员在明确岗位职责的前提下，可依据《普通高等学校辅导员队伍建设规定》的发展规划，对自身职业角色形成正确的角色认知，建立合理的角色期待，找准职业发展赛道。

（二）明确职业定位

职业兴趣是指个体对不同类型工作和活动的心理偏好程度，它反映了个体心理能量的具体指向。高校辅导员在明确职业定位这一步骤中，需要基于自身的兴趣、技能特长、专业特点、职业价值观以及资源情况，对自己进行客观的、全面的诊断、分析与评估。只有立足于实际，完成了以上评估环节，才能对职业角色有更加清晰的认知，构建恰当的角色期望，从而明确自己的职业定位。

第一，高校辅导员可通过SWOT分析法，分析自身在高校辅导员角色扮演中的优势、劣势以及面临的机遇和挑战，合理定位职业方向。

SWOT分析模型是职业决策的重要辅助工具，高校辅导员可通过使用SWOT分析法，全面分析自己的优势、劣势、机遇和威胁，并最终作出决策，明确职业定位。

第二，还可借助霍兰德的职业兴趣理论、MBTI性格理论等专业工具进行职业探索。其中，霍兰德职业兴趣测评是一种将自我性格和职业匹配的测评工作，该理论鼓励人们思考有关个人理想、技能、活动和不同职位的兴趣。将工作环境和个人分为现实型、研究型、社会型、传统型、企业型和艺术型六类，并将职业环境也分为相应的六大类，这是霍兰德职业兴趣测评的核心假设。通过该测评工具的使用，辅导员可对自己的人格特征进行深度探索，不断挖掘自身职业兴趣点，以及与职业环境的匹配度，进而把握自己的职业定位，在个体与职业环境之间建立起匹配关系，做好自身的职业生涯规划。

（三）把握高校辅导员职业发展相关政策与制度

高校辅导员要全面掌握国家、教育主管部门和高校关于高校辅导员专业化、职业化发展的相关政策与制度，利用好学校为高校辅导员队伍建设搭建的各个平台，将自身职业规划与学校发展规划紧密联系。高校辅导员要在做好本职工作的基础上，结合自身学科背景和研究兴趣，加强学习与沟通交流，注重学术研究，把握职业生涯发展的关键点，促进自身专业化、职业化发展。

具体来说，与高校辅导员职业发展相关的政策文件可划分为思想政治教育工作核心类、社会主义核心价值观类、基本业务类、心理健康类、创新创业就业类、网络思政类、法律法规类、党团知识类等类别。其中，思想政治教育工作核心类文件包括《关于加强和改进新形势下高校思想政治工作的意见》《关于进一步加强和改进新形势下高校宣传思想工作的意见》《高校思想政治工作质量提升工程实施纲要》

第四章 高校辅导员角色建设的现实路径

《普通高等学校辅导员队伍建设规定》《高等学校辅导员职业能力标准（暂行）》《关于新时代加强和改进思想政治工作的意见》等；社会主义核心价值观类文件包括《关于培育和践行社会主义核心价值观的意见》《新时代爱国主义教育实施纲要》《完善中华优秀传统文化教育指导纲要》《关于实施中华优秀传统文化传承发展工程的意见》《新时代的中国青年》等；基本业务类文件包括《普通高等学校学生管理规定》《高等学校学生行为准则》《学生伤害事故处理办法》《教育部等部门关于进一步加强高校实践育人工作的若干意见》《学生志愿服务管理暂行办法》《学生资助资金管理办法》《普通高等教育学生资助政策》《本专科生国家奖学金评审办法》等。

心理健康类文件主要包括《教育部、卫生部、共青团中央关于进一步加强和改进大学生心理健康教育的意见》《普通高等学校学生心理健康教育工作基本建设标准（试行）》《高等学校学生心理健康教育指导纲要》等；创新创业就业类文件主要包括《国务院办公厅关于深化高等学校创新创业教育改革的实施意见》《国家级大学生创新创业训练计划管理办法》；网络思政类文件主要包括《教育部、共青团中央关于进一步加强高等学校校园网络管理工作的意见》《教育部、国信办关于进一步加强高等学校网络建设和管理工作的意见》等；法律法规类文件主要包括《中华人民共和国教育法》《中华人民共和国高等教育法》《中华人民共和国教师法》《国家教育考试违规处理办法》等；党团知识类文件主要包括《中国共产党章程》《中国共产主义青年团章程》《普通高等学校学生党建工作标准》《中国共产党普通高等学校基层组织工作条例》《中国共产党支部工作条例（试行）》等。高校辅导员要认真学习领会各类文件精神，形成高校思想政治工作体系，全面提升大学生思想政治教育质量。

(四) 设定职业目标

在树立职业生涯规划意识基础上，高校辅导员应针对职业目标，制定具有针对性、明确性和可行性的短期和长期行动计划，涵盖专业知识、业务知识、组织和沟通能力、个人形象、创新思维培养、职业态度提升以及工作经验积累等方面。努力争取家庭和学校的支持，逐步实现设定的目标。高校辅导员还需要根据实际情况做好职业目标的调整与优化，如目标定位是否合理、实施路径和方向是否正确。由于高等教育处于深化改革的动态发展变化过程中，高校辅导员要根据国家教育方针、学校发展新形势和新情况，对职业目标进行适时地调整，保证职业生涯规划始终朝着正确的方向发展。

角色认同的强化对于高校辅导员角色而言，有很多有益的帮助。其中，最直接最大的好处就在于可以激发其工作积极性，促使高校辅导员主动发挥自身的主导作用，在工作中投入更多的时间和精力，尤其是在面临因多重角色的叠加而导致的角色冲突问题时，能给予自身正确的评价与引导，通过角色调试来缓解角色冲突带来的角色紧张感，进而降低职业倦怠感。另外，强化高校辅导员角色认同，有利于高校辅导员在角色实践中发挥主观能动性，积极思考，积极回应和满足社会、学校和大学生对高校辅导员角色的期望和要求。

第二节　提升高校辅导员核心素养

党的十八大以来，以习近平同志为核心的党中央高度重视教师队伍建设，强调要把加强教师队伍建设作为基础性工作来抓，并对广大教师提出了"四有"好老师、"四个引路人"、"八个相统一"、"六要"等一系列要求和希冀。习近平总书记关于教师队伍建设的重要论述，

第四章 高校辅导员角色建设的现实路径

是基于当前国内外发展形势对教师提出的殷切期望和迫切要求,为新时代加强教师队伍建设指明了方向,提供了重要遵循。教育是国之大计、党之大计,"走中国特色高等教育发展道路,努力办好中国特色社会主义大学要求高校要把立德树人作为各项工作的中心环节,把思想政治工作贯穿教育教学的全过程,实现全程育人、全方位育人"。[①] 作为高校学生思想政治教育的骨干力量,高校辅导员承担着重要的责任,包括传授知识、宣传思想、培养新时代的优秀人才等。他们在推进高校立德树人根本任务的过程中,扮演着不可替代的重要角色。高校辅导员队伍整体素质的提升,有利于从整体上推进新时代高校思想政治工作,增强高校思想政治工作的实效性。

一 政治素养

培养一支"政治强、业务精、纪律严、作风正"的高校辅导员队伍,是党和国家在高校思想政治工作领域的重要任务。《关于加强和改进新形势下高校思想政治工作的意见》指出,加强和改进新形势下高校思想政治工作的基本原则是坚持党对高校的领导,坚持社会主义办学方向。高校辅导员是高校思想政治工作的重要组成部分,其角色的任务和功能就是传递社会主义主流意识形态,具有鲜明的政治属性。因此,高校辅导员要守好大学生思想政治教育这块责任田,着力提升政治素养,以高度的政治自觉树立正确的政治信仰、淬炼坚定的政治定力、强化政治担当。

(一)树立正确的政治信仰

在角色塑造过程中,高校辅导员应树立正确的政治信仰。我国的

[①] 《习近平在全国高校思想政治工作会议上强调 把思想政治工作贯穿教育教学全过程 开创我国高等教育事业发展新局面》,《人民日报》2016年12月9日第1版。

国家性质规定了我国是社会主义国家，我们要立足于中华大地，坚定地追随社会主义办学方向，为人民提供满意的高等教育。高校辅导员在确立正确的政治信仰方面，首要任务是将理想信念置于首位。高校辅导员的坚定理想信念是为党育人、为国育才的初心使命的精神支柱。在培养学生过程中，高校辅导员应牢牢树立以人民为中心的发展思想，积极进行经典阅读、原著学习和原理思考，深入研究马克思主义理论，以巩固自身的马克思主义理论基础，从而为坚守崇高的理想信念奠定坚实的理论基础。"把理想信念建立在对科学理论的理性认同上，建立在对历史规律的正确认识上，建立在对基本国情的准确把握上。"[①] 要坚持用习近平新时代中国特色社会主义思想武装自己和教育学生，关注国内外政治生活中的热点和焦点问题，引导学生深刻领会新时代、新思想、新征程历史定位和内涵，把握党中央治国理政新理念、新思想、新战略，进而强化政治认同。

（二）淬炼坚定的政治定力

高校辅导员应当淬炼坚定的政治定力。高校是各种思想文化交流交融交锋的前沿阵地，高校意识形态工作是党的意识形态工作的重要组成部分，加强社会思潮引领能力建设，传播和弘扬社会主义主流意识形态是高校意识形态工作的必然要求。由于当前社会思潮的复杂多样，西方意识形态不断渗透，这给正处于思想成长中的大学生带来一定的消极影响。意识形态属性是高校辅导员角色的根本属性，高校辅导员要积极发挥角色的意识形态功能，淬炼坚定的政治定力，坚定正确的政治立场，坚持思想引领，确立阵地意识，做"政治上的明白人"，在大是大非面前立场坚定、旗帜鲜明，不断淬

[①] 《习近平谈治国理政》，外文出版社2014年版，第50页。

炼忠诚于党和人民的政治品格。在大学生思想理论教育和价值引领过程中，要不断提高政治敏锐性和政治判断力，强化责任担当。同时，要保持清醒的政治意识和强大的政治定力，用马克思主义的世界观和方法论核心要义，深刻揭露消费主义、享乐主义等错误思潮的本质和危害性。

(三) 强化政治担当

踏上新征程，高校辅导员应当强化政治担当，不断锤炼党性修为，自觉与党和国家关于教育的路线方针保持一致，践行立德树人的初心使命。为了塑造高校辅导员的品行和意志，我们应该实现理论与实践的统一，成为学生行为的榜样，让正确的政治观念在他们的思维里生根发芽，让坚定的价值立场在他们的思想里扎根。高校辅导员是高校思想政治工作的主要实施者，有义务、有责任发挥高校思想政治工作改革创新的主体作用，强化主体责任和担当，着力解决好"培养什么样的人、如何培养人、以及为谁培养人"这个根本问题。高校辅导员承担的工作充满了繁杂性、琐碎性、经验性、重复性，应坚持以高度的主体责任和主体担当意识，强化创新精神、奉献精神和服务意识，积极思考高校思想政治工作的理念思路、内容形式、方法手段，不断增强高校思想政治工作的时代感和实效性。通过优化高校思想政治工作的生态环境，为大学生的健康成长营造一个良好的教育环境，使他们产生崇高的价值追求和健康生活的精神动力，自愿将个人发展和国家的前途命运、社会的发展进步紧密联系在一起。

二 情怀素养

情怀，是一个人的内心独白，是精气神的体现。对于高校辅导员来说，提升情怀素养，是一种对为党育人、为国育才初心使命的忠诚坚守，更是对教育理想的孜孜追求。

（一）充分尊重学生、理解学生

高校辅导员要充分尊重学生、理解学生。教育成功的秘密在于尊重学生，在教育过程中，尊重学生、理解学生是教育学生的前提和提高教育效率的保证。高校辅导员是大学生成长成才过程中接触最多、最为亲密的老师，在对大学生进行思想政治教育的过程中，要充分尊重学生、理解学生，始终坚持以学生为本，从学生的角度出发，有针对性地开展教育教学活动。在教育实践中，要尊重学生的人格，坚持以学生为本。高校辅导员必须将学生视为拥有独立完整人格的个体，用欣赏的眼光看待每一个学生，支持和赏识每个学生，相信每位学生都有自己的闪光点和特长，都能发展成为社会的栋梁之材。

教育从尊重开始，大学生群体与成年人处于同一生存过程的不同发展阶段，各有其自身发展的规律和特点。因此，高校辅导员对大学生开展思想政治教育，要尊重学生主体地位，根据学生个体的具体差异，实行因材施教，在最大程度上发挥学生的主观能动性。同时，高校辅导员要包容学生，允许学生在学习和思考的过程中提出疑问和有不同的见解，使学生能够在不断的试错中得以成长。要让学生在尊重中成长，认识自己与他人的不同，肯定自我，并不断完善和优化自己，成为一名积极向上的学生。

（二）关注学生身心健康

高校辅导员要关心学生，关注学生身心健康。教育根植于爱，爱是打开学生心扉的钥匙。大学生渴望付出爱，也希望得到爱和关注。作为高校辅导员，一定要热爱学生，关心学生，给予学生赞扬与信心。因为只有来自内心深处的热爱，才能设身处地地理解学生、关心学生，

第四章 高校辅导员角色建设的现实路径

才会有了解学生、关注学生身心健康等各方面情况的愿望。

大学生,特别是大一新生,是在大学校园中具有独特身份的学生群体。他们刚刚结束了高考的激烈竞争,终于踏入了他们曾经憧憬的但又陌生的"象牙塔"。他们亟须一个适应期来调整自己的心理状态。在这个特殊又敏感的阶段,高校辅导员应该怀着强烈的责任感,对每个学生保持关怀,给予关注,并对他们对新环境的适应能力保持信心。每个学生背后都有一双来自家庭的期待的眼睛,对孩子寄托着殷切的希望。对于国家和社会来说,"青年是整个社会力量中最积极、最有生气的力量,国家的希望在青年,民族的未来在青年"。[①] 大学生肩膀上扛着"请党放心,强国有我"的时代重任。高校辅导员要在始终牢记为党育人、为国育才的初心使命,自觉担负起大学生健康成长指导者和引路人的责任,培养学生的爱国热情、至诚报国的理想信念、敢为人先的科学精神、开拓创新的进取精神和严谨求实的科研作风。

毋庸置疑,高校大学生具备许多优势,如年轻可爱、精力充沛、积极好学。然而,他们也存在心理脆弱、意志薄弱和适应新环境的困难。作为一名高校辅导员,我们必须怀揣着火热的事业心和高度的责任感,满怀热情地关心学生,并关注他们身心健康的需要。当学生生病了,要像妈妈一样关心他们;当学生犯错了,要像长辈一样劝解、教导他们;当学生遇挫折了,要像人生导师一样,用理性的思想,睿智的话语安慰他们、指引他们;当学生碰到感情问题了,要像哥哥姐姐一样和他们谈心、交心,帮助他们分析问题、解决问题。在学生的成长过程中,高校辅导员一句鼓励的话语,一个会心的微笑,一个信赖的眼神,都将成为他们前进的力量。

---

① 《习近平谈治国理政》第三卷,外文出版社2020年版,第333页。

三 科研素养

科研是高校辅导员的本职工作和职责所在,与高校辅导员角色专业化、职业化发展密切相关。科研能反哺大学生思想政治教育实践活动,助力教育实践活动质量的提升,同时,大学生思想政治教育实践活动能激发高校辅导员科研创新的活力与动力。随着高等教育不断改革创新,提升科研素养,已成为高校辅导员胜任高校思想政治工作、提高工作实效和服务学生德智体美劳全面发展的必然诉求。高校辅导员应与时俱进,主动参与到高校思想政治工作相关的教育科研活动中,充分运用新媒体技术,注重数据收集和整理分析,提升科研素养,强化科研意识,探究大学生思想政治教育的变化特征和发展脉络,归纳分析大学生价值取向、行为改变和思想动态变化的规律,并将研究成果转化为角色实践探索,在实践中探索适合时代发展和学生成长成才的工作方法。提升科研素养对于加深高校辅导员对本职工作的认识、加强角色认同,以及深化拓展高校思想政治工作理论都具有积极作用。

(一)提升科研意识

高校辅导员要提升科研意识。科研意识是指积极从事科学研究的心向、潜心捕捉和发现科研课题的探求欲、觉察性和主动性。要让高校辅导员意识到科研的重要性,以及增强科研素养对自我角色建设水平的重要意义。对于高校辅导员来说,能够对大学生价值取向、心理和行为变化及思想动态所出现的新情况、新问题保持一定的敏感度和关注度,并对其成因进行积极思考,养成问题意识,是提升高校辅导员科研意识主动性的第一步。在高校辅导员角色建设过程中,要增强其科研意识,还要求高校辅导员能够及时掌握当前高校思想政治工作领域研究的焦点问题和热点问题。通过积极搜集文献资料，了解高校思想政治工作新问题、新方法，再紧密结合自身工作实际，将思想政治教育的创新方法融合于角色实践中，在实践中探索、总结和提炼，形成自己的研究方向和素材库。在不断地思考与总结过程中，聚焦高校思想政治工作实践发展和中国式现代化发展实践的最前沿，把握大学生群体的需求，深化对教书育人规律、思想政治工作规律、学生成长规律的认识，进而持续激发思想政治教育创新发展的内生动力。

（二）提高科研能力

高校辅导员要通过提高科研方法，进而提升科研能力。科研方法一般是指包括选题、搜集资料、社会调查、实验研究，以及统计处理、总结研究成果、撰写研究报告等具体方法和经验。高校辅导员要善于将经验上升为理论，把理论转化为实践，在理论与实践的相互转化和互动中，推进大学生思想政治教育的发展，丰富大学生思想政治教育的理论基础。

在培养科研方法的过程中，高校辅导员需要全面系统地研究和阐释最新的马克思主义及其中国化理论成果。此外，他们还应及时跟踪研究党和国家的重大战略、政策部署以及社会上的热点和难点问题。重要的是，他们不能脱离学科、脱离实际、脱离问题而进行科研工作。具体来说，高校辅导员要认真学习论文选题、题目拟定、论文素材搜集、正文撰写、论文投稿与发表等方面的方法和研究范式。在论文选题上，选题原则应当兼具价值性、专业性、可行性、创新性，应当结合自身开展大学生思想政治教育的经验与认识、阅读专业文献、学术交流等过程中确定选题。在题目的拟定上，学术论文题目应该言简、意赅、清晰，并且要清楚选题不等于题目，题目是对研究主题中心思想的高度概括。在论文素材搜集上，要学会文献检索方式方法，通过检索文献、检索相关案例数据库以及开展实践调研获取学术论文研究素材。在论文的撰写上，要分类学习材料准备、拟定提纲、论文初稿、修改论文、论文定稿五个步骤的具体要求，注重学术规范。在论文的投稿与发表上，高校辅导员需遵循严格的格式规范和投稿规则，学术论文发表要有恒心，有耐心，有信心。

（三）增强科研精神

高校辅导员要增强勇于探索、刻苦钻研、团结合作、不断创新等科研精神。高校辅导员从事科研活动，必须坚持正确的政治方向，以高校辅导员角色建设和职业发展为前提，开展大学生群体存在的实际问题研究。"理论只要彻底，就能说服人。所谓彻底，就是抓住事物的根本。"[①] 理论知识是高校辅导员实现立德树人根本任务的基础。"要坚持政治性和学理性相统一，以透彻的学理分析回应学生，以彻底的思想理论说服学生，用真理的强大力量引导学生。"[②] "创新是一个民族进步的灵魂，是一个国家兴旺发达的不竭动力，也是中华民族最深沉的民族禀赋。"[③] 高校辅导员要不断强化科研精神，积极探索育人方式方法，不断促进大学生思想政治教育内容和方式方法的更新迭代。

四　网络素养

随着新一代信息技术的发展，人类正在进入大数据时代。大数据时代的悄然来临，让信息技术的发展发生了巨大变化，并在众多领域中掀起变革的巨浪。信息技术逐步深入人心，融入各行各业，被迅速应用到各个社会领域，深刻影响着社会生产和人民群众生活的方方面

[①] 《马克思恩格斯选集》第一卷，人民出版社2012年版，第10页。
[②] 《习近平谈治国理政》第三卷，外文出版社2020年版，第330页。
[③] 《习近平谈治国理政》，外文出版社2014年版，第59页。

面。每个国家都高度重视大数据技术的研究和产业发展，纷纷把大数据上升为国家战略加以重点推进。

大数据时代的巨浪也强烈地冲击着教育领域，给教育系统带来全新景观，并逐步成为推动教育系统创新与变革的颠覆理论，展现出未来教育的无限魅力。借着大数据时代的热潮，教育领域纷纷加大技术、资金和人员的投入力度，以期更好地面对大数据驱动的智能时代，充分运用大数据时代的新理念、新模式、新技术激发教育创新能力，培养适应时代发展的创新型人才，进而加快教育现代化、建设教育强国的进程。高校思想政治工作的创新发展，离不开与大数据的深度融合，离不开信息技术的强力支撑。大数据时代给高校辅导员角色建设营造了一个全新的育人环境，给高校辅导员角色实践带来了新的机遇与挑战。这就需要高校辅导员不断更新迭代大学生思想政治教育认知模式，提升网络素养，真正做到因事而化、因时而进、因势而新，不断创新大学生思想政治教育工作思路，运用大数据思维推动高校思想政治工作的守正创新。

（一）树立大数据意识

高校辅导员应树立大数据意识，提升数据分析能力。高校辅导员要主动参加高校组织的关于大数据能力培养的专门性培训，学习大数据相关知识，进一步提高对大数据的认识，逐步建立大数据思维。在服务学生、管理学生、教育学生的过程中，高校辅导员主动嵌入大数据工作方式，有助于提升工作效率和效果。通过强化大数据意识，熟练利用高校建立的大数据平台，获取学生生活、学习等成长过程中的各项信息和数据，提升大数据平台的数据处理能力，有的放矢，做到重点关注、精准教育和有效引导。在审视和观察学生思想动态、行为方式方面，大数据时代为高校辅导员提供了一种崭新的视角。通过强化大数据意识，借助大数据的诸多优势开展学生工作，不断提升数据分析能力，高校辅导员能够更加全面地把握学生的思想动态，将育人工作落到实处，并系统了解大学生成长成才规律和思想政治教育规律，进而推进学生管理、教育与服务工作质量。高校辅导员要立足学生实际，并结合高校思想政治工作的实际需要，加强大数据相关技术、安全、特点和发展趋势的学习与实践应用，逐步提升网络认知、网络技术和网络运用能力。在开展网络思想政治教育的过程中，高校辅导员要积极将大数据新技术、新成果应用于角色实践中，将掌握的信息技术新理念、新技术、新方法不断融入网络思想政治教育，实现网络思想政治教育与大数据时代的有机结合，凸显网络思想政治教育的创新能力。

（二）强化信息安全意识

高校辅导员应强化信息安全意识。从我国互联网信息安全技术的发展现状来看，大数据处理技术已经成为互联网发展中的新型处理技术。但是互联网信息安全方面的法律法规还不够完善。因此，在实际运用大数据技术的过程中，高校辅导员要强化信息安全意识，把大数据信息安全问题列入校园安全建设当中，并且不断加强对大数据信息网络安全研究的工作，提升数据安全技术水平，保障学生的信息安全。高校辅导员在利用大数据技术手段开展大学生思想政治教育工作时，应注意以下两个方面。一方面，要确保获取学生数据的方式的正当性、合法性，强化信息安全意识，以防学生信息泄露、暴露学生个人隐私；另一方面，要形成一套完整的数据管理机制，采用科学的方法分析处理各种数据，使数据的采集、筛选、处理、分析和预测实现科学化。

(三) 提升数据敏感意识

高校辅导员要强化数据敏感意识，通过积极关注学生 QQ 空间、微信朋友圈、微博、抖音等社交平台，动态把握学生思想和行为变化，提高数据意识，强化数据的敏感性。要主动锻炼从学生海量的数据动态中，提炼出能反映学生学习、思想、生活、心理等方面的动态信息，为工作提供有力的数据支撑。通过对学生生活、学习真实数据的深入分析，全面把握学生的生活状况和思想动态，提高日常思想政治教育、心理健康教育等工作的预警能力，以期实现精准研判、精准帮扶和精准教育。此外，高校辅导员在强化数据敏感意识的过程中，还要着重提升大学生网络舆情信息敏感度，增强网络舆情意识和舆情管理能力。通过提前掌握网络舆情预警信号，及时了解和摸排学生思想动态，第一时间回应学生关切的热点问题，对学生进行正面的、积极的网络舆论引导；将问题消解在萌芽时期，引导教育学生坚持正确的政治方向、舆论导向和价值取向，有针对性地开展网络思想政治教育工作。

五 法治素养

在全面推进依法治国的新形势下，全国各高校纷纷深化依法治校的理念与实践。教育部于 2020 年发布了《关于进一步加强高等学校法治工作的意见》，明确要求高校加强法治工作机构和队伍建设。该意见既高度肯定了高校全面推进"依法治教、依法办学、依法治校"的重要性和地位，又提出了加强高校法治队伍建设的期望和要求。

"全面依法治国是国家治理的一场深刻革命，关系党执政兴国，关系人民幸福安康，关系党和国家长治久安。"[①] 高校辅导员不仅是法治教育的主要践行者，也是法治教育的受众对象。他们的法治素养的高低关乎大学生法治教育实效，以及大学生合法权益保护和依法治校理念的贯彻实施效果，进而影响法治校园创建和法治中国建设。2014年《高等学校辅导员职业能力标准（暂行）》对各级辅导员需具备的法律知识提出明确要求，为加强高校辅导员队伍法治化建设指明了方向。法治素养将逐步成为衡量高校辅导员角色专业化、职业化建设的重要标准，是增进高校辅导员职业认可、社会认同的内在要求。

（一）转变观念，找准定位

高校辅导员应转变观念，找准定位。高校辅导员作为大学生思想政治教育的组织者、实施者，要主动转变育人观念，明确自身的法律地位。通过自学、参加高校关于提升教师法治能力的培训等方式，系统地掌握宪法、民法、刑法等相关法律法规和高校学生管理规定，不断加强自身法律意识和法律知识。

高校辅导员要自觉坚持法治原则，主动将法律知识融入大学生法治教育培养和学生问题处理等角色实践活动中，努力做到知法、懂法、守法、用法，学会运用法治思维处理学生工作中遇到的问题。另外，高校辅导员要在掌握法律知识、运用法律思维的基础上，树立坚定的法治信仰。在大学生法治教育培养过程中，高校辅导除了要严格加强自我管理，坚决维护各项规章管理制度外，还要自发地贯彻落实法治精神和法治理念，在学生心中树立良好的榜样，以身作则，用实际行动引导学生树立正确的世界观、人生观和价值观以外，还要树立正确

---

① 习近平：《高举中国特色社会主义伟大旗帜　为全面建设社会主义现代化国家而团结奋斗——在中国共产党第二十次全国代表大会上的报告》（2022年10月16日），人民出版社2022年版，第40页。

的法律观，增强对法治的认同感。

（二）强化法治思维

高校辅导员应强化法治思维。高校辅导员的法治思维是指其在大学生思想政治教育和日常事务管理过程中，依据法律法规和校规校纪，特别是高校学生工作相关管理条例，按照法律规定程序，有理有据、公平公正地处理各项实际问题，引导并教育学生养成知法、懂法、守法、用法的意识。高校辅导员的法治思维主要体现规则意识、权利义务意识、责任意识、程序意识、证据意识几个方面。

在规则意识方面，由于规则具有明确性、稳定性和可预测性，可为人们的行为方式提供基本方向和基本准则，因此，高校辅导员要在法律规定和规章制度允许的范围内行事，逐步规范和调整自己的管理方式，养成规则意识。在权利义务意识方面，学生有法律赋予的基本权利，在法定范围内，学生可自主行使自己的权利，并勇敢地捍卫自己的权利。高校辅导员须充分尊重和维护学生合法权益，并时刻注意自身的管理和组织行为是否侵犯到学生的合法权益。同时高校辅导员在充分尊重和保障学生的合法权益的基础上，要积极教育和引导学生明确权利与自由的边界，避免学生在不自知的情况下，盲目地将基本权利作为违反校规校纪的理由。这不仅能更好地促进学生健康成长，也能维护高校辅导员的合法权益，推动后续工作的顺利开展。在程序意识方面，要求高校辅导员在处理学生工作的相关问题时，要严格按照法律程序。尤其是面对学生违规违纪的问题，因涉及学生的切身利益，切不可按照高校辅导员自己的意愿主观行事。一定要保证处理过程的合理性、正当性、法治性和科学性。在证据意识方面，由于大学生群体来自不同的地域、不同的家庭，其成长环境不尽相同，对问题的认知存在很大的差异。因此，高校辅导员在工作中，要强化证据意识，工作要留痕迹，做好相关证据的保存，如聊天记录、语音记录、谈心谈话记录、走访记录等。树立证据意识，既有助于规避高校辅导员工作风险，实现自我保护，也有利于保证辅导员后续工作的顺利开展。

（三）创新法治教育话语体系

高校辅导员要创新法治教育话语体系，找到个性特征与工作的结合点，在遵循思想政治教育规律、大学生成长成才规律的前提下，有意识地创新法治教育的话语体系，用学生喜闻乐见的形式将道理生活化、故事化，增强话语方式的吸引力。此外，优质的话语内容可以助力高校辅导员塑造大学生心智，最终转化为良好的教育效果。想要持续产出优质的法治教育话语内容，需要高校辅导员做好以下几点。首先，需要高校辅导员思考内容的价值性。其次，需要借助热点视频、热点事件、热点话题、热门音乐，或者能与学生产生情感共鸣的、贴近生活的案例，以此来增加教育的吸引力和"流量"；通过对话题内容的故事性叙述，再融入丰富的法律知识，结合这些案例深入浅出地剖析其中的法律原理，就更能引起学生的关注和思考。高校辅导员要创新法治教育话语方式，提升法治教育话语方式的新颖性与趣味性，将科学深刻的法律原理和法治思维融于新颖有趣的话语表达之中，才能引发学生的情感共鸣，提升大学生法治教育实效。

提升高校辅导员的法治素养，引导高校辅导员自觉加强法律修养、提高法律素养，将法治理念融入大学生思想政治教育和日常事务管理的各个环节，系统运用法治思维分析和解决学生工作相关问题，是高校辅导员角色建设专业化、职业化发展的时代要求，是培育大学生法治素养，实现高校学生工作管理科学化、法治化、规范化的现实需要，是落实依法治校的生动实践,更是新时代全面深化依法治国的积极探索,具有现实的必要性和紧迫性。高校辅导员法治素养提升具有重要的价值意蕴,不仅有利于满足大学生关于法治教育需求,充实大学生法律知识,培育大学生法治观念,塑造大学生法治精神,树立正确的法治信仰;还有利于提升高校辅导员核心素养,增强其综合素质,规范工作程序,防范学生管理工作中可能出现的法律风险。因此,结合高校辅导员的职业特点与实践特征,提升高校辅导员法治素养,加强其法治建设势在必行。

"高校教师要坚持教育者先受教育,努力成为先进思想文化的传播者、党执政的坚定支持者,更好担起学生健康成长指导者和引路人的责任。"[1] 高校辅导员核心素养的提升,是推进高校辅导员角色专业化、职业化水平的应有之义。因此,高校辅导员要牢牢把握党和国家关于高校辅导员队伍建设的方向,始终坚持以立德树人根本任务为价值旨归。在角色实践中,努力提升政治素养、业务素养、法治素养、网络素养等核心素养。

第三节 建立健全高校辅导员角色建设的长效机制

高校辅导员角色建设是一项综合性的任务。为了深入贯彻习近平同志有关教育的重要论述,全面贯彻全国教育大会和全国高校思想政治工作会议的精神,构建一支政治强、业务精、纪律严、作风正的高素质辅导员队伍,高校必须将高校辅导员角色建设作为教师队伍建设的重要内容,进行整体规划和协调安排,建立健全高校辅导员角色建

---

[1]《习近平在全国高校思想政治工作会议上强调 把思想政治工作贯穿教育教学全过程 开创我国高等教育事业发展新局面》,《人民日报》2016年12月9日第1版。

设的长效机制。这一长效机制必须与党和国家在新形势下的战略安排和需求相适应，与高校的人才培养模式相协调，与高校辅导员个人的职业发展相一致，这是高校辅导员角色建设的内在要求。

一 严把高校辅导员入口关

为了充分发挥高校辅导员在大学生思想政治教育工作中的优势，选用优秀的高校思想政治工作骨干力量，高校在选拔和配备时，应对高校辅导员的入口进行严格把关。

（一）严把高校辅导员选聘入口关

在选聘环节，要以《普通高等学校辅导员队伍建设规定》明确的辅导员九大职责为依据，对高校辅导员的角色素养进行考查。高校思想政治工作，关系着高校"培养什么样的人、如何培养人，以及为谁培养人"这个根本问题。[①] 因此，高校必须高度重视意识形态教育，把意识形态这一关放在特别突出的位置。意识形态属性是高校辅导员角色的根本属性。高校辅导员在角色实践中应充分发挥思想政治教育的意识形态教育功能，严把思想政治关。因此，在选拔和聘用高校辅导员时，除了要考察高校辅导员的马克思主义理论素养和从事思想政治教育的业务能力，还要重要考察辅导员对重大理论问题和时政热点的知晓度，以及社会中各种错误社会思潮的辨别力，确保自身在辅导员角色实践中不会自觉不自觉地陷入西方意识形态陷阱中。

在设立专职辅导员职位时，要充分考虑高校辅导员和学生之间的比例关系，按照文件的规定，从总体上符合师生比不低于1∶200的比

---

① 《习近平在全国高校思想政治工作会议上强调 把思想政治工作贯穿教育教学全过程 开创我国高等教育事业发展新局面》，《人民日报》2016年12月9日第1版。

例设立专职辅导员职位,并根据专兼结合,以专为主的原则进行充分配备。同时,要落实国家相关规定,确保少数民族专职辅导员的配备齐全和加强。此外,高校还应不断完善辅导员准入和流动机制,实施辅导员准入制度。所有选聘的专兼职辅导员,上岗前必须接受系统培训并考核合格。对年度考核不合格或不适宜从事辅导员工作的,要按照岗位聘用合同予以解聘或转岗。支持具备相应专业技术业务素质能力的专职辅导员转岗担任教师或其他岗位专业技术人员。

(二) 重点考察高校辅导员角色业务能力

作为大学生思想政治教育工作队伍中的重要成员,高校辅导员在开展大学生思想政治教育方面扮演着重要的角色。他们是高等学府学生日常思想政治教育和管理工作的组织者、实施者和指导者,担负着丰富多样的职责。在大学生成长过程中,高校辅导员需要承担起思想政治教育和价值引领者、文化塑造者、事务管理者以及心理健康教育和咨询者等多重角色。然而,当前国内外形势的急剧变化、高等教育的深化改革以及教育数字化转型等环境变化为高校辅导员的角色实践带来了更多的不确定性和挑战。

近年来,社会、高校、大学生等不同群体对高校辅导员的角色期望不断增加,对高校辅导员角色实践提出更多更高的要求和标准。为了与时代发展相适应,满足不同群体的角色期待,进一步加强大学生思想政治教育,做到全员、全过程、全方位育人,高校辅导员的职责范围不断深化拓展,工作范畴不断延展。在多重角色的扮演过程中,由于高校辅导员个体所承担的多种角色之间的张力导致其个体内部多重角色之间关系的失衡,造成其个人在时间、精力、情感等方面长期处于一种高强度状态,进而促使高校辅导员出现个人心理、生理或社会行为偏离正常的状态,出现普遍的角色紧张现象。

因此，在高校辅导员配备方面，为了使高校辅导员在育人过程中，有更多弹性时间和精力，避免因多重角色而导致角色紧张或者角色冲突，进而保证思想政治教育质量，高校要重点考察高校辅导员的业务能力。在选拔高校辅导员的过程中，可以采用案例分析的方法来评估其运用马克思主义理论分析、判断和解决问题的能力，以此作为衡量其是否具备高校辅导员角色的能力的客观依据。在高校选聘辅导员工作中，也通过设置谈心谈话环节来考察高校辅导员对解决学生理论困惑和实际问题的能力等。

二 畅通高校辅导员职业发展与晋升渠道

《普通高等学校辅导员队伍建设规定》（以下简称《规定》）明确规定了高校辅导员的职业发展问题，并要求高校制定相应的办法和激励保障机制，落实专职辅导员的职务职级晋升要求，推动辅导员队伍的专业化和职业化建设。在贯彻党和国家政策的过程中，高校应结合实际，将专职辅导员的职务晋升纳入学校干部队伍建设整体规划，统筹考虑，制定可行的实施路径，确保高校辅导员的职业发展有多样化的选择和精细化的角色定位。

（一）强化制度保障，落实高校辅导员职务职级"双线"晋升渠道

党的十八大以来，全国各高校辅导员队伍建设工作呈现持续加强改进、不断向上向好的发展态势。习近平同志在2016年12月召开的全国高校思想政治工作会议上提出了对高校辅导员队伍在青年学生成长成才过程中发挥重要作用的新要求。2017年2月，中共中央、国务院印发《关于加强和改进新形势下高校思想政治工作的意见》，对加强包括辅导员队伍在内的高校思想政治工作队伍建设作出了新的部署。

第四章　高校辅导员角色建设的现实路径

2017年，教育部修订并颁布了《规定》，对高校辅导员队伍的专业化和职业化发展作出了重要的制度安排。该规定明确要求制定辅导员队伍的激励保障机制，实现专职辅导员职务职称的双线晋升，并强调晋升要单列计划、设立独立标准和评审，注重考察工作业绩和育人实效，将优秀的网络文化成果纳入专职辅导员的科研成果统计和职务职称评聘范围。[①] 各高校应从以下三个方面入手，确保《规定》中关于专职辅导员职务职称双线晋升的要求得到落实。

首先，在本地区各大高校开展政策学习、宣传普及反馈活动。反馈活动是开展政策宣传学习活动的关键环节，可以通过反馈结果来衡量和了解政策宣传是否到位，是否达到了预期的效果。

其次，实施细则的制定要坚持因地制宜、一切从实际出发的原则。针对高校辅导员角色建设不能搞"一刀切"，要因地制宜，从各个地方的社会经济和文化发展的实际情况出发。《规定》中关于高校辅导员队伍建设的相关要求是指导性意见，各地区教育工作部门和各大高校应实地走访、调研当地的教育整体情况，尤其是本地区高校辅导员队伍的整体情况，通过掌握本地区高校辅导员队伍的人口学结构、学历结构、工作现状、生活情况以及职业规划等信息，在坚持"以人为本"的理念下，对辅导员的发展路径进行优化。

最后，高校辅导员作为政策制定的主要对象，应对《规定》进行仔细研读，准确理解其主要内容。《规定》犹如高校辅导员角色的一套行为准则，是其角色规范的主要依据，是他们成长发展有力的制度支持和政策保障。在工作中，高校辅导员要有意识地积累工作经验，把《规定》的主要内容内化于心、外化于行，不断提升工作能力和业务水

[①] 《普通高等学校辅导员队伍建设规定》，http://www.moe.gov.cn/srcsite/A02/s5911/moe_621/201709/t20170929_315781.html。

平，从而进一步强化高校辅导员的角色意识。

（二）业绩标准的认定体现高校辅导员"单列"特征

在业绩标准的认定方面，要体现高校辅导员"单列"特征。在制定高校辅导员聘任办法时，要深入思想政治教育第一线进行调研，把握高校辅导员工作内容，考虑高校辅导员工作性质和特点。根据高校辅导员的任职年限与育人实效，制定相应的聘任条件标准和等级。比如，可从高校辅导员所带班级获得校级"优秀班集体"或"优良学风班"的情况；所带班级学生获得"省级优秀大学毕业生""国家奖学金"的情况；主持高校辅导员工作室、学生党员工作站等学生工作特色项目建设情况；获得高校辅导员年度人物、优秀党务工作者、优秀共产党员、优秀实践指导教师、十佳辅导员等思想政治教育领域荣誉称号情况；获得高校辅导员素质能力大赛、就业指导大赛等学生工作相关比赛获奖情况等方面对高校辅导员晋升与聘任进行评审。

（三）统筹安排高校辅导员队伍职业生涯规划

在对高校辅导员队伍进行全面调研的基础上，高校应积极引导辅导员结合自身的专业学科背景、工作经验、个性特点、能力优势、兴趣爱好等因素，进行自我探索和职业发展规划。通过职业探索，以符合职业需求、学校发展需求和个人发展目标为原则，明确个人职业发展方向，并制定阶段性角色建设任务和目标。

第一，高校应认真贯彻全国高校思想政治工作会议的精神，并将《关于加强和改进新形势下高校思想政治工作的意见》的要求，作为高校思想政治工作的根本指南。通过深入解读和把握党和国家关于新时代高校辅导员队伍建设的要求，努力规划辅导员队伍的职业发展，为其提供正确的指导。

第四章 高校辅导员角色建设的现实路径

第二，高校需要明确辅导员队伍的工作要求和职责。修订后的《规定》突出强调了思想理论教育和价值引领职责的重要性，将其放在了九项职责的首位，并特别强调辅导员在其他各项职责中融入思想理论教育和价值引领的重要作用。

第三，高校需要进一步明确专职辅导员的身份。根据《规定》，高校专职辅导员是指在院（系）专职从事大学生日常思想政治教育工作的人员，包括院（系）党委（党总支）副书记、学工组长、团委（团总支）书记等具有教师和管理人员双重身份的专职工作人员。[①] 高校可以通过文件制度明确和界定专职辅导员的身份，有助于在高校治理过程中准确定位辅导员的角色，进一步提升高校辅导员职业发展规划的针对性，更好地服务于高校人才培养目标。具体做法有以下两点。

首先，高校应严格按照文件配备选聘的相关要求进行辅导员的选聘工作。根据原则，全国各高校应按照总体上师生比例不低于1∶200的比例设置专职辅导员岗位，并按照以专为主，专兼结合的原则，足额配备辅导员。对于兼职辅导员的工作量，可以按照专职辅导员工作量的三分之一进行核定。同时，要坚持同工同酬的原则，确保高校辅导员在人事聘用方面享有与高校专任教师相当的待遇和保障。

其次，高校应明确辅导员队伍的专业培训要求，并将其纳入师资队伍和干部队伍培训的整体规划中。建立国家、省级和高等学校三级辅导员培训体系，确保每名专职辅导员每年参加不少于16个学时的校级培训，并在每五年参加一次国家级或省级培训。

[①] 《普通高等学校辅导员队伍建设规定》，http：//www. moe. gov. cn/srcsite/A02/s5911/moe_ 621/201709/t20170929_ 315781. html。

三 加强高校辅导员理念意识和能力素质的培养

习近平同志在全国高校思想政治工作会议上指出,"做好高校思想政治工作,要因事而化、因时而进、因势而新。要遵循思想政治工作规律,遵循教书育人规律,遵循学生成长规律,不断提高工作能力和水平"。① 唯有如此,才能增强大学生思想政治教育时代感和吸引力,才能让高校辅导员角色鲜活起来,从而更好地扮演好大学生"人生导师"和"知心朋友"的重要角色。高校辅导员理念意识和能力素质的迭代更新,是一项系统工程,需要高校从工作理念、体制机制、组织形式、布局结构、运行形态等多个方面系统谋划、统筹协调,充分发挥高校各个系统的功能,形成合力,整体推进。

(一) 系统构建"大思政"育人格局

高校应该全面规划和建立"大思政"育人格局,以确保协同育人理念在高校辅导员队伍中得到深入实施。一方面,高校要坚持"课程思政"基础性引领,巩固"大思政"育人主阵地的基础,并以学生的全面发展为出发点,深入调研学生成长和发展的真实需求,全面贯彻"十大育人体系",建立起新的"大思政"育人机制。通过构建包括课程育人、文化育人、服务育人为核心以及科研育人、实践育人、网络育人、心理育人、管理育人、资助育人、组织育人等补充要素的"十大育人"体系,为高校辅导员提供多维度的育人领域,引导他们发挥整合育人资源和主体优势的传统角色,在"大思政"育人新机制中创新角色实践模式,激活协同育人的联动机制,从而开展满足学生成长需求的个性化和高效的育人工作。

---

① 《习近平在全国高校思想政治工作会议上强调 把思想政治工作贯穿教育教学全过程 开创我国高等教育事业发展新局面》,《人民日报》2016年12月9日第1版。

第四章 高校辅导员角色建设的现实路径

另一方面，高校应围绕"三全育人"理念，建立起"大思政"育人的生态圈，构建高校辅导员育人共同体。例如，要加强高校党委的领导，设计好"三全育人"和育人共同体建设的总体规划，在制定制度、确保机制和配置资源方面提供可靠的支持；提升全体成员的育人能力和水平，建立培训和发展机制，有针对性地实施岗位能力提升计划，在各个领域和岗位上特别是加强思政课教师、高校辅导员和党务干部等一线群体的业务能力提升，特别注重网络育人能力的提升，以全面适应新时代对育人工作的新要求。

（二）打造"育人共同体"

立志于中华民族千秋伟业，促进学生的全面发展，实现大学生思想政治教育的新提升，要积极推动落实"育人共同体"模式。

第一，要创新管理模式。为提升大学生思想道德建设工作水平，更好落实立德树人根本任务，要秉承科学管理思想，根据学生身心发展特点和道德教育规律，创新育人管理模式，提升管理服务效能，逐步构建"全方位育人、全课程育人、全空间育人"的全员育人格局，形成科学规范、独具特色的"育人共同体"模式。

第二，要落实全员育人。在"三全"育人理念的指引下，鼓励动员全体教师（含党政干部）和具备条件的在读研究生担任兼职辅导员（班主任）。研究生导师要切实履行一岗双责，在担任学科教师的同时履行思想政治教育责任；其他教师每个聘期内担任兼职辅导员（班主任）不少于两个学期，达不到两个学期的，原则上不得聘任高一级专业技术岗位（职务）。新入职青年教师须至少担任一年的兼职辅导员（班主任）工作。通过落实全员育人，激活每个教育细胞，调动一切教育相关人员积极参与到思想道德建设工作之中，做到课堂教育与课外教育相结合、思想品德教育与文化知识传授相结合、共性教育与个性教育相结合、严格管理与言传身教相结合，努力把学生培养成素质全面、特长鲜明、有责任、会担当、能自律的优秀人才。

第三，要打造"学校—家庭育人共同体"。各高等学校必须确立"大思政"理念，构建协同育人格局，凝聚起最强大的育人合力，发挥最广泛的育人效应。通过构建家校共育工作管理体系和家庭教育课程体系，组建专兼职结合的家校共育工作队伍，宣传科学的家庭教育理念，引导家长树立正确的育人观，强大队伍保障。把课内课外的育人资源、育人主体、育人机制凝聚起来，自觉将知识传授、能力培养、价值塑造有机结合起来，实现思想道德教育、文化知识教育、社会实践教育、家庭教育与学科教育、教学体系、教材体系的同向同行，实现合力育人的最大效应，更好地践行培根铸魂初心使命。

四 建立健全高校辅导员角色建设的激励保障机制

高校辅导员是坚守立德树人一线的思想政治教育工作者，他们服务于大学生生活、学习、就业、心理等方方面面，兢兢业业，甘于奉献，为高等教育事业发展作出了重要贡献。高校聚焦辅导员主体性发展需求，以突出高校辅导员育人实效为导向，坚持多措并举强化高校辅导员角色建设激励保障机制。

（一）健全高校辅导员角色考核评价体系

《普通高等学校辅导员队伍建设规定》在2017年9月进行了修订，进一步明确了辅导员的工作要求和九项工作职责，并对辅导员的配备、基本条件，辅导员队伍的专业化与职业化发展、培训、管理与考核等方面做了详细规定。新时代下，高校辅导员的角色定位更加清晰，工作要求和职责得到了强化，体现了专业化和职业化的明确导向。

为了健全高校辅导员的考核评价体系，需要以辅导员的实际工作为前提，综合考虑其职业性质和特点，明确考核评价的导向，建立科学、系统、合理的高校辅导员队伍考核评价体系。该体系应当科学合理，并在遵循思想政治工作规律和学生成长规律的基础上，坚持定性与定量相结合、日常考核与年度考核相结合、常规工作实绩与应急处理突发情况表现相结合的原则。

特别是对于兼职辅导员（班主任）来说，考核内容应包括两个岗位的职责任务。如果两个岗位分别进行考核，年度考核的等级将依据两个岗位考核中的较低档次确定。考核结果将作为岗位（职务）评聘续聘、评优和绩效工资发放的依据。高校应以制度形式出台高校辅导员绩效考核与绩效工资发放的具体办法，并认真推动政策的实施。这些办法应严格制定经费预算、细化工作方案，确保每名专职辅导员的绩效工资每月足额发放。同时，还可以根据各省事业单位绩效考核办法的要求，对绩效考核等级和比例进行调整。对于兼职辅导员（班主任）来说，其工作量可按照专职辅导员的三分之一核定，并纳入岗位职责管理考核的范畴。

（二）完善评优奖励机制

为了增强高校辅导员的职业价值感和获得感，加强他们的责任意识和岗位意识，保障他们的职业待遇，拓展他们的发展与晋升空间，进而强化他们对这一职业的角色认同感，以维护高校辅导员队伍的稳定性，高校可以采取以下措施完善评优奖励机制。

一是树立典型示范。通过树立典型的方式，对那些在辅导员工作中表现出色的个人或团队进行表彰，向全校师生展示他们的优秀事迹和影响力。这样的举措，将激励其他辅导员积极投入工作，并为他们树立了榜样，进一步推动高校辅导员队伍的提升。

二是优秀高校辅导员评选。建立评选机制，定期评选优秀高校辅导员。通过评选，可以鼓励高校辅导员提高工作水平，展示个人才能，同时为其他辅导员提供学习和交流的机会。这样的评选活动，可以提高辅导员的职业认同感，激发他们对工作的热情。

三是推广样板经验。积极推广那些在大学生思想政治教育方面取得成效的样板经验。通过分享这些成功经验，可以帮助其他高校辅导员借鉴和学习，提高整个高校辅导员队伍的工作水平。同时，这也为那些取得显著成就的辅导员提供了机会，进一步提升他们的影响力和社会地位。

高校要以制度形式，完善系列激励措施，对于表现突出的辅导员，各级教育部门、各高等学校按照有关规定给予表彰奖励。比如，定期开展"十佳辅导员""高校优秀辅导员""思政十佳""学生最喜爱的辅导员""辅导员年度人物"等评先树优活动，加大优秀辅导员宣传力度，营造良好氛围。高校要在岗位聘任、绩效考核、职称评审、学习培训等方面给予高校辅导员政策性的倾斜和保障。要把辅导员科研成果纳入高校思想政治工作优秀成果，单列计划、单独评审，鼓励支持辅导员开展相关理论与实践研究，不断提高专业化水平。此外，高校还应经常性开展校际、省际和区域性辅导员业务交流活动，为高校辅导员提供广阔的学习平台。通过交流与探讨，促使辅导员学习积累更多优秀育人经验，更新育人思维，增强全局视野和角色自信。

通过以上措施，高校可以完善评优奖励机制，将高校辅导员角色的考核评价结果与职称职级、职务晋升和评优评奖相结合，从而提升高校辅导员的职业价值感和获得感，增强其责任意识和岗位意识，拓展其发展与晋升空间，进一步强化他们对这一职业的角色认同感，以确保高校辅导员队伍的稳定性。

第四章　高校辅导员角色建设的现实路径

第四节　建立健全高校辅导员角色专业化、职业化建设与发展机制

中国特色社会主义进入了新时代，高校思想政治工作正在经历一场由教育理念到教育方式再到教育评价的深刻变革。党和国家面临的现实情境赋予了高校思想政治教育新的内涵、新的使命和新的要求。与此同时，外部环境的快速变化对大学生的思想观念和价值取向形成和确立阶段产生了深远影响，这使得高校思想政治工作也面临着长期、持续和严峻的挑战。以习近平同志为核心的党中央提出了对高校思想政治工作和高校辅导员队伍建设的新要求和期望，因此，实现高校辅导员队伍的专业化和职业化建设成为创新发展和适应时代要求的必然选择。实现大学生的全面发展是高等教育事业发展的最终目标，关乎党和国家的前途和命运。然而，大学生的成长不是一蹴而就的，需要高校辅导员作为引路人给予耐心的引导和热心的帮助。

高校辅导员角色的专业化、职业化建设是一个长期的、持续不断的探索过程，应跟随时代步伐不断优化与完善。既要向内探索，对高校辅导员角色本身进行研究；也要向外部探索，不断优化其发展与成长生态环境。高校要站在新的历史方位审时度势，分析当前所面临的内外部发展环境，并立足"培养什么人、怎样培养人、为谁培养人"的教育根本任务，理性认识辅导员专业化建设的价值意蕴。同时，我们需要进一步明确辅导员队伍建设与发展的重点和目标，制定有针对性的政策来促进不同阶段和周期的发展。我们要构建一个系统的发展路径，以推动辅导员专业化和职业化的发展，并不断提升高校辅导员的角色素养。通过引导广大辅导员在自己的岗位上发挥作用，我们可以为大学生的成长和成才作出卓越的贡献。

一　打造专业化、职业化发展平台

进入新时代，党和国家针对高校思想政治工作出台了一系列政策文件，对新时代大学生思想政治教育提出了更新更高的要求，也为辅导员的专业化、职业化发展提供了更好的政策环境和发展空间。高校只有不断探索和创新辅导员职业成长路径和方法，提升其职业能力和专业素养，才能更好地服务学生成长成才。高校辅导员工作室建设理念的提出，正是大环境下，适应时代变化和需求，对高校思想政治工作的一种创新和实践探索。

（一）坚持以"立德树人"为育人核心

习近平总书记在全国高校思想政治工作会议上强调，"高校思想政治工作关系高校培养什么样的人、如何培养人，以及为谁培养人这个根本问题。要坚持把立德树人作为中心环节，把思想政治工作贯穿教育教学全过程，实现全程育人、全方位育人，努力开创我国高等教育事业发展新局面。"[1] 目前，各大高校在建设辅导员工作室方面还处于初步探索阶段，仍需进一步优化和完善管理制度、建设路径、工作时效、评估办法及考核机制等方面的问题。在高校探索建设辅导员工作室的过程中，必须始终坚持以立德树人为育人核心，将立德树人理念贯穿于辅导员工作室建设的每个环节。

因此，高校辅导员工作室要坚持"立德树人"为育人核心不动摇，不仅要关照学生的学习，也要同步关照学生德行品质的养成。另外，大学应将工作室建设与高校人才培养体系相结合，以满足学生全面发展的需求为目标，促进辅导员工作室建设与人才培养的紧密结合。同

---

[1]《习近平在全国高校思想政治工作会议上强调　把思想政治工作贯穿教育教学全过程　开创我国高等教育事业发展新局面》，《人民日报》2016年12月9日第1版。

时，要注重提升高校辅导员工作室的功能内涵，突出其示范引领功能、资源整合功能和社会主义核心价值体系输出功能，进而将高校辅导员工作室打造成为辅导员进行实践育人的重要平台和开展思想政治教育理论研究的重要科研平台，助力高校立德树人根本任务的落实。

（二）建立健全高校辅导员工作室制度

为了进一步加强高校辅导员角色建设并发挥优秀辅导员的示范引领作用，高校需要提高辅导员工作的科学化水平。在这方面，高校应该认真贯彻党和国家对提高高校辅导员队伍专业水平和职业能力的安排和部署。同时，结合高校的实际情况，应该完善高校工作室建设制度。在工作室的培育与建设过程中，高校应发挥其组织与管理优势，对高校辅导员工作室的创建进行顶层设计、科学规划。通过整合管理、行政、教师、高校辅导员等不同育人主体和育人资源，完善资源配置。建立辅导员工作室准入机制，通过前期的调研与摸排，精心评选出具有特色和可塑性的团队，支持其优先组建辅导员工作室，帮助其在内容建设上突出自身特色与亮点。同时，要注重高校辅导员工作室的团队建设和人才梯队的构建。比如，在辅导员工作室团队建设方面，要设置专家顾问团、成长辅导团、学生帮帮团等成员结构。强化考核评估，考核评估影响着辅导员工作室建设的进度、方向和效果，建立科学的考核模式和体系是辅导员工作室科学化、规范化发展的动力。

（三）增强考核评估针对性

高校辅导员工作室的打造，旨在通过建设优秀辅导员团队，提升大学生思想政治教育质量，给学生提供个性化、专业化的深度辅导。因此，辅导员工作室的考核评估应重点考查其落实立德树人使命的具体实效、提升大学生思想政治教育质量情况，以及加强高校辅导员角色建设专业化、职业化建设情况。要加强高校辅导员工作室的品牌化建设，扩大工作室的辐射效应，力争把辅导员工作室建设成为展示高校辅导员风采的窗口、创新思想政治教育理念方法的平台和孵化一支政治强、业务精、纪律严、作风正的高水平优秀辅导员的摇篮。

高校辅导员工作室是新时代辅导员结合时代特征与自身特长，在人才培养目标导向指引下，基于学生成长特点和发展的需求而形成的高校思想政治工作新路径。在大学生思想政治教育过程中，以高校辅导员工作室为载体，凝聚团队力量，是新时代高校辅导员角色建设的新抓手，实现高校辅导员队伍专业化、职业化发展的重要支撑。高校辅导员工作室的建设与运行，可以打通高校辅导员成长"最后一公里"，为辅导员角色建设专业化、职业化发展创建一个专业平台。通过创建高校辅导员工作室，实现团队协作，进而推动辅导员的自我成长、优化其知识结构、提高职业能力、消除职业倦怠、拓宽发展路径、提升发展空间，使辅导员在分享协作的学习和研究氛围中逐渐走向成熟，更好地为大学生成长成才服务。

二　制定立体多维全覆盖的培训计划

高校辅导员角色专业化、职业化发展是高校落实"为党育人、为国育才"职责使命的时代要求，既内含着高校辅导员队伍建设的题中之义，也体现着高校辅导员个体成长与角色建设的内在需要。在推进高等教育内涵式发展背景下，以专业化、职业化为主要方向的辅导员角色内涵建设更显迫切。党的十八大以来，高校辅导员队伍专业化、职业化建设是党和国家的一贯政策和主张。新时代辅导员角色专业化、职业化建设要遵循"三因"规律，守正创新。

为深入贯彻落实习近平同志关于教育的重要论述，全面落实全国教育大会、全国高校思想政治工作会议精神，建设一支"政治强、业务精、纪律严、作风正"的高素质辅导员队伍，高校要根据《关于进

第四章 高校辅导员角色建设的现实路径

一步加强和改进大学生思想政治教育的意见》《高等学校辅导员职业能力标准（暂行）》《普通高等学校辅导员队伍建设规定》等文件精神，结合高校实际情况，确立明晰的目标培养体系，制定立体多维全覆盖的高校辅导员角色专业化、职业化培训计划。

（一）设立高校辅导员专业化、职业化发展培训目标

我国高校的政治指导员制度创建于20世纪50年代初，并于60年代初期基本成型。2004年，《关于进一步加强和改进大学生思想政治教育的意见》作为高校思想政治工作进入新世纪的纲领性文件，为高校辅导员队伍专业化、职业化建设奠定了坚实基础。

2014年3月，教育部印发了《高等学校辅导员职业能力标准（暂行）》（以下简称《能力标准》），首次提出要推动高校辅导员队伍职业化、专业化发展，并对高校辅导员职业概况、准作了具体规范与明确要求。《能力标准》的提出可以说进一步确立了辅导员职业概念，提升了辅导员角色地位和社会认同。同时，进一步强化了辅导员队伍建设的政策导向和培训方向。

2017年，《普通高等学校辅导员队伍建设规定》明确了辅导员在思想理论教育和价值引领、党团和班级建设、学风建设、学生日常事务管理、心理健康教育与咨询、网络思想政治教育、校园危机事件应对、职业规划与就业创业指导、理论和实践研究九大方面的主要职责。为切实履行职责，实现组织、教育、管理和引导学生的目标，高校必须对高校辅导员进行系统化培养，不断提高其职业能力和工作水平。

相关政策文件的出台与推进实施，不仅为高校辅导员队伍专业化、职业化建设提供了政策性指导，也为高校设立发展培训目标提供了科学的政策依据。综上所述，高校辅导员队伍专业化、职业化建设已逐步成为新时代高校辅导员角色建设的内在要求和发展必然趋势。由此，

高校要围绕落实立德树人根本任务，以辅导员政治能力建设与职业能力提升为重点，广泛搭建学习、交流、展示平台，通过全面系统培训，引导全体辅导员坚定理想信念、牢记初心使命、坚守价值追求，不断提升理论水平和专业素养，做好青年学生成长路上的知心人、热心人、引路人。

（二）制定培训方式及内容

高校要创新培训方式，优化培训内容，坚持"线上"与"线下"相结合、"校内"与"校外"相结合、"校级"与"院级"相结合，结合大学生思想政治教育中的重点、难点、堵点，组织开展考察学习、专题培训、技能竞赛、交流沙龙等形式多样的专题培训活动，不断提高辅导员的工作能力和职业素养。比如，为更好地学习其他高校先进经验和典型做法，立标杆、找差距、补短板，进一步推进大学生思想政治教育高质量发展，高校可根据实际情况，由学工部、各学院（学部）组建工作小组，由学工部领导、各学院（学部）分管学生工作领导带队，到省内外各高校学习交流，形成经验报告，后续在校内进行研讨。

为不断提升高校辅导员理论水平、专业素养，可组织辅导员参加全国、全省各类辅导员培训班。同时，高校还可以组织承办全省高校辅导员培训班，并依托全省高校辅导员培训班，组织校内辅导员有针对性参加，加强本校辅导员与省内其他高校辅导员的学习交流。高校要依托国家关于高校思想政治工作的教育资源，组织全体辅导员线上通过国家智慧教育公共服务等平台完成教师研修相关内容，提升高校辅导员职业素养。

在专业培训方面，高校要积极组织高校辅导员参加心理咨询、督导技能培训班。选派辅导员参加心理咨询师培训，逐步具备二级、三

第四章 高校辅导员角色建设的现实路径

级心理咨询师资质,能对一般心理问题、心理障碍和精神疾病进行初步识别,进行危机评估、实施干预、妥善预后及跟踪回访,能够为学生提供心理咨询服务。高校要围绕大学生思想政治教育特点和高校辅导员角色建设实际需求,积极邀请校内外专家,以专题讲座、实操训练等形式,定期开展辅导员发展论坛,以提升辅导员队伍能力素质水平。高校要围绕思想政治教育、学风建设、心理健康教育、社区建设、资助管理、民族宗教等模块,定期举办辅导员工作沙龙,以集中分享、讨论互动、案例分析等形式开展专题式"辅导员工作沙龙",以加强经验交流,促进辅导员互学互鉴。

针对新入职的高校辅导员,高校要以政治素养、规矩意识、岗位认知、工作职责、思政教育、心理健康、党团工作、学生事务等为主要内容,以专题辅导和讨论交流等形式开展入职教育和相关职业培训,使新入职辅导员能够尽快熟悉和把握辅导员角色所需具备的教育方法和业务技能。掌握大学生思想政治教育的基本理论和基本方法,有助于辅导员提升育人基本能力。高校可组织开设思想政治主题教育示范课,动员经验丰富的辅导员开展示范课观摩活动。为达到以赛促学、以赛代训的目的,高校要组织辅导员素质能力提升系列赛事,举办辅导员思想政治优秀论文、优秀工作案例评选比赛等。为增强辅导员团队协作意识和沟通能力,高校要积极举行辅导员素质拓展活动。组织辅导员参加素质拓展类活动,以关注辅导员身心健康,帮助辅导员培养阳光心态、释放工作压力、提升高校辅导员的职业幸福感。

高校要坚持以习近平新时代中国特色社会主义思想为指导,深刻领悟"两个确立"的决定性意义,增强"四个意识",坚定"四个自信",做到"两个维护",全面贯彻党的教育方针,落实立德树人根本任务,以辅导员职业能力建设为重点,构建多层次、多形式、全覆盖的辅导员培训体系,进而推动高校辅导员队伍综合素质的提升,帮助辅导员科学规划职业发展路径，从而更好地承担起培养时代新人的重任。

第五节　优化完善高校辅导员角色评价标准及评价内容

高校辅导员是开展大学生思想政治教育的骨干力量，是高等学校学生日常思想政治教育和管理工作的组织者、实施者、指导者。[①] 自党的十八大以来，我国高等教育一直致力于推进现代化进程，提升高校治理体系和治理能力，推动高校辅导员队伍的专业化和职业化建设，以更好地适应新时代高校思想政治工作的全面提升和创新发展，更好地引导学生成长和发展。党和国家在高校辅导员队伍建设方面作出了一系列安排和部署，取得了一定的成效。高校辅导员角色评价的目的是检测高校辅导员队伍建设是否取得了培养人才的成效。科学构建高校辅导员角色评价体系的作用如下。一方面，有助于肯定高校辅导员在培养学生方面的实绩；另一方面，可以发现和总结高校辅导员在实践中存在的问题和不足，进而促进辅导员角色的高质量发展。

一　优化完善高校辅导员角色评价标准

高校辅导员既是教师又是管理人员，其角色定位是制定高校辅导员角色评价体系标准的基础。长期以来，高校一直坚持将立德树人贯穿于教育教学的全过程，并将高校辅导员角色建设作为教师队伍和管理队伍建设的重要内容。为了构建一支政治坚定、品德高尚、业务精湛、纪律严明、作风优良的辅导员队伍，进一步推动辅导员队伍的专

---

① 冯刚主编：《改革开放以来高校思想政治教育发展史》，人民出版社2018年版，第410页。

第四章 高校辅导员角色建设的现实路径

业化和职业化发展，激发辅导员工作的积极性和创造性，高校从整体上进行规划和安排，为高校辅导员创造了一个具备"工作有条件、干事有平台、待遇有保障、发展有空间"的工作环境。根据高校辅导员在高校思想政治工作中的角色定位，高校辅导员角色评价标准主要包括以下三个方面。

第一，以落实立德树人为标准。评价高校辅导员的能力和表现是否能够有效地贯彻落实立德树人的根本任务，培养学生的道德品质和思想素养等。

第二，以体现高校辅导员专业化、职业化发展为标准。评价高校辅导员的专业知识水平、教育教学能力、辅导技能以及职业道德操守等方面的表现，是否能够满足高校辅导员队伍专业化、职业化发展的要求。

第三，以有利于推动高校思想政治工作为标准。评价高校辅导员在组织、实施和指导高校思想政治教育工作中的贡献和影响力，是否能够有效地推动高校思想政治工作的提升和发展。

通过优化完善高校辅导员角色评价标准，可以更全面地评估和指导高校辅导员的工作，促进高校辅导员角色的建设与发展。

(一) 落实立德树人根本任务是高校辅导员角色评价体系建设的首要标准

落实立德树人这一根本任务，是高校辅导员角色建设评价体系建设的首要标准。党的十八大报告提出要全面贯彻党的教育方针，将教育服务于社会主义现代化建设和人民，立德树人是教育的根本任务，旨在培养德智体美劳全面发展的社会主义建设者和接班人。党的十九大报告进一步提出要落实立德树人的根本任务，推进素质教育，促进教育公平。党的十九大报告提出落实立德树人根本任务，发展素质教育，推进教育公平。习近平总书记在北京大学考察时也强调了立德树人的重要性，要求将其作为检验学校一切工作的根本标准。党的二十大报告进一步强调育人的根本在于立德，思想政治教育扮演着塑造人和灵魂的重要角色。

高校辅导员作为推动大学生思想政治教育的核心力量，是大学生最经常接触到的教师群体。他们既是大学生的人生导师，也是亲密的朋友。在扮演不同角色的过程中，高校辅导员需要紧紧围绕"立德树人"这一根本任务展开角色实践，引导学生追求更高的人生目标。这是新时代对高校辅导员角色的基本要求，也是高校辅导员角色建设专业化、职业化发展的重要范畴。因此，高校辅导员角色评价体系必须突出"立德树人"作为首要评价标准，以促进和引导这一团队向着坚定的政治立场、精湛的业务能力、严明的纪律要求和正派的工作作风方向发展。

(二) 高校辅导员角色评价标准要体现辅导员专业化、职业化的发展要求

高校辅导员角色专业化、职业化发展，事关高等教育人才培养大局，党和国家对此高度重视。通过顶层设计，出台一系列针对高校辅导员角色建设的政策文件，对高校辅导员角色的职业标准、专业培训、职业精神等作出统筹计划和安排，明确新时代高校辅导员角色专业化、职业化的发展导向。通过系统谋划、设计完善高校辅导员制度，以期推动高校辅导员更好地扮演大学生思想理论教育与价值引领者角色、文化塑造者角色、事务管理者角色、心理健康教育与咨询者角色、职业生涯规划与就业指导者角色、哲学社会科学研究者角色，做好大学生日常思想政治教育和日常事务管理与教育工作。

因而，在设计高校辅导员角色评价标准的过程中，要体现辅导员专业化、职业化的发展要求，从督导机制维度督促辅导员队伍建设向

更高水平迈进和发展。

首先,在对高校辅导员角色进行评价时,要重点考察高校辅导员在角色扮演过程中,是否在围绕"为党育人,为国育才"的前提下,去做好学生各项管理与教育工作。立德树人的成效是检验学校一切工作的根本标准,高校辅导员角色评价标准要考察高校辅导员在落实立德树人根本任务的过程中,是否有更高的历史站位、更广的国际视野、更远的战略眼光来帮助大学生树立正确的世界观、人生观和价值观。

其次,高校辅导员在对大学生进行思想理论教育和价值引领的过程中,是否始终把意识形态教育放在首位,贯穿于九大工作职责之中,是否始终坚持以马克思主义为指导思想,巩固马克思主义在高校意识形态领域中的指导地位,坚持不懈培育和弘扬社会主义核心价值观,运用马克思主义的基本立场、观点、方法分析和解决现实生活中的问题,进而引导学生坚定理想信念,明确人生目的、端正人生态度、实现人生价值,为学生补足精神之"钙"。

最后,要重点考察高校辅导员对大学生实施爱国主义教育实效,是否认真贯彻落实《新时代爱国主义教育实施纲要》,引导学生坚持爱国主义与热爱中国共产党、热爱社会主义相统一,尊重和传承中华民族的历史和文化,促进民族团结和维护祖国统一。

二 优化完善高校辅导员角色评价内容

高校辅导员角色评价关系到高校人才培养质量的提升,其评价内容应该在遵循思想政治工作规律、教书育人规律、学生成长规律的前提下,体现评价内容的客观公正性、全面性、科学性和相对性。根据《普通高等学校辅导员队伍建设规定》,并借鉴学术界关于新时代高校辅导员队伍建设质量评价体系相关研究成果,可将高校辅导员角色评价划分为职业道德、角色能力、角色态度、角色业绩四大板块，评价方式主要采用材料审核、汇报工作、实地调查、走访座谈。①

（一）评价高校辅导员角色职业道德

在职业道德板块，高校应重点评价高校辅导员政治素质、道德品质和法治观念。其中，关于高校辅导员的政治素质，具体评价其政治素质是否过硬，理想信念是否坚定；是否具备高度的政治敏锐性和清晰的政治辨别力；是否能坚持牢固树立"四个意识"，坚定"四个自信"，坚决做到"两个维护"，做政治上的明白人。关于高校辅导员道德品质，重点评价其角色师德师风建设情况，是否时刻牢记初心使命，以"四有"好老师标准严格要求自己，敬业爱生、踏实工作；是否讲诚信、务实清廉、公平公正等。在开展高校辅导员在角色实践中的法治观念评价工作时，要聚焦其在法规、校规、党纪等方面的遵守情况，如是否遵守宪法和法律法规，依法履行立德树人职责和使命，旗帜鲜明地反对各种错误社会思潮，不得有损害党和国家利益，以及不利于学生健康成长的言行。

（二）评价高校辅导员角色能力

在角色能力板块，高校应重点评价考察高校辅导员的组织管理能力、思想教育能力、团队协作能力等。比如，针对组织管理能力，高校要具体评价辅导员在大学生党团、班级建设、校园文化建设、社会实践、校园危机事件应对等方面，是否能够较好地协调沟通、管理策划与组织管理，是否具备较强的语言表达能力、文字功底和写作能力等。评价辅导员做好党团和班级建设情况，如开展学生骨干的遴选和

---

① 权麟春：《新时代高校思想政治教育工作质量评价研究》，中国社会科学出版社2021年版，第178页。

培养、激励工作、学生入党积极分子培养教育工作、学生党员发展和教育管理服务工作等；组织学生学习党的理论知识，端正入党动机，加强党性修养，利用各种载体教育党员，不断增强学生党员的先进性、纯洁性，积极推动党支部和班团工作不断创新，使班风、学风得到质的改变的情况。

在思想教育能力方面，要具体评价高校辅导员的马克思主义理论教育和价值引领能力，引导学生自觉践行社会主义核心价值观，担当中华民族伟大复兴大任的情况，评价其是否具有调查研究能力，能够分析和解决思想政治教育工作中的现实问题等情况。针对心理健康教育与咨询能力，高校应具体评价和考察其是否及时掌握学生思想行为特点及思想、政治、道德、心理等状况；是否在学生思想认识和价值取向等方面提供了针对性、实操性的指导，教育学生理性择业交友，以及修德以立身、勤学以增智、明辨以正心、笃实以为功的情况。

在职业生涯规划与就业指导两个方面，具体评价高校辅导员帮助学生树立正确的择业、就业观念，发布全国最新就业岗位信息，做好就业政策宣传与解读，开展简历制作、面试等技巧的培训等服务方面的工作情况，以及引导学生到基层、到西部、到祖国最需要的地方建功立业的情况。

(三) 评价高校辅导员角色态度

在角色态度板块，高校应重点评价高校辅导员职业认同度、职业忠诚度、工作主动性等情况。从角色、职责的认同度来看，具体考察高校辅导员是否热爱党的教育事业、热爱辅导员岗位，对工作是否尽职尽责。从职业忠诚度来看，具体评价其是否遵循学生成长规律，从学生的实际出发，了解学生、关爱学生，对学生严爱相济，真心引领学生发展和服务学生成长。

加强大学生思想引领、学习指导、生活辅导、就业指导、心理咨询等育人工作是高校辅导员的职责。因此，评价高校辅导员的角色态度要重点聚焦以下几个方面的情况。在学生日常事务管理方面的育人实绩情况；在实践活动中的价值引领情况；在文体活动中的组织与动员能力情况；占领网络阵地开展网络思想政治教育的情况；在资助、就业、心理等领域服务学生成长成才等各个方面工作实绩情况；在学生坚定理想信念，正确树立世界观、人生观和价值观过程中的引领情况；提升大学生思想道德水平、政治觉悟和文化素养的情况；学习工作实务相关知识、基本方法，以及法律法规知识等情况；积极开展理论研究和实践探索，在参与社会实践中增长才干、拓宽视野，不断提高专业素养和职业能力的情况等。

（四）评价高校辅导员角色业绩

在角色业绩板块，高校应重点考察高校辅导员个人荣誉、所带班级荣誉、为学校发展和思想政治教育守正创新作出贡献的情况。角色业绩是高校辅导员角色有效性最直观、可测量的成果，是集中反映辅导员育人实效的重要指标，应在高校辅导员角色评价中占主要位置。高校辅导员角色业绩主要考察辅导员个人在思想政治教育实践和学术研究中所获得的各类荣誉和奖项，如"高校辅导员年度人物""优秀高校辅导员""优秀共产党员""优秀社会实践指导教师"等。高校辅导员所带班级工作取得的荣誉和成绩，主要包括集体荣誉和个体荣誉。比如，关于集体荣誉方面，包括所带班级获得所带学生班级获得先进班集体或优良学风班称号情况、考研报考率和录取率、就业率情况；关于个体荣誉方面，包括辅导员所带班级学生获得"国家奖学金""省级优秀毕业生"等荣誉称号情况，以及学生参加省级及以上竞赛获奖

第四章　高校辅导员角色建设的现实路径

情况等。

"评价最重要的意图不是为了证明，而是为了改进。"① 因此，高校在确定高校辅导员角色评价标准和评价内容的过程中，要做到以下两个方面。一方面，必须始终坚持以人为本，从高校辅导员角色的具体情况出发，科学制定评价内容，坚持定性与定量、过程与结果、显性与隐性相结合的评价原则；另一方面，高校要充分运用评价考核结果，将其与辅导员的薪酬、评优、晋升、职务聘任等切身利益挂钩，并建立高校辅导员角色评价及时反馈机制。

2020年中共中央、国务院印发的《深化新时代教育评价改革总体方案》指出："全面贯彻党的教育方针，坚持社会主义办学方向，落实立德树人根本任务，遵循教育规律，系统推进教育评价改革，发展素质教育，引导全党全社会树立科学的教育发展观、人才成长观、选人用人观，推动构建服务全民终身学习的教育体系，努力培养担当民族复兴大任的时代新人，培养德智体美劳全面发展的社会主义建设者和接班人。"② 该方案为深入推进教育评价改革工作提供了指导。为了科学构建高校辅导员角色评价体系，需要着重关注质量评价的关键环节，以辩证的眼光看待质量生成的各种因素，理性审视影响质量提升的多重因素，并不断加深对高校辅导员角色评价体系核心问题，如对"评价什么"和"如何评价"的认识。在推动高校辅导员角色建设评价体系优化发展的过程中，高校要确保有效实现立德树人的根本任务，为培养新时代人才提供有力支持和引领。

高校立身之本在于立德树人。高校辅导员队伍作为高校思想政治教育工作人才资源重要组成部分，其角色建设为落实立德树人提供了

---

① 陈玉琨：《中国高等教育评价论》，广东高等教育出版社1993年版，第17页。
② 《深化新时代教育评价改革总体方案》，人民出版社2020年版，第2页。

坚强的人才保障，是落实高校立德树人根本任务的必然要求。推动高校辅导员角色建设，是高等教育落实立德树人根本任务的必然要求，也是推动高等教育高质量发展的应有之义。高校辅导员历经70多年的发展，随着时代的变化，其角色也在不断地丰富。国家、社会、大学生等群体对高校辅导员的角色期望在内容上变得多样化，标准上变得更加严格。在此背景下，如何立足高等教育发展的新阶段，树立高校辅导员角色建设的新理念，形成新时代高校辅导员队伍发展的新格局，是面向新时代高等教育实现高质量发展必须思考和解决的关键问题。

习近平同志在全国高校思想政治工作会议上强调，要"整体推进高校党政干部和共青团干部、思想政治理论课教师和哲学社会科学课教师、辅导员、班主任和心理咨询教师等队伍建设，保证这支队伍后继有人、源源不断"。[①] 党的二十大报告在提到实施科教兴国战略，强化现代化建设人才支撑时，也就加强新时代教师队伍建设作出重要指示，提出要"加强师德师风建设，培养高素质教师队伍，弘扬尊师重教社会风尚"。[②] 这对新时代高校辅导员角色建设提供了方向性指引，强调了高校辅导员角色建设要以质量提升为核心目标。高校辅导员角色建设成为新时代高等教育高质量发展的重要抓手之一。

当前，世界正处于百年未有之大变局，高校担负着培养兼具家国情怀和工匠精神的社会主义现代化人才的神圣使命。在推进高校辅导

[①] 《习近平在全国高校思想政治工作会议上强调　把思想政治工作贯穿教育教学全过程　开创我国高等教育事业发展新局面》，《人民日报》2016年12月9日第1版。

[②] 习近平：《高举中国特色社会主义伟大旗帜　为全面建设社会主义现代化国家而团结奋斗——在中国共产党第二十次全国代表大会上的报告》（2022年10月16日），人民出版社2022年版，第34页。

第四章 高校辅导员角色建设的现实路径

员角色建设过程中，高校必须严格贯彻落实党和国家关于加强高校思想政治工作和高校辅导员队伍建设的系列文件精神，运用系统思维，坚持问题导向，对高校辅导员角色建设进行整体谋划。通过解决现实困境，提升高校辅导员的职业认同，进一步推动高校辅导员角色建设逐步实现科学化管理、专业化培养和高水平发展，为高校辅导员发挥更好的作用营造良好的育人环境。

结　　语

党的十八大以来，以习近平同志为核心的党中央进一步强调高校思想政治教育工作的重要性，认为这关系到高校人才培养的根本问题，即"培养何种人、如何培养，以及为谁培养"。加强和改进高校思想政治工作，不仅关乎大学的性质和办学方式，而且涉及党对高校的全面领导，对保证中国特色社会主义事业后继有人这一政治任务具有战略意义。

《关于新时代加强和改进思想政治工作的意见》指出："思想政治工作是党的优良传统、鲜明特色和突出政治优势，是一切工作的生命线。"[①] 这份意见充分肯定了高校思想政治工作在培养人才中的重要作用。

在实现中华民族伟大复兴的关键时期，我国高等教育应立足于中华民族伟大复兴战略全局和世界百年未有之大变局，怀揣着国家利益至上的理念，把握大势，敢于担当，善于实践，为国家富强、民族复兴、人民幸福贡献力量。党的十八大以来，党中央坚持优先发展教育

[①]《中共中央　国务院印发〈关于新时代加强和改进思想政治工作的意见〉》，《人民日报》2021年7月13日第1版。

结　语

事业,从确保中国特色社会主义事业后继有人和兴旺发达的高度,对高校思想政治工作作出了新的更高战略定位,并对高校辅导员队伍建设提出了更明确的方向和要求。

面对新时代新征程,"党和国家事业发展对高等教育的需要,对科学知识和优秀人才的需要,比以往任何时候都更为迫切"。① 大学生是当代青年中最具有代表性的群体,也是我国社会主义事业建设的重要组成部分、后备军和先锋队,他们肩负着坚持发展中国特色社会主义、实现中华民族伟大复兴的历史使命。大学生的精神面貌决定了国家的精神面貌和未来发展的前景。习近平总书记在党的二十大报告中寄语广大青年:"要坚定不移听党话、跟党走,怀抱梦想又脚踏实地,敢想敢为又善作善成,立志做有理想、敢担当、能吃苦、肯奋斗的新时代好青年,让青春在全面建设社会主义现代化国家的火热实践中绽放绚丽之花。"② 他还对全党提出要求,"要把青年工作作为战略性工作来抓"。③

立德树人是中国特色社会主义教育事业的根本任务。高校辅导员作为思想政治教育最前沿、距离大学生最近的人,在立德树人过程中扮演着重要角色,肩负着落实立德树人根本任务的主要职责。《普通高等学校辅导员队伍建设规定》指出"辅导员是开展大学生思想政治教育的骨干力量,是高等学校学生日常思想政治教育和管理工作的组织者、实施者、指导者。辅导员应当努力成为学生成长成才的人生导师

---

① 习近平:《在北京大学师生座谈会上的讲话》(2018年5月2日),人民出版社2018年版,第4页。

② 习近平:《高举中国特色社会主义伟大旗帜　为全面建设社会主义现代化国家而团结奋斗——在中国共产党第二十次全国代表大会上的报告》(2022年10月16日),人民出版社2022年版,第71页。

③ 习近平:《高举中国特色社会主义伟大旗帜　为全面建设社会主义现代化国家而团结奋斗——在中国共产党第二十次全国代表大会上的报告》(2022年10月16日),人民出版社2022年版,第71页。

和健康生活的知心朋友"。① 辅导员双重身份的特殊定位和思想政治工作的重要地位，决定了辅导员的角色要以"为谁培养人、培养什么人、怎样培养人"为根本遵循。立足青年成长成才的内在要求和社会全面进步的迫切需要，辅导员应进一步明晰自己的角色定位，在坚持"以学生为本"的工作理念下，强化系统思维，增强问题意识，促使大学生思想政治教育更加规范化、系统化、法治化，从而实现常态化、长效化。

教育兴则国家兴，教育强则国家强。建设教育强国，是全面建成社会主义现代化强国的战略先导，高等教育应始终立足基本国情，坚持教育服务高质量发展这个硬道理，充分发挥高等教育的独特战略使命，以中国特色的高质量教育体系支撑中国式现代化，以龙头之力引领中国式现代化。高校辅导员制度作为中国共产党思想政治工作制度和高等教育体系的重要组成部分，在培养社会主义建设者和接班人过程中发挥着重要作用。而不断推进高校辅导员角色体制机制建设，对进一步健全高校辅导员制度体系具有重要意义，也是推动高等教育高质量发展的应有之义。因此，在高等教育发展新阶段，及时转变理念，树立高校辅导员角色建设的新理念，深刻把握高校辅导员队伍发展的规律性认识，形成新时代高校辅导员队伍发展的新格局，是面向新时代高等教育推进高校辅导员队伍高质量建设和提高大学生思想政治教育实效性须亟待思考和解决的关键问题。

近年来，随着人们对高校辅导员角色的研究不断深入和拓展，高校辅导员角色的内涵在继承和发展中不断拓展，无论是在理论层面还是实践层面都取得了一系列富有创造性的研究成果。马克思主义关于

---

① 《普通高等学校辅导员队伍建设规定》，http：//www.moe.gov.cn/srcsite/A02/s5911/moe_621/201709/t20170929_315781.html。

结　语

人的全面发展理论兼具了对现实的人和社会发展状况的评价与批判，也提出了对未来理想状态的展望，具有丰富而深刻的内涵，为重新审视和研究高校辅导员角色提供了一个更清晰的理论视角，也为推进高校辅导员角色认同与建设打开了新的研究视角。

从国家性质来看，我国是人民当家作主的社会主义国家，这决定了我国高等教育事业，必须把培养社会主义建设者和接班人作为根本任务，把人才培养放在第一位。人的全面发展是高校辅导员角色研究的必要维度和必然向度，高校辅导员在开展大学生思想政治教育过程的各个环节要恪守以人为本的教育理念，始终围绕"人的发展"和"人的提升"这一逻辑展开，把实现人的全面发展作为立德树人的根本目标。

同时，高校辅导员角色的研究，离不开对角色相关概念和理论的讨论。角色理论丰富的内涵、独特的解释问题的方法，以及广泛的适用性，对高校辅导员角色的研究有重要的借鉴意义。角色理论不仅可以解释高校辅导员角色的社会行为，而且在分析高校辅导员角色的社会关系及其人格的研究方面也有其独到之处。角色理论对研究解决当前高校辅导员队伍存在的一些问题具有十分重要的应用价值。通过运用角色理论分析高校辅导员角色，有助于全面把握高校辅导员角色定位，深化高校辅导员角色认知，回应和满足高校辅导员自我角色期待，推动大学生思想政治教育高质量发展。

中华人民共和国成立70多年来，高校辅导员角色的定位与发展始终与党和国家的发展需要、高等教育的发展需要和学生成长成才的需要相联系，反映着不同阶段国家和社会对高校辅导员的社会期待。习近平同志在全国高校思想政治工作会议上强调，要"整体推进高校党政干部和共青团干部、思想政治理论课教师和哲学社会科学课教师、辅导员、班主任和心理咨询教师等队伍建设，保证这支队伍后继有人、源源不断"。①党的二十大报告在谈到实施科教兴国战略，强化现代化建设人才支撑话题时，就加强新时代教师队伍建设作出重要指示，提出要"加强师德师风建设，培养高素质教师队伍，弘扬尊师重教社会风尚"②。这对新时代高校辅导员角色建设提供了方向性指引，强调了高校辅导员角色建设要以质量提升为核心目标。高校辅导员角色建设成为新时代高等教育高质量发展的重要抓手之一。

高校辅导员队伍建设作为角色队伍和管理队伍建设的重要内容，其队伍的专业化、职业化建设和发展越来越受到社会的广泛关注。高校辅导员角色建设是一项系统工程，不仅需要高校辅导员激发和唤醒自身的内驱力，树立正确的职业发展理念，找准角色定位，强化角色认同，明晰高校辅导员角色职业价值感和获得感，确立高校辅导员角色职业理想，做好高校辅导员职业生涯规划，在贯彻落实党和国家关于加强高校思想政治工作和辅导员队伍建设的系列文件精神的条件下，不断提升角色核心素养，进而推进自身角色建设的专业化、职业化发展；还需要高校严格贯彻落实党和国家关于加强高校思想政治工作和高校辅导员队伍建设的系列文件精神，坚持问题导向，完善顶层设计。

当前，世界正处于百年未有之大变局，高校担负着培养兼具家国情怀和工匠精神的社会主义现代化人才的神圣使命。面对世界范围内愈演愈烈的人才争夺战争的挑战，高校要以习近平新时代中国特色社会主义思想作为高校辅导员角色建设的科学指南，准确把握高校辅导员角色发展任务和建设特点，开创新的发展思路。

---

① 《习近平在全国高校思想政治工作会议上强调　把思想政治工作贯穿教育教学全过程 开创我国高等教育事业发展新局面》，《人民日报》2016年12月9日第1版。
② 习近平：《高举中国特色社会主义伟大旗帜　为全面建设社会主义现代化国家而团结奋斗——在中国共产党第二十次全国代表大会上的报告》（2022年10月16日），人民出版社2022年版，第34页。

参考文献

一 经典著作及重要文献

《马克思恩格斯全集》第二卷,人民出版社2005年版。
《马克思恩格斯全集》第三卷,人民出版社1960年版。
《马克思恩格斯全集》第二十六卷第一册,人民出版社1972年版。
《马克思恩格斯全集》第四十卷,人民出版社1982年版。
《马克思恩格斯选集》第一卷,人民出版社2012年版。
《马克思恩格斯选集》第一卷,人民出版社1972年版。
《马克思恩格斯选集》第二卷,人民出版社2012年版。
《马克思恩格斯选集》第二卷,人民出版社1972年版
《马克思恩格斯选集》第三卷,人民出版社2012年版。
《马克思恩格斯选集》第三卷,人民出版社1972年版。
《马克思恩格斯选集》第四卷,人民出版社2012年版。
《马克思恩格斯文集》第一卷,人民出版社2009年版。
《马克思恩格斯文集》第二卷,人民出版社2009年版。
《马克思恩格斯文集》第八卷,人民出版社2009年版。
《马克思恩格斯文集》第九卷,人民出版社2009年版。
《列宁全集》第二卷,人民出版社2013年版。

《列宁全集》第五十五卷，人民出版社 1990 年版。

《列宁全集》第六十卷，人民出版社 1990 年版。

《列宁选集》第四卷，人民出版社 2012 年版。

《毛泽东文集》第二卷，人民出版社 1993 年版。

《毛泽东选集》第三卷，人民出版社 1991 年版。

《邓小平文选》第一卷，人民出版社 1994 年版。

《邓小平文选》第二卷，人民出版社 1994 年版。

《邓小平文选》第三卷，人民出版社 1993 年版。

《江泽民文选》第三卷，人民出版社 2006 年版。

《习近平谈治国理政》，外文出版社 2014 年版。

《习近平谈治国理政》第一卷，外文出版社 2018 年版。

《习近平谈治国理政》第二卷，外文出版社 2017 年版。

《习近平谈治国理政》第三卷，外文出版社 2020 年版。

《习近平谈治国理政》第四卷，外文出版社 2022 年版。

江泽民：《在庆祝中国共产党成立八十周年大会上的讲话》，人民出版社 2001 年版。

胡锦涛：《在中国科学院第十三次中国工程院第八次院士大会上的讲话》，人民出版社 2006 年版。

胡锦涛：《在全国教育工作会议上的讲话》，人民出版社 2010 年版。

习近平：《高举中国特色社会主义伟大旗帜　为全面建设社会主义现代化国家而团结奋斗——在中国共产党第二十次全国代表大会上的报告》（2022 年 10 月 16 日），人民出版社 2022 年版。

习近平：《决胜全面建成小康社会　夺取新时代中国特色社会主义伟大胜利——在中国共产党第十九次全国代表大会上的报告》（2017 年 10 月 18 日），人民出版社 2017 年版。

习近平：《论党的青年工作》，中央文献出版社 2022 年版。

习近平：《在北京大学师生座谈会上的讲话》（2018年5月2日），人民出版社2018年版。

习近平：《在庆祝中国共产党成立100周年大会上的讲话》（2021年7月1日），人民出版社2021年版。

习近平：《在纪念五四运动100周年大会上的讲话》（2019年4月30日），人民出版社2019年版。

习近平：《出席第三届核安全峰会并访问欧洲四国和联合国教科文组织总部、欧盟总部时的演讲》，人民出版社2014年版。

习近平：《在全国抗击新冠肺炎疫情表彰大会上的讲话》（2020年9月8日），人民出版社2020年版。

习近平：《做党和人民满意的好老师——同北京师范大学师生代表座谈时的讲话》（2014年9月9日），人民出版社2014年版。

习近平：《在哲学社会科学工作座谈会上的讲话》（2016年5月17日），人民出版社2016年版。

本书编写组：《习近平总书记教育重要论述讲义》，高等教育出版社2020年版。

中共中央宣传部编：《习近平新时代中国特色社会主义思想学习纲要》，学习出版社、人民出版社2019年版。

《深化新时代教育评价改革总体方案》，人民出版社2020年版。

《十八大报告辅导读本》，人民出版社2012年版。

《十六大以来重要文献选编》（上），中央文献出版社2005年版。

《十七大以来重大文献选编》（下），中央文献出版社2013年版。

《建国以来重要文献选编》第三册，中央文献出版社1992年版。

《建国以来重要文献选编》第十四册，中央文献出版社2011年版。

教育部思想政治工作司组编：《加强和改进大学生思想政治教育重要文献选编（1978—2008）》，中国人民大学出版社2008年版。

教育部思想政治工作司组编：《加强和改进大学生思想政治教育重要文献选编（1978—2014）》，知识产权出版社2015年版。

二 外国文献及翻译作品

［美］戴维·波普诺：《社会学》（上），刘云德、王戈译，辽宁人民出版社1987年版。

［英］F.C.S.席勒：《人本主义研究》，麻乔志等译，上海人民出版1966年版。

［美］欧文·拉兹洛编著：《联合国教科文组织国际专家研究报告：多种文化的星球》，戴侃、辛未译，社会科学文献出版社2004年版。

［美］乔治·赫伯特·米德：《心灵、自我与社会》，霍桂恒译，华夏出版社1999年版。

［苏］Г.М.安德列耶娃：《西方现代社会心理学》，李翼鹏译，人民教育出版社1987年版。

《莎士比亚全集》（三），人民文学出版社1978年版。

［德］雅斯贝尔斯：《什么是教育》，邹进译，生活·读书·新知三联书店出版社1991年版。

三 中文出版物

陈万柏：《思想政治教育学原理》，中国人民大学出版社2012年版。

陈玉琨：《中国高等教育评价论》，广东高等教育出版社1993年版。

丁水木、张绪山：《社会角色论》，上海社会科学院出版社1992年版。

范跃进编：《新中国成立以来高等教育元政策（1949—2016）》，中国社会科学出版社2017年版。

费穗宇、张潘仕主编：《社会心理学辞典》，河北人民出版社1988年版。

费孝通：《社会学的探索》，天津人民出版社1984年版。

冯刚：《辅导员队伍专业化建设理论与实务》，中国人民大学出版社 2010 年版。

冯刚主编：《辅导员工作培训教程》，高等教育出版社 2013 年版。

冯刚：《探索思想政治教育发展的内生动力》，人民出版社 2017 年版。

冯刚主编：《改革开放以来高校思想政治教育发展史》，人民出版社 2018 年版。

冯刚主编：《大学生思想政治教育工作概论》，北京师范大学出版社 2020 版。

冯刚、张晓平、苏洁主编：《中国共产党高校思想政治教育发展史》，人民出版社 2021 版。

金盛华主编：《社会心理学》，高等教育出版社 2005 年版。

李辽宁：《当代中国思想政治教育意识形态功能研究》，武汉大学出版社 2006 年版。

李德芳、李辽宁、杨素稳主编：《中国共产党思想政治教育史料选编》，武汉大学出版社 2009 年版。

李建国、谢能重、苏道稳主编：《大学生职业生涯规划与就业指导》，上海交通大学出版社 2017 年版。

李剑萍、魏薇主编：《教育学导论》（2006 年修订版），人民出版社 2006 年版。

联合国教科文组织、国际教育发展委员会编著：《学会生存——教育世界的今天和明天》，教育科学出版社 2017 年版。

刘捷：《教育的追问与求索》，人民出版社 2021 年版。

南怀瑾、徐芹庭注译：《周易》，重庆出版社 2009 年版。

权麟春：《思想政治教育的伦理精神研究》，人民出版社 2021 年版。

权麟春：《新时代高校思想政治教育工作质量评价研究》，中国社会科学出版社 2021 年版。

全国13所高等院校《社会心理学》编写组编：《社会心理学》第五版，南开大学出版社2008年版。

腾云编著：《高校辅导员职业化研究》，上海交通出版社2013年版。

王胡英：《高校优秀辅导员角色形象研究》，中国社会科学出版社2020年版。

王康主编：《社会学词典》，山东人民出版社1988年版。

奚从清、余国良：《角色理论研究》，杭州大学出版社1991年版。

奚从清：《角色论——个人与社会的互动》，浙江大学出版社2010版。

俞吾金：《意识形态论》，上海人民出版社1993年版。

郑杭生：《社会学概论新修》第五版，中国人民大学出版社2019年版。

中国社会科学院语言研究所词典编辑室编：《现代汉语词典》第7版，商务印书馆2016年版。

钟谷兰、杨开编著：《大学生职业生涯发展与规划》第2版，华东师范大学出版社2016年版。

周海燕：《高校思想政治理论课教师角色研究》，人民出版社2017年版。

周良书、朱平、俞小和等：《中国高校辅导员工作史论》，人民出版社2016年版。

周晓虹主编：《现代西方社会心理学流派》，南京大学出版社1990年版。

周晓虹：《现代社会心理学——多维视野中的社会行为研究》，上海人民出版社1997年版。

朱正昌：《高校辅导员队伍建设研究》，人民出版社2010年版。

四　报纸杂志

《中央人民政府教育部关于全国工学院调整方案的报告》，《人民日报》1952年4月16日第1版。

《习近平在全国高校思想政治工作会议上强调把思想政治工作贯穿教育

教学全过程开创我国高等教育事业发展新局面》,《人民日报》2016年12月9日第1版。

《中共中央　国务院印发〈关于加强和改进新形势下高校思想政治工作的意见〉》,《人民日报》2017年2月28日第1版。

《扎实推动共同富裕》,《人民日报》2021年10月16日第1版。

《中共中央　国务院印发〈关于新时代加强和改进思想政治工作的意见〉》,《人民日报》2021年7月13日第1版。

冯刚、钟一彪:《高校辅导员角色紧张的舒缓与职业理想建构》,《学校党建与思想教育》2022年第1期。

白显良:《论高校辅导员人生导师的角色定位》,《高校辅导员》2016年第1期。

耿品、彭庆红:《新中国成立以来高校辅导员角色的发展演变》,《学校党建与思想教育》2020年第3期。

彭庆红、耿品:《新中国成立70年来高校辅导员队伍建设的历史进程、总体趋势与经验启示》,《思想理论教育导刊》2019年第8期。

权麟春:《人类命运共同体的理路研究》,《天津行政学院学报》2017年第5期。

袁丹、靳玉乐:《教师角色嬗变与教学个性展现》,《中国教育学刊》2016年第6期。

唐东升:《论高校辅导员在社会主义核心价值观教育中的角色定位》,《学术论坛》2016年第39期。

李红冠:《高校辅导员大学生就业指导角色研究》,《黑龙江高教研究》2016年第9期。

陈勇、朱平:《高校辅导员"双重身份"的现实与未来》,《思想理论教育导刊》2016年第10期。

李建伟:《"大思政"视域下的高校辅导员角色探析》,《国家教育行政学院学报》2017 年第 5 期。

肖涵、戴静雅：《新时代高校辅导员角色认知及履职理念》，《学校党建与思想教育》2018 年第 23 期。

王鑫、陶思亮、朱惠蓉：《"三全育人"视域下高校辅导员的育人角色与实现路径》，《思想理论教育》2020 年第 5 期。

楼艳：《高校辅导员职业角色定位的再认知》，《学校党建与思想教育》2021 年第 13 期。

赵玉鹏、杨连生：《专业社会化：高校辅导员职业发展的新视角》，《湖北社会科学》2022 年第 6 期。

万胜、申林灵：《角色理论在高校辅导员工作中的价值与应用》，《学校党建与思想教育》2022 年第 1 期。

李建军、张文龙：《新时代党的自我革命的出场语境、价值意蕴与实践理路》，《理论视野》2020 年第 5 期。

陈步云：《论高校实践育人动力机制的构建》，《学校党建与思想教育》2018 年第 11 期。

陈正芬：《论我国高校辅导员制度内容体系的逻辑构建》，《学校党建与思想教育》2013 年第 22 期。

姚海田：《大学生职业生涯规划教育"四全"模式构建探索》，《中国成人教育》2016 年第 11 期。

魏敏娜：《不同年级大学生就业预期与就业指导研究》，《江苏高教》2023 年第 1 期。

张贵礼、程华东：《新时代高校文化育人的逻辑理路和实践进路》，《学校党建与思想教育》2023 年第 4 期。

樊荣：《中国共产党意识形态建构的逻辑、趋向及经验》，《西北工业大学学报》（社会科学版）2023 年第 3 期。

孙代尧：《中国共产党执政意识形态的重建》，《科学社会主义》2008

年第 4 期。

文大稷、宋明珠：《新时代高校意识形态教育的基本经验》，《学校党建与思想教育》2022 年第 24 期。

五　网络文献

《普通高等学校辅导员队伍建设规定》，http：//www. moe. gov. cn/srcsite/A02/s5911/moe_ 621/201709/t20170929_ 315781. html。

《教育部关于印发〈高等学校辅导员职业能力标准（暂行）〉的通知》，http：//www. moe. gov. cn/srcsite/A12/s7060/201403/t20140327_ 167113. html。

《中共中央　国务院发出〈关于进一步加强和改进大学生思想政治教育的意见〉》，http：//www. moe. gov. cn/jyb_ xwfb/gzdt_ gzdt/moe_ 1485/tnull_ 3939. html。

《中共教育部党组关于印发〈高校思想政治工作质量提升工程实施纲要〉的通知》，http：//www. moe. gov. cn/srcsite/A12/s7060/201712/t20171206_ 320698. html。

《2022 年全国教育事业发展统计公报》，http：//www. moe. gov. cn/jyb_ sjzl/sjzl_ fztjgb/202307/t20230705_ 1067278. html。

《教育部：全国高校专兼职辅导员达 24. 08 万人　师生比 1∶171》，http：//www. moe. gov. cn/fbh/live/2022/54301/mtbd/202203/t20220317_ 608428. html。

《教育部　人力资源社会保障部共同部署做好 2024 届全国普通高校毕业生就业创业工作》，http：//www. moe. gov. cn/jyb_ xwfb/gzdt_ gzdt/moe_ 1485/202312/t20231205_ 1093287. html。